PSICANÁLISE
SEM ÉDIPO?

Uma **antropologia clínica** da histeria em Freud e Lacan

OUTROS LIVROS DA **FILÔ**

FILÔ

A alma e as formas
Ensaios
Georg Lukács

A aventura da filosofia francesa no século XX
Alain Badiou

Ciência, um Monstro
Lições trentinas
Paul K. Feyerabend

Em busca do real perdido
Alain Badiou

Do espírito geométrico e da arte de persuadir
e outros escritos de ciência, política e fé
Blaise Pascal

A ideologia e a utopia
Paul Ricœur

O primado da percepção e suas consequências filosóficas
Maurice Merleau-Ponty

A sabedoria trágica
Sobre o bom uso de Nietzsche
Michel Onfray

Se Parmênides
O tratado anônimo De Melisso Xenophane Gorgia
Barbara Cassin

A teoria dos incorporais no estoicismo antigo
Émile Bréhier

A união da alma e do corpo em Malebranche, Biran e Bergson
Maurice Merleau-Ponty

FILÔAGAMBEN

Bartleby, ou da contingência
Giorgio Agamben
seguido de *Bartleby, o escrevente*
Herman Melville

A comunidade que vem
Giorgio Agamben

O homem sem conteúdo
Giorgio Agamben

Ideia da prosa
Giorgio Agamben

Introdução a Giorgio Agamben
Uma arqueologia da potência
Edgardo Castro

Meios sem fim
Notas sobre a política
Giorgio Agamben

Nudez
Giorgio Agamben

A potência do pensamento
Ensaios e conferências
Giorgio Agamben

O tempo que resta
Um comentário à *Carta aos Romanos*
Giorgio Agamben

Gosto
Giogio Agamben

FILÔBATAILLE

O culpado
Seguido de *A aleluia*
Georges Bataille

O erotismo
Georges Bataille

A experiência interior
Seguida de *Método de meditação* e *Postscriptum 1953*
Georges Bataille

A literatura e o mal
Georges Bataille

A parte maldita
Precedida de *A noção de dispêndio*
Georges Bataille

Teoria da religião
Seguida de *Esquema de uma história das religiões*
Georges Bataille

Sobre Nietzsche
vontade de chance
Georges Bataille

FILÔBENJAMIN

O anjo da história
Walter Benjamin

Baudelaire e a modernidade
Walter Benjamin

Estética e sociologia da arte
Walter Benjamin

Imagens de pensamento
Sobre o haxixe e outras drogas
Walter Benjamin

Origem do drama trágico alemão
Walter Benjamin

Rua de mão única
Infância berlinense: 1900
Walter Benjamin

Walter Benjamin
Uma biografia
Bernd Witte

FILÔESPINOSA

Breve tratado de Deus, do homem e do seu bem-estar
Espinosa

Espinosa subversivo e outros escritos
Antonio Negri

Princípios da filosofia cartesiana e Pensamentos metafísicos
Espinosa

A unidade do corpo e da mente
Afetos, ações e paixões em Espinosa
Chantal Jaquet

FILÔESTÉTICA

O belo autônomo
Textos clássicos de estética
Rodrigo Duarte (Org.)

O descredenciamento filosófico da arte
Arthur C. Danto

Do sublime ao trágico
Friedrich Schiller

Íon
Platão

Pensar a imagem
Emmanuel Alloa (Org.)

FILÔMARGENS

O amor impiedoso
(ou: Sobre a crença)
Slavoj Žižek

Estilo e verdade em Jacques Lacan
Gilson Iannini

Interrogando o real
Slavoj Žižek

Introdução a Foucault
Edgardo Castro

Introdução a Jacques Lacan
Vladimir Safatle

Kafka
Por uma literatura menor
Gilles Deleuze
Félix Guattari

Lacan, o escrito, a imagem
Jacques Aubert, François Cheng, Jean-Claude Milner, François Regnault, Gérard Wajcman

O sofrimento de Deus
Inversões do Apocalipse
Boris Gunjević
Slavoj Žižek

Psicanálise sem Édipo?
Uma antropologia clínica da histeria em Freud e Lacan
Philippe Van Haute
Tomas Geyskens

ANTIFILÔ

A Razão
Pascal Quignard

FILŌMARGENS   autêntica

Philippe Van Haute
Tomas Geyskens

PSICANÁLISE
SEM ÉDIPO?

Uma **antropologia clínica** da histeria em Freud e Lacan

1ª REIMPRESSÃO

TRADUÇÃO Mariana Pimentel
REVISÃO TÉCNICA Gilson Iannini

Copyright © Philippe Van Haute e Tomas Geyskens
Copyright © 2016 Autêntica Editora

Título original: *A Non-Oedipal Psychoanalysis?*
A Clinical Anthropology of Hysteria in the Works of Freud and Lacan

Todos os direitos reservados pela Autêntica Editora. Nenhuma parte desta publicação poderá ser reproduzida, seja por meios mecânicos, eletrônicos, seja via cópia xerográfica, sem a autorização prévia da Editora.

COORDENADOR DA COLEÇÃO FILÔ
Gilson Iannini

CONSELHO EDITORIAL
Gilson Iannini (UFMG); Barbara Cassin (Paris); Carla Rodrigues (UFRJ); Cláudio Oliveira (UFF); Danilo Marcondes (PUC-Rio); Ernani Chaves (UFPA); Guilherme Castelo Branco (UFRJ); João Carlos Salles (UFBA); Monique David-Ménard (Paris); Olímpio Pimenta (UFOP); Pedro Süssekind (UFF); Rogério Lopes (UFMG); Rodrigo Duarte (UFMG); Romero Alves Freitas (UFOP); Slavoj Žižek (Liubliana); Vladimir Safatle (USP)

EDITORA RESPONSÁVEL
Rejane Dias

EDITORA ASSISTENTE
Cecília Martins

REVISÃO
Aline Sobreira

CAPA
Alberto Bittencourt (*Sobre* Édipo e a Esfinge de Tebas, c. 470 a.C., Vulci, atribuída a Pintor de Édipo, Museus Vaticanos. Foto de Carole Raddato, de Frankfurt, Alemanha.)

DIAGRAMAÇÃO
Larissa Carvalho Mazzoni

Dados Internacionais de Catalogação na Publicação (CIP)
(Câmara Brasileira do Livro, SP, Brasil)

Haute, Philippe Van
  Psicanálise sem Édipo? Uma antropologia clínica da histeria em Freud e Lacan / Philippe Van Haute e Tomas Geyskens ; tradução Mariana Pimentel ; revisão técnica Gilson Iannini. -- 1. ed. 1. reimp. -- Belo Horizonte : Autêntica Editora, 2017. -- (Filô Margens)

  Título original: *A Non-Oedipal Psychoanalysis? A Clinical Anthropology of Hysteria in the Works of Freud and Lacan*
  Bibliografia
  ISBN 978-85-513-0120-3

  1. Freud, Sigmund, 1856-1939 2. Histeria 3. Lacan, Jacques, 1901-1981 4. Psicanálise I. Geyskens, Tomas. II. Haute, Philippe Van. III. Título. IV. Série.

16-08054   CDD-150.195

Índices para catálogo sistemático:
  1. Clínica psicanalítica : Psicologia 150.195

Belo Horizonte
Rua Carlos Turner, 420
Silveira . 31140-520
Belo Horizonte . MG
Tel.: (55 31) 3465 4500

www.grupoautentica.com.br

São Paulo
Av. Paulista, 2.073 . Conjunto Nacional
Horsa I . 23º andar . Conj. 2310-2312 .
Cerqueira César . 01311-940 . São Paulo . SP
Tel.: (55 11) 3034 4468

"*Développez votre étrangeté légitime*"
[Desenvolva sua estranheza legítima]
René Char, 1983

"*Et le normal n'est évidemment nulle part*"
[E a normalidade não está, evidentemente, em lugar algum]
Jacques Schotte, 1990

11 Nota da edição brasileira

13 Agradecimentos

15 Introdução
UMA ANTROPOLOGIA CLÍNICA DA HISTERIA
A histeria como um problema filosófico

Capítulo 1
ENTRE TRAUMA E DISPOSIÇÃO
A específica etiologia da histeria nos trabalhos iniciais de Freud
31 Introdução: Do trauma real à fantasia edipiana?
34 Trauma e disposição em *Estudos sobre a histeria*
41 A teoria da sedução
44 Depois da teoria da sedução
52 Conclusão

Capítulo 2
DORA
Sintoma, trauma e fantasia na análise freudiana de Dora
53 Introdução
54 Dois traumas
59 O significado dos sintomas de Dora
63 A lenda edipiana no caso Dora
66 Bissexualidade e suas consequências
68 Conclusão: Desejos não edipianos de Dora

Capítulo 3
DO DEVANEIO AO ROMANCE
Sobre a fantasia histérica e a ficção literária
71 Introdução: Uma disposição à literatura?
73 O fantasiar histérico
78 Romance e histeria
80 Fontes de prazer: chiste e literatura
83 Conclusão: Romance como sublimação da histeria

Capítulo 4
A INDIFERENÇA DE UMA LÉSBICA SAUDÁVEL
Bissexualidade versus *complexo de Édipo*
85 Introdução
86 Da bissexualidade ao complexo de Édipo
92 Do complexo de Édipo à bissexualidade
98 Conclusão

Capítulo 5
A RELEITURA ESTRUTURALISTA DE DORA FORMULADA POR LACAN
101 Introdução
102 Estrutura *versus* psicogênese
105 O complexo de Édipo feminino: frustração e presente
107 A leitura lacaniana de *Fragmento da análise de um caso de histeria* (Dora)
112 Dora e o esquema L
114 A lição de Lévi-Strauss
117 O desejo histérico de um desejo insatisfeito: o sonho da bela açougueira
122 Dora e o sonho da bela açougueira
124 Conclusão

Capítulo 6
LACAN E A JOVEM HOMOSSEXUAL: ENTRE PATOLOGIA E POESIA?
127 Introdução
128 Dora *versus* a jovem homossexual
131 Uma antropologia clínica lacaniana da histeria e da perversão?
137 Conclusão

Capítulo 7
ALÉM DO ÉDIPO?
141 Introdução
144 Freud lê Sófocles
146 A origem psicanalítica da narrativa: *Totem e tabu*
147 O sonho de Freud
149 A castração como a verdade do complexo de Édipo
152 Édipo como encarnação do mestre
153 Dora e a busca por um mestre
158 Conclusão

Capítulo 8
RETORNO A FREUD?
A patoanálise lacaniana da histeria
161 Introdução
164 As fórmulas da sexuação

173 A histeria e as fórmulas da sexuação
175 Amor cortês e o gozo do outro
178 Conclusão

Conclusão
O PROJETO DE UMA ANTROPOLOGIA PSICANALÍTICA EM FREUD E LACAN
181 Freud e a histeria
182 Histeria e literatura
184 A armadilha edipiana
186 Desenvolvimento *versus* estrutura
187 O humano como um ser situado no entre
189 O sujeito histérico, seu mestre e o gozo feminino
191 Além da histeria...
194 Freud *versus* Lacan: a posição da ciência

197 Referências

Nota da edição brasileira

Embora os autores leiam Freud diretamente no original em alemão, na versão em inglês do livro que serviu de base a esta tradução, as citações e referências a Freud foram feitas a partir da Standard Edition inglesa. Para a tradução brasileira, foi utilizada, sempre que disponível, a tradução da coleção Obras Incompletas de Sigmund Freud (Autêntica). Nos casos em que os textos citados ainda não se encontram publicados na referida coleção, as passagens foram vertidas a partir da versão inglesa utilizada pelos autores, com ligeiras adaptações terminológicas, sempre discutidas com eles.

Agradecimentos

Agradecemos a Andreas De Block por seus lúcidos comentários a versões anteriores do texto. Sem as entusiasmadas discussões com Claudio Oliveira e Fons Van Coillie, o último capítulo deste livro provavelmente não teria sido escrito. Estamos gratos a Rockwell Clancy por editar o texto. Finalmente, agradecemos ao Stellenbosch Institute for Advanced Study por nos permitir finalizar este livro em circunstâncias ideais.

Introdução
Uma antropologia clínica da histeria
A histeria como um problema filosófico

A histeria se caracteriza por ataques convulsivos, dores misteriosas em várias partes do corpo, inexplicáveis perdas de funções (como a fala) e sintomas de conversão (sintomas corporais como paralisia sem causa orgânica). Os gregos já conheciam essa síndrome. Como o nome "histeria" indica, eles conectavam tal síndrome à "agilidade do útero". Os gregos acreditavam que a histeria era um problema tipicamente feminino: o útero viajaria por todo o corpo e, dessa maneira, frequentemente causaria diferentes sintomas em partes diversas (*globus hystericus*, dores em várias partes do corpo). Apenas no século XIX, período em que especialistas em medicina e anatomia passaram a estudar a histeria como uma enfermidade do sistema nervoso (que nada teria a ver com um útero que aprecia viagens), a possibilidade da existência de casos de histeria em homens pôde ser considerada (MICALE, 2008).

Durante a segunda metade do século XIX, a histeria se tornou quase uma epidemia na Europa, especialmente na França (MICALE, 1995; SHOWALTER, 1997). Foi, ainda, uma epidemia relativamente breve: no final do século XIX, o diagnóstico de "histeria" (junto com outras síndromes semelhantes, como transtorno de múltiplas personalidades) tornou-se obsoleto e, em 1915, a histeria, como síndrome independente, desapareceu da maioria dos manuais de psiquiatria

(MICALE, 1993).¹ Até os dias atuais há especulações sobre as razões do crescimento meteórico e do igualmente acelerado desaparecimento da histeria no século XIX, na França. Em círculos feministas essa problemática é frequentemente relacionada ao feminismo nascente e à luta contra a moral vitoriana. Muitas feministas enxergam a histeria como produto de conflitos ligados a gênero e a sexualidade feminina. Elas afirmam que a histeria é uma forma implícita de feminismo. É uma tentativa das pacientes mulheres (e homens?) de escapar da realidade diária, que é percebida como injusta e impossível de vivenciar. Compreendida dessa maneira, a histeria é uma protolinguagem. Os sintomas corporais da histeria seriam um código ao qual esses pacientes adeririam para comunicar uma mensagem que eles, por diversos motivos, não são capazes de expressar de outra maneira. Essas mensagens estão alicerçadas em nossas posições como "homem" ou "mulher" e nos modos como podemos ou devemos experimentar (ou dar forma) a nossa masculinidade ou feminilidade.²

Essas diversas posições mostram por que a histeria seria uma atraente fonte de interesse para a filosofia: a histeria nos leva a confrontar problemas-chave da antropologia filosófica do tempo atual. Não apenas a histeria está intrinsecamente ligada a questões referentes a sexo e gênero, como também enfatiza a problemática relação entre "corpo" e "mente". Muito embora os sintomas histéricos não tenham causas orgânicas, eles falam para aqueles que querem escutar.³

---

[1] O fato de que a histeria desapareceu dos livros de psiquiatria não significa, contudo, que ela não mais existia. Talvez esses pacientes tenham apenas deixado de buscar a ajuda de psiquiatras. Nesse sentido, Stone (2008) afirma que o desaparecimento da histeria é uma ilusão intimamente ligada à divisão entre neurologia e psiquiatria. Além disso, não é exagero nos imaginarmos em um auditório com Charcot enquanto assistimos (a "cura" que ocorre durante) a celebrações de certas seitas religiosas. Então o problema do "desaparecimento" da histeria é muito mais complicado do que se afirma algumas vezes (ver, entre outros, Showalter, 1997).

[2] Ver Showalter (1977) e Bernheim e Kahane (1990) sobre as várias posições nesse debate.

[3] Ao mesmo tempo o crescimento rápido e a igualmente rápida redução do diagnóstico "histeria" inevitavelmente conduz à pergunta sobre o estatuto das categorias psiquiátricas. Estamos lidando com "tipos naturais" trans-históricos ou essas categorias são simples construtos históricos (e o que isso significa?)? Ou essa problemática desafiaria tal dicotomia simples? Sobre essas questões, ver Hacking (1995) e De Block e Adriaens (2010), entre outros.

Mas, como um problema, a histeria não está confinada aos domínios da psiquiatria, tampouco da filosofia. De fato, a histeria também tem um papel de grande relevância na literatura do século XIX. Em seus romances (*Madame Bovary*, *Eline Vere*...), Flaubert, Couperus e outros dão forma (muitas vezes em um estilo bastante sugestivo) à atmosfera da histeria. Por essa razão, a literatura deve ser introduzida na rede de conexões que inclui a histeria, a psiquiatria nascente e a filosofia. Isso torna ainda mais complexa a questão filosófica sobre o significado da histeria para uma compreensão da existência humana.

Psicanálise e histeria

Neste livro, consideraremos diversas questões filosóficas colocadas pela histeria. Nós não podemos ou queremos fazer isso, contudo, em um estilo excessivamente direto. Uma abordagem direta demandaria um grau de compreensão que excede nossa capacidade. Discutiremos a problemática filosófica posta pela histeria com base em trabalhos de Freud e Lacan. Há boas razões para isso. A psicanálise freudiana se estabeleceu como um produto acidental da epidemia mencionada acima.[4] Freud fundou a psicanálise ao abordar a histeria a partir da psicoterapia, e não a partir de uma perspectiva neurológica[5] – à qual muitos psiquiatras promissores do seu tempo aderiram.[6] Isso tem consequências importantes para a nossa compreensão da histeria. Implica que os sintomas histéricos não são causados por uma (suposta) deficiência orgânica, são sim expressões de um significado psicológico. Em um primeiro momento, o próprio Freud conectou

---

[4] Não consideramos a problemática da coesão interna entre o desenvolvimento de ideias dentro da psiquiatria, a origem da psicanálise e essa "epidemia". Sobre a questão, ver, entre outros, Showalter (1997).

[5] Particularmente Charcot, com quem Freud estudou e que teve um papel importante no surgimento e no desaparecimento do diagnóstico de "histeria". Sobre esse ponto, ver Micale (1995), Hacking (1995) e Appignanesi (2008), entre outros.

[6] Seria injusto afirmar que o único foco do trabalho de Freud durante as duas últimas décadas do século XIX era a histeria. Desde o início, tanto as suas investigações clínicas como também as teóricas tinham grandes pretensões. Contudo, durante esse período – até a primeira versão de *Três ensaios sobre a teoria da sexualidade* (FREUD, 1905b, *passim*) –, Freud usa a histeria como uma matriz por meio da qual considera e compreende a patologia como um todo.

esse significado a um trauma psicológico real: a histeria seria consequência da sedução de uma criança (particularmente, de uma criança do sexo feminino) por um adulto (primariamente, pelo pai). Assim, os diversos problemas filosóficos que mencionamos estão inscritos no próprio ato de fundação da psicanálise: a relação entre "corpo" e "alma" (sintomas corporais possuem um significado psicológico) e a problemática da sexualidade e do gênero (que está amarrada ao modo de dominação da família patriarcal). A primeira parte do nosso livro lida com a maneira como as intuições freudianas sobre o tema evoluem em seu trabalho. Central para a discussão será texto de Freud sobre Dora (FREUD, 1905a).[7]

Fragmento da análise de um caso de histeria (Dora) (FREUD, 1905a) tem um papel central no desenvolvimento da teoria freudiana sobre psicanálise e sobre a histeria. Esse texto marca o ápice das inquietações freudianas referentes à histeria, inquietações que o levaram a criar a psicanálise nas décadas de 1880 e 1890. Junto com *Três ensaios sobre a teoria da sexualidade* (1905b) e o livro *Chistes e sua relação com o inconsciente* (1905c), ambos publicados em 1905, o caso Dora nos fornece uma síntese sistemática dos *insights* psicanalíticos freudianos na década de 1900. Uma leitura cuidadosa desses textos revela que, durante esse período, Freud interpreta a psicanálise como uma *patoanálise* ou (o que, no final das contas, quer dizer o mesmo) uma *antropologia clínica*. Nesses textos, Freud mostra que apenas poderemos compreender adequadamente a existência humana se a observarmos em suas variações

---

[7] A importância do texto de Freud sobre Dora é maior do que o seu sentido mais estritamente psicanalítico. Se a problemática da histeria tem um papel importante em discussões sobre sexo e gênero, sua relevância se torna ainda maior em *Fragmento de análise de um caso de histeria* (Dora) (1905a). Esse texto sempre foi usado para ilustrar preconceitos (numerosos?) de Freud contra, por exemplo, mulheres e a homossexualidade. Isso explica por que Dora pôde retornar ao primeiro plano, como uma figura emblemática, no contexto de discussões sobre o feminismo durante a década de 1980. Nessas discussões, Dora representa um modelo para todas as mulheres que sofrem em razão de preconceitos masculinos e da hegemonia social e cultural masculina. Que mulher, pergunta Helène Cixous, não é Dora (CIXOUS, 1976)? Dessa maneira, quase 100 anos após a publicação do texto de Freud, Dora se tornou uma cultuada heroína da crítica literária e da crítica feminista, em particular, à psicanálise. Explorar essa problemática nos distanciaria do cerne da questão que pretendemos investigar. Para um panorama dos diversos textos importantes, indicamos Bernheim e Kahane (1990).

patológicas. De acordo com esse modelo, a patologia expressa, de maneira exagerada, as forças e tendências que formam e determinam a nossa existência. Aqui, portanto, a psicopatologia não aparece como o negativo de uma suposta normalidade. Em vez disso, ela nos mostra os elementos estruturantes da existência humana. Freud rompe, assim, com a antropologia filosófica tradicional, que pensa a psicopatologia exclusivamente como negação da saúde psíquica.

É por todas essas razões que queremos estudar os problemas filosóficos colocados pela histeria de Freud. De fato, é justamente por meio do estudo da histeria que Freud provoca uma revolução no modo de olhar para a relação entre normalidade e psicopatologia. Por conseguinte, devemos não apenas perguntar pelo significado filosófico da histeria, como também examinar cuidadosamente o significado filosófico da psicanálise.

Psicanálise como método

A psicanálise é um método de rastreamento de processos psicológicos inconscientes. Sonhos, lapsos e sintomas são fenômenos estranhos à consciência que parecem acontecer sem motivo. Mas esses fenômenos nos fazem suspeitar da possível existência de um significado oculto. A tarefa do método psicanalítico é encontrar esse significado oculto e expor a continuidade psicológica que está por trás da descontinuidade da consciência. Além da hipnose, o método psicanalítico é o único caminho para a realização dessa tarefa. Ele se sustenta em duas regras fundamentais e complementares: livre associação do analisante e atenção flutuante do analista. O analisante deve dizer tudo aquilo que vier à sua mente, mesmo se o que vier for vergonhoso, grosseiro, doloroso, desinteressante ou frívolo. É tarefa do analista guiar o analisante em livre associação. Por meio de uma atenção flutuante e sensível, assim como de uma atitude livre de julgamentos morais e *insights* psicológicos, o analista deve encorajar o analisante a falar livremente (LACAN, 1953-54, p. 7).

Por um lado, o método psicanalítico tem um efeito catártico. A expressão do que até então havia sido silenciado e a abertura a afetos recalcados são libertadoras e podem até tornar obsoletas inibições, sintomas e medos. Por outro lado, o método da associação livre rapidamente mostra os seus limites, pois inevitavelmente estagna em razão de fortes resistências. Como em um turbilhão, constelações libidinais atraem as associações e, assim, sufocam sua expressão. Problemáticas insolúveis persistem em uma repetição interminável, que está muito além de sua expressão consciente na análise. Os *limites* da associação livre estão ligados à atuação de forças libidinais recalcitrantes, assim como às peculiaridades que formam a fonte constitutiva dos sintomas.[8] O potencial de cura depende do grau em que essas forças libidinais podem ser absorvidas pelo mundo falante; mas essas forças resistem obstinadamente a essa absorção. Freud enfatiza o poder limitado do método psicanalítico em seus trabalhos iniciais e também naqueles que escreveu no final de sua vida (FREUD; BREUER, 1895a, p. 17; FREUD, 1937, *passim*).[9]

O domínio da psicanálise

Sobretudo, a psicanálise toma para si o domínio para o qual foi criada: as neuroses. Freud distingue três formas de neurose: histeria, neurose obsessiva e paranoia.[10] Os maiores casos estudados, a histeria de Dora (1905a), a neurose obsessiva do Homem dos Ratos (1909b) e a paranoia de Schreber (1911), são os alicerces da antropologia clínica freudiana. Quando escreve sobre outras patologias (por exemplo, as perversões), Freud não está primariamente interessado em elucidações clínicas acerca desses fenômenos como tais, mas na maneira como atuam na sintomatologia de neuroses. Isso fica evidente em suas investigações sobre perversões no *Três ensaios sobre a teoria da sexualidade.*

---

[8] "Se a força da pulsão é excessiva, o eu maduro, amparado pela análise, falha em sua tarefa da mesma maneira que o eu desamparado anteriormente fracassara" (FREUD, 1937, p. 230, trad. modificada).

[9] A força do método psicanalítico pode, algumas vezes, ser ampliada por meio de uma adaptação do cenário e da técnica psicanalítica clássica. Adaptação não é sinônimo de abandono do método.

[10] A partir de 1918, Freud estende seu interesse clínico à melancolia. [O estatuto nosográfico da paranoia em Freud sempre foi motivo de grande controvérsia. Desde os manuscritos dirigidos a Fliess, a paranoia era inserida no grupo das neuroses. A célebre distinção entre neurose e psicose só se consolida a partir dos textos da década de 1920. A esse respeito, ver *Neurose, psicose, perversão*, da coleção Obras Incompletas de Sigmund Freud. (N.E.)]

O que interessa a Freud não é tanto o problema da perversão, mas como os desejos e as fantasias do perverso estão ligados a sintomas de conversão da histeria. Em seus estudos sobre homossexualidade, realizados em um período próximo a 1910, Freud busca compreender o papel da problemática do homossexual-narcisista na sintomatologia da paranoia.

Os textos freudianos de psicanálise dita "aplicada" devem também ser compreendidos nos termos da tríade neurótica: histeria, neurose obsessiva e paranoia. O interesse freudiano em literatura e religião é, no final das contas, uma continuação de seu interesse clínico. De acordo com Freud, há "profundas semelhanças" entre histeria e literatura, entre neurose obsessiva e religião e entre paranoia e filosofia. Assim, ele compara o sistema delirante de Schreber com a formação de sua própria teoria (FREUD, 1911, p. 78-79). Freud aborda a cultura a partir de sua análise das três neuroses. Sua visão sobre a cultura não é, por conseguinte, um alargamento do domínio da psicanálise ou uma "aplicação" do método psicanalítico em um campo que está além da clínica. Freud investiga como a histeria, a neurose obsessiva e a paranoia buscam uma aplicação na vida e como elas usam suas respectivas afinidades com a literatura, a religião e a filosofia nesse processo. A partir desse ponto de vista, *Totem e tabu* (FREUD, 1913a), por exemplo, não é exatamente uma hipótese sobre as origens pré-históricas da religião. É sim uma descrição da maneira como a constelação pulsional do obsessivo encontra em tabus e rituais religiosos um lugar privilegiado para a sua socialização. De modo semelhante, a ligação acima mencionada entre histeria e literatura pode se mostrar a partir de uma nova luz.

Normalidade e patologia

O fato de Freud conectar as diversas neuroses a diferentes formas culturais indica que ele não enquadra essas neuroses no modelo das moléstias infecciosas, por exemplo. Uma infecção tem uma causa específica que ataca o organismo de fora. Com base nessa ideia, pode ser feita uma distinção categorial entre doença e saúde. Segundo Freud, a neurose não pode ser compreendida de acordo com o modelo de tais infecções. Ela não tem causas específicas e, consequentemente, pode apenas ser separada da normalidade com base em critérios quantitativos, isto é, a partir de diferenças de grau: "Seria ocioso procurar nelas por agentes excitadores da enfermidade. Elas estão ligadas à assim chamada normalidade através de fluidas transposições e, por outro lado, é difícil que haja um estado reconhecidamente normal no qual traços neuróticos não possam ser apontados" (Freud, 2014, p. 113). As neuroses não podem ser estritamente diferenciadas de uma condição de normalidade psicológica. Do mesmo modo, Freud também não formula uma distinção precisa entre neurose e psicose. Isso fica claro se lembrarmos que ele considera a paranoia uma neurose. Ele também não considera problemático o fato de que, na histeria, pode ocorrer uma variedade de condições psicóticas que "são derivadas imediata e exclusivamente da histeria" (Freud; Breuer, 1895a, p. 249) e que na neurose obsessiva do Homem dos Ratos "um tipo de delírio" (Freud, 1909c, p. 164) tem um importante papel. Por meio de contínuas transições, as neuroses são ligadas à normalidade e também às psicoses.[11]

Patoanálise...

Em *Szondi avec Freud*, Jacques Schotte expõe os fundamentos daquilo que chama de leitura *patoanalítica* de Freud (Schotte, 1990, p. 147). Tal leitura *patoanalítica* está fundada na desvalorização freudiana da distinção entre normalidade e patologia (tal como expusemos acima). Freud usa a imagem de um cristal quebrado para expor suas ideias sobre a relação entre normalidade e patologia: "Achamo-nos familiarizados com a noção de que a patologia, na medida em que aumenta e torna as coisas mais grosseiras, pode chamar a atenção para condições normais que de outra maneira não perceberíamos. Ali onde ela nos mostra uma ruptura ou uma fenda poderia, normalmente, haver uma articulação. Se lançamos um cristal ao chão, ele se quebra, mas não arbitrariamente; ele se parte conforme suas linhas de separação, em fragmentos cuja delimitação, embora invisível, é predeterminada pela estrutura do cristal. Os doentes mentais têm estruturas desse

---

[11] Esse *insight* é poderosamente tomado, na tradição psicanalítica, por Melanie Klein. Para exemplos mais recentes desse mesmo *insight* na tradição da psiquiatria evolucionista, ver Adriaens (2008).

tipo, cindidas e despedaçadas" (FREUD, 1933a, p. 58-59). A patoanálise eleva essa analogia do cristal a um *princípio* heurístico e ético. As diferentes formas de distúrbio psicológico não se posicionam *contra* a normalidade psicológica; ao contrário, elas mostram uma disposição específica que está ativa na vida interna normal, apesar de ser expressa de maneira excessiva na patologia (SCHOTTE, 1990, p. 149).[12] Por essa razão a perspectiva patoanalítica nos estimula, de acordo com Freud, a assumir uma atitude ao estilo antigo, isto é, uma atitude de respeitosa modéstia com relação àqueles que sofrem em razão de doenças psíquicas, pois suas vidas simbolizam problemas que também determinam nossas existências.[13] De maneira crua e excessiva, a histeria, a neurose obsessiva e a paranoia dão forma a problemáticas antropológicas que também podem se expressar de modo refinado e aceito socialmente por meio da literatura, da religião e da filosofia, respectivamente: "O histérico é um inegável poeta, embora apresente suas fantasias de modo essencialmente *mimético* e sem consideração pelo entendimento dos outros; o cerimonial e os interditos do neurótico obsessivo nos impõem o julgamento de que ele criou para si uma religião particular, e mesmo as formações delirantes dos paranoicos mostram indesejada semelhança externa e parentesco interno com os sistemas de nossos filósofos. Não se pode fugir à impressão de que os enfermos empreendem, de modo *associal*, as mesmas tentativas de solução de seus conflitos e mitigação de suas necessidades prementes, que são chamadas de *poesia, religião* e *filosofia*, quando realizadas de forma aceitável e indispensável para uma maioria" (FREUD, 1919, p. 261). Freud, em certa medida, considera a vida emocional normal, assim como as diversas e importantes formas culturais, em termos de *cisão e direcionamento* de tendências que emergem em diferentes neuroses

---

[12] A maneira como o debate sobre a relação entre psicopatologias e "normalidade" ressurgiu recentemente na psiquiatria evolucionista parece manter, de diversos modos, a perspectiva freudiana. Discutir, aqui, esse problema seria uma digressão excessiva. Sobre o assunto, ver, por exemplo, Adriaens (2008).

[13] "Também não podemos lhes negar algo do temor reverencial que os povos antigos demonstravam com relação aos loucos. Eles deram as costas à realidade externa, mas justamente por conta disso sabem mais sobre a realidade interna, psíquica, e podem nos revelar coisas que de outro modo nos seriam inacessíveis" (FREUD, 1933a, p. 59).

(SCHOTTE, 1990, p. 145). A consequência imediata disso é a de que a sintomatologia dessas neuroses também inclui o esclarecimento de sua conexão com certos problemas antropológicos e certas formas culturais. A patoanálise de neuroses obsessivas, por exemplo, teria, então, de descrever como rituais obsessivos e pensamentos relacionados com confronto e revolta contra uma autoridade (paterna) são problemas compartilhados por todos os seres humanos, problemas que apenas se mostram de maneira mais intensa em uma neurose obsessiva,[14] *e* como essas questões referentes a revolta, culpa e autoridade, que são expressas em rituais e atos obsessivos, caminham em direção a práticas religiosas que as cultivam e as socializam (FREUD, 1907).

...*versus* psicologia desenvolvimentista

Há uma tensão entre a perspectiva patoanalítica e a abordagem psicogênica da psicopatologia, que pode ser identificada nos textos de Freud e que, em larga medida, determina o desenvolvimento da psicanálise. De acordo com o ponto de vista psicogênico, as diferentes neuroses devem ser compreendidas como *distúrbios do desenvolvimento* (FREUD, 1913b, p. 317-318). Neuroses seriam tentativas frustradas de levar a crise edipiana da infância ou puberdade a uma *boa* conclusão.[15] Elas seriam consequências de obstáculos que retardam ou prejudicam um desenvolvimento psicossexual funcional e predeterminado. De acordo com essa visão, neuróticos teriam falhado ou teriam sido privados de uma vida adulta normal. Freud reintroduz, nesses termos, uma tendência normalizadora ou psicologizante na prática e na teoria psicanalítica. Torna-se mais clara a razão pela qual o ponto de vista psicogênico está em desacordo com a abordagem patoanalítica. Se neuroses são distúrbios do desenvolvimento, então, elas podem ser medidas com base em um ideal abstrato de desenvolvimento normal. Elas não seriam, portanto, tal como o princípio do cristal mostra, um

---

[14] Para uma semelhante sintomatologia da neurose obsessiva, ver Van Haute e Geyskens (2010).

[15] Sobre a resolução da crise edipiana de uma "boa" maneira, Freud diz: "Mas o processo descrito é mais do que um recalcamento, ele equivale, se executado de maneira ideal, a uma destruição e uma suspensão do complexo" (FREUD, 2016b, p. 263).

exagero quantitativo de disposições comuns aos seres humanos. A relação entre as várias neuroses e as formas culturais se torna, então, problemática. De outro lado, afirmar que neuroses são expressões excessivas de disposições comuns a todos os seres humanos significa também dizer que seus equivalentes culturais são fenômenos antropológicos fundados na vida pulsional humana. Se neuroses obsessivas são expressões excessivas de uma questão antropológica fundamental (e não distúrbios do desenvolvimento), teremos uma base antropológica para as práticas religiosas (que expressariam de maneira mais refinada as mesmas questões da neurose obsessiva). De fato, na medida em que, crescentemente, Freud compreende as neuroses como distúrbios do desenvolvimento (e como regressões a um estágio infantil), sua maneira de apreciar a arte e a religião se modifica. A religião passa a ser vista como uma ilusão infantil (FREUD, 1927, p. 81) e, posteriormente, a arte é compreendida como práticas capazes de fornecer uma "suave narcose" (FREUD, 1930, p. 81). Em outras palavras, arte e religião seriam paliativos capazes de oferecer conforto ou intoxicação para almas infantis incapazes de lidar com a realidade e que não têm paciência para a conquista científica da verdade (FREUD, 1927, p. 49). De acordo com esse ponto de vista, arte, religião e filosofia perdem seu peso antropológico. Freud, então, defende uma ficção (isto é, a idealização de uma vida adulta livre de neuroses) e uma concepção de ciência divorciada da cultura.

Além do complexo de Édipo...

A tensa relação entre as perspectivas patoanalítica e desenvolvimentista, que caracteriza os trabalhos de Freud e a psicanálise, está ligada à inserção do complexo de Édipo. Nos textos iniciais de Freud sobre histeria não encontramos ideias como a de que toda e qualquer psicopatologia possui uma base edipiana ou a de que a passagem por questões edipianas é obrigatória para uma subjetividade adulta.[16] Durante esse período, Freud se refere apenas à problemática da

---

[16] Tal como mostramos, isso não quer dizer que não existam referências à problemática edipiana nesses textos, mas que essas referências não estabelecem ainda esse sentido. Sobre a questão, ver nosso segundo capítulo.

disposição generalizada à bissexualidade, assim como à importância de um "recalque orgânico" compartilhado por todos os seres humanos. Nossa leitura rompe com interpretações clássicas da evolução do pensamento freudiano. Tanto seus defensores como também seus críticos, muito frequentemente, argumentam que Freud cria a psicanálise no momento em que desconecta a histeria de um trauma sexual real e passa a associá-la a um desejo (motivado pelo Édipo) de sedução do pai.[17] Mostramos que esse ponto de vista não faz jus aos textos freudianos e que, em certa medida, o desenvolvimento da perspectiva psicanalítica precede e independe desse infame complexo. De fato, podemos dizer, sem corrermos o risco de exagerar, que uma patoanálise psicanalítica (ao menos nos trabalhos de Freud) não possui o caráter edipiano. Isso significa que o ponto de vista que afirma que a referência ao complexo de Édipo é uma característica central e identificadora da teoria freudiana deve ser reformulado e talvez elaborado de maneira mais sofisticada. Por essa razão queremos investigar também neste livro a possibilidade e a importância de uma metapsicologia psicanalítica não edipiana.

Fragmento da análise de um caso de histeria é o último dos grandes textos freudianos sobre histeria. Nos anos posteriores a sua publicação – e, especialmente, nos anos subsequentes à publicação de *Observações sobre um caso de neurose obsessiva* (O "Homem dos Ratos"), em 1909 – a atenção de Freud, cada vez mais, dirige-se ao estudo da neurose obsessiva e da paranoia. Ele "descobre" o complexo de Édipo em seus estudos sobre neurose obsessiva. De acordo com Freud, a problemática da (do desafio à) autoridade paterna é central para a neurose obsessiva.[18] Nos anos posteriores à publicação do seu texto sobre o "Homem

---

[17] É impossível entender se a evolução, no trabalho de Freud, do simples contraste entre um trauma (real e sexual) e uma fantasia (edipiana e sexual) já emerge do fato de que traumas e seduções possuem um papel importante não apenas no caso Dora, mas também, por exemplo, nos estudos sobre o Homem dos Ratos (FREUD, 1909b) e sobre o Homem dos Lobos (FREUD, 1918). Freud não duvida de que os incidentes sejam reais. Para Freud, eles se referem a verdadeiros eventos que ganham novos significados e pesos devido a outra mudança, mais fundamental. Discutiremos isso extensamente, especialmente a maneira como essa mudança se refere à reintrodução de uma completa revisão do conceito de "disposição".

[18] No clássico caso do Homem dos Ratos, em uma primeira instância, Freud também discute o "complexo paterno" (FREUD, 1909a, p. 200).

dos Ratos", Freud retira essa problemática do domínio específico da neurose obsessiva. Ele, cada vez mais, passa a acreditar que o complexo de Édipo é um *momento constitutivo* e essencial (por conta de seus fundamentos biológicos). A nossa relação com a lei e com a cultura estaria nele alicerçada. Em outras palavras, Freud defende uma interpretação psicogênica do complexo de Édipo. Aquele que for capaz de sair incólume desse momento constitutivo imediatamente teria acesso à normalidade ou à saúde psíquica. Mesmo se tivermos em conta que Freud defende que a superação de questões edipianas é somente possível de maneira assintótica, seremos, ainda assim, levados a concluir que a teoria do complexo de Édipo abre espaço para uma definição intrínseca de normalidade ou saúde psíquica, de acordo com a qual nossas experiências psíquicas podem ser sistematicamente mensuradas (VAN HAUTE, 2002b). Desse modo, a psicanálise inevitavelmente se torna normativa e normalizadora. Os *insights* freudianos sobre o Édipo estão, por conseguinte, em desacordo com as intuições patoanalíticas de seus textos iniciais.

Essa tensa relação entre uma abordagem edipiana e uma perspectiva patoanalítica talvez tenha sido evidenciada, mais do que em qualquer outro lugar, nos trabalhos de Jacques Lacan. Por um lado, Lacan acolhe a perspectiva patoanalítica freudiana. Ele parte de uma conexão intrínseca entre saúde psíquica e patologia e mostra como *a mesma* problemática que se expressa de maneira caricata na patologia também está na base de várias formas de expressão cultural. Lacan segue Freud e põe ênfase, por exemplo, na conexão entre histeria e literatura.[19] Por outro lado, Lacan, inicialmente, é legatário da perspectiva edipiana dos trabalhos tardios de Freud. Observamos essa tensa relação nas diversas interpretações feitas por Lacan do caso Dora. Em sua leitura de *Fragmento da análise de um caso de histeria*, Lacan tenta escapar da abordagem psicogênica freudiana por meio de uma interpretação estruturalista do complexo de Édipo. Essa abordagem estrutural não ameniza, contudo, as dificuldades que apresentamos. De fato, essa abordagem permanece fundamentalmente normativa e normalizadora. Com base na análise estruturalista de sistemas de

---

[19] Retornaremos a essa problemática nos quatro últimos capítulos, em que as referências necessárias a essa afirmação podem também ser encontradas.

parentesco de Lévi-Strauss (1949), Lacan conecta a patologia de Dora à sua incapacidade de assumir a posição de objeto de troca. As mulheres, estruturalmente, estariam situadas nessa posição. Assim, a interpretação estruturalista de Freud feita por Lacan repete em momentos decisivos preconceitos naturalistas contra mulheres e contra a feminilidade, preconceitos que representam a sombra do pensamento freudiano.

Nossa análise mostra de que maneira e por que razão uma abordagem patoanalítica se encontra em rota de colisão com quaisquer teorias psicoanalíticas que elevem o complexo de Édipo a seu *shibboleth*. A escolha de Lacan por uma abordagem patoanalítica em seus trabalhos tardios caminha de mãos dadas com a rejeição à abordagem edipiana e freudiana da patologia. Além disso, nos trabalhos tardios de Lacan, o questionamento sobre *o que significa ser uma mulher* refere-se ao problema que sub-repticiamente governa o desejo humano, especialmente a histeria. Lacan, cada vez mais, coloca esse problema em termos de *uma questão de (da relação com) possibilidade de um Outro gozo feminino "além do falo"*. A crítica lacaniana ao complexo de Édipo freudiano e o concomitante desenvolvimento de suas "fórmulas da sexuação" separam essa problemática de todo essencialismo (biológico). Dessa forma, Lacan também retorna – *mutatis mutandis* – às intuições originais de Freud acerca da disposição humana à bissexualidade. Ao mesmo tempo, Lacan inequivocamente reconfirma a conexão entre cultura e patologia, de maneira geral, e entre histeria e literatura, de maneira específica. Assim, sua teoria também fornece uma resposta às tendências cientificistas do trabalho de Freud.

A importância filosófica da psicanálise

Qual seria a importância filosófica da psicanálise freudiana? No passado, diversas concepções sobre a originalidade do trabalho de Freud para a filosofia insistiram na relevância do adágio "o eu não é senhor em sua própria casa". A importância filosófica da psicanálise foi, assim, associada ao seu potencial de exposição de processos psicológicos inconscientes, assim como ao *insight* freudiano segundo o qual a diferença entre humanos e animais poderia ser pensada com base nos domínios da sexualidade. Essa dupla confirmação foi, muitas vezes, acolhida por filósofos que buscaram desenvolver uma antropologia filosófica *geral* que se estabeleceria como algo distinto dos estudos e *insights* freudianos sobre psicopatologia. Nos capítulos sobre sexualidade e linguagem da *Fenomenologia da percepção*, Merleau-Ponty, por exemplo, tentou fazer jus aos *insights* freudianos sobre o papel central da sexualidade na existência humana e sobre o significado dos sintomas no contexto de sua teoria geral do corpo-sujeito (MERLEAU-PONTY, 1949). O fato de que a psicanalise freudiana se constituiu por meio de investigações de diferentes neuroses não parece perturbar Merleau-Ponty. Ele acredita que a metapsicologia freudiana pode ser separada da história de sua criação. De acordo com sua perspectiva, o estudo das psicopatologias é apenas uma referência externa utilizada para acessar a metapsicologia, a qual não está fundamentalmente marcada por esse ponto de partida. As psicopatologias seriam, então, como escadas, que poderíamos deixar de lado assim que seus serviços heurísticos fossem realizados.

Nossa interpretação do trabalho de Freud e da psicanálise mostra que a importância filosófica da psicanálise talvez esteja também (e especialmente?) em outro lugar. Muito embora seja possível afirmar justificadamente que a noção freudiana de inconsciente não pode ser reduzida às ideias filosóficas sobre inconsciente que inspiraram Freud e ainda que a abordagem freudiana da sexualidade seja radicalmente diferente da maioria das teorias filosóficas sobre o assunto, as suas referências ao inconsciente e à sexualidade não são suficientes para que possamos afirmar que o seu trabalho é filosoficamente relevante. A originalidade filosófica do trabalho de Freud (e da psicanálise, por extensão?[20]) reside na centralidade do princípio do cristal e na consectária revisão fundamental da relação entre normalidade, cultura e patologia. O estudo dos textos freudianos sobre histeria e de sua continuação nos trabalhos de Lacan é a oportunidade perfeita para cuidar dessa problemática filosófica.

---

[20] Vêm à mente, por exemplo, os trabalhos de Melanie Klein nos quais o desenvolvimento "normal" da criança é compreendido em termos de posições fundamentais (esquizoparanoide e depressiva) que não podem ser determinadas e descritas de modo apartado da patologia (VAN HAUTE; GEYSKENS, 2004).

Capítulo 1
Entre trauma e disposição
A específica etiologia da histeria nos trabalhos iniciais de Freud

Introdução: Do trauma real à fantasia edipiana?

Em sua *Autoapresentação*, de 1924/1925, Freud esboça a história dos primeiros anos da psicanálise. Nesse trabalho histórico e autobiográfico, ele relata como, em 1897, foi forçado a abandonar a teoria da sedução e como isso o levou a defender que o complexo de Édipo é central para a etiologia das neuroses. Ou seja, Freud descobriu que o testemunho de seus pacientes sobre como, na infância, teriam sido seduzidos por adultos perversos não eram memórias de eventos reais, mas sim expressões disfarçadas de fantasias edipianas: "Quando fui obrigado a reconhecer que tais cenas de sedução não haviam jamais ocorrido, eram apenas fantasias que meus pacientes tinham inventado, que talvez eu próprio lhes havia imposto, fiquei desorientado por algum tempo [...] Eu havia deparado ali, pela primeira vez, com o *complexo de Édipo*, que depois ganharia extraordinária importância, mas que não reconheci naquele fantasioso disfarce" (FREUD, 1925, p. 34). Não surpreende que, em 1925, essas fossem as ideias freudianas acerca da origem da psicanálise. Em 1925, o complexo de Édipo se tornara o principal tema da teoria psicanalítica, e o relato de Freud sobre os primeiros anos da psicanálise foi moldado por interesses e ambições do momento em que escrevia. Realmente notável é o fato de que, apesar de suas discordâncias, nem os psicanalistas freudianos nem os mais ferozes críticos de Freud questionam a associação entre o abandono da teoria da sedução e a descoberta do complexo de Édipo. Todos concordam com o ponto de vista ortodoxo expresso por

Ernst Kris: "Em suas cartas [Carta a Wilhelm Fliess], aprendemos que o *insight* de Freud referente à estrutura do complexo de Édipo, isto é, ao problema central da psicanálise, foi possível em razão de sua autoanálise, que ele iniciou no verão de 1897, durante sua estada em Aussee" (KRIS, 1986, p. 545). De acordo com essa perspectiva, a partir de 1897, após o abandono da teoria da sedução, as teses de Freud evoluem gradualmente em direção ao posicionamento do complexo de Édipo como questão central da psicanálise. Até mesmo Jeffrey Masson, que considera o abandono da teoria da sedução uma "agressão à verdade",[1] não discute a ideia de que a renúncia à teoria da sedução coincide com a descoberta do complexo de Édipo. "Kris está correto: Freud alterou o percurso de seu pensamento. Mais cedo, ele reconhecera os atos agressivos dos pais contra seus filhos – pois sedução era um ato de violência. Agora, Freud tem um novo *insight*, o de que crianças têm impulsos agressivos contra seus pais" (MASSON, 1992, p. 112-113).[2]

Essa associação, contudo, não resiste ao teste de uma leitura cuidadosa dos textos iniciais de Freud. É óbvio, por exemplo, que o tema edipiano não é central em importantes trabalhos de 1905,[3] oito anos após a teoria da sedução ter sido deixada de lado. Na primeira edição de *Três ensaios sobre a teoria da sexualidade* (FREUD, 1905b), em que Freud examina extensamente o desenvolvimento sexual, não há traços do complexo de

---

[1] Em seu livro *The Assault on Truth* (1992), Masson defende que Freud tornou obscuras verdadeiras agressões a crianças por adultos ao renunciar a sua teoria da sedução.

[2] Ver também Anzieu (1988, p. 93-186), para uma rara exceção ver Blass (1992).

[3] Em 1905 Freud publicou não apenas *Três ensaios sobre a teoria da sexualidade* e *Fragmento da análise de um caso de histeria* (Dora), mas também *Chistes e sua relação com o inconsciente* e "Minhas teses sobre o papel da sexualidade na etiologia das neuroses". É apenas depois do caso do pequeno Hans e do Homem dos Ratos (FREUD, 1909b) e das especulações antropológicas de *Totem e tabu* (FREUD, 1913a) que o tema edipiano se torna, crescentemente, central para o trabalho de Freud. Não é coincidência que esse giro em direção ao complexo de Édipo caminhe ao lado de outra mudança: Freud deixa de dar tanta atenção à histeria (e à literatura) e passa cada vez mais a se concentrar na neurose obsessiva (e na religião). Anzieu parece confirmar essa tese ao escrever: "garotas e mulheres histéricas permitiram que Freud descobrisse o significado dos sonhos, já um jovem obsessivo levou Freud a descobrir o complexo de Édipo" (ANZIEU, 1988, p. 179, grifo nosso). Segundo nosso ponto de vista, nem Anzieu nem Freud – equivocadamente –, concluem nesse momento que o complexo de Édipo faz parte da sintomatologia da neurose obsessiva, mas não da histeria. Esses textos sintetizam o pensamento freudiano naquele momento de seu percurso intelectual.

Édipo. Também não há sequer uma palavra escrita por Freud sobre o tema do Édipo em "Minhas teses sobre o papel da sexualidade na etiologia das neuroses" (FREUD, 1906), apesar de esse texto cuidar especificamente da importância da sexualidade na etiologia das neuroses. No caso Dora, *Fragmento da análise de um caso de histeria* (FREUD, 1905a), Freud se refere ao mito de Édipo, mas apenas porque Dora dá nova vida à relação edipiana com seu pai, *de modo a banir a paixão por Herr e Frau K. de sua consciência*: "Por anos a fio Dora não expressara essa paixão pelo pai [...] Seu amor pelo pai, portanto, fora recentemente reavivado e, sendo esse o caso, podemos nos perguntar com que finalidade isso ocorreu. Obviamente, como sintoma reativo para suprimir alguma outra coisa que, por conseguinte, ainda era poderosa no inconsciente" (FREUD, 1905a, p. 57-58). Nesse caso, a ligação edipiana infantil é um sintoma reativo que serve ao recalque; portanto, não pode ainda ser interpretado como o complexo central de todas as neuroses. Não há mais referências ao tema do Édipo.[4]

O fato de que, entre 1897 e 1905, a teoria da sedução não é substituída por uma teoria centrada no complexo de Édipo não quer dizer, todavia, que o abandono da teoria da sedução seja insignificante para o trabalho de Freud. Ao contrário, o mito sobre a mudança de um trauma real para uma fantasia edipiana desvia a atenção de uma questão mais interessante: entre 1895 e 1905, a teoria freudiana das neuroses é marcada por diversas mudanças nas relações entre fatores constitutivos e acidentais na *específica* etiologia das neuroses. Essa questão, de certo modo técnica e clínica, é determinante para a compreensão da importância filosófica e antropológica da teoria inicial freudiana. Em 1905, Freud considera a histeria uma disposição inata, uma tendência "incurável" que é parte essencial da existência humana.[5] Neste capítulo, esboçaremos a evolução

---

[4] Antes de 1905, Freud apenas se refere ao mito edipiano em *A interpretação dos sonhos* (1900) de maneira a compreender uma questão muito específica: os sonhos típicos sobre a morte de um dos pais (FREUD, 1900, p. 256). Na análise de todos os outros sonhos mencionados em *A interpretação dos sonhos* não há alusões a interpretações edipianas. O fato de que Anzieu elabora uma leitura edipiana dos sonhos de Freud em A *interpretação dos sonhos* não significa necessariamente que Freud esteja descobrindo o complexo de Édipo, o complexo de castração, etc. na análise do próprio sonho (ANZIEU, 1988). Isso significa simplesmente que Anzieu busca compreender os textos iniciais de Freud a partir da ortodoxia do Freud tardio.

[5] "No final das contas, Moebius poderia dizer com justiça que todos nós somos em alguma medida histéricos" (FREUD, 1905b, p. 171).

do pensamento freudiano sobre a etiologia da histeria, entre 1895 e 1905. Durante esse período Freud desenvolveu uma *patoanálise*[6] *da histeria*: a análise da histeria o leva a explorar um problema antropológico que é parte essencial da existência humana, o qual, nos excessos de suas manifestações patológicas, é expresso de maneira mais sucinta.

De 1910 em diante, esse projeto de patoanálise é colocado sob a crescente pressão de um modelo psíquico desenvolvimentista, de acordo com o qual a sexualidade desenvolve-se em múltiplos estágios, culminando com a vitória sobre o complexo de Édipo. Nesse modelo edipiano desenvolvimentista, patologias perdem sua importância antropológica. Elas não são mais uma expressão exagerada de problemáticas antropológicas comuns, mas, em vez disso, simplesmente expressam evitáveis problemas do desenvolvimento[7] que, em casos ideais, podem ser superados de maneira a se alcançar uma normalidade psíquica que não guarde marcas infantis ou patológicas.[8]

Devemos examinar primeiro como, entre 1895 e 1905, Freud formulou uma teoria não edipiana e patoanalítica da histeria.

Trauma e disposição em *Estudos sobre a histeria*

No primeiro capítulo de *Estudos sobre a histeria* (FREUD; BREUER, 1895a), que já havia aparecido como um artigo separado em 1893, Freud e Breuer relatam a descoberta de que sintomas histéricos são expressões de incidentes traumático esquecidos. Por um ou outro motivo, afetos como medo, raiva, excitação ou repulsa, que costumeiramente acompanhariam esses incidentes, não puderam se

---

[6] O termo "patoanálise" e as inspirações patoanalíticas são derivados do trabalho de Jacques Schotte: "*Freud a fini par avancer l'idée de ce que j'appelle personnellement une espèce d'option patho-analytique. Qu'est-ce à dire? Les différentes formes de morbidité psychiatrique nous montrent en quelque sorte à l'état éclaté ce qui reste invisible comme articulation structurale de différents moments dans la vie dite saine d'esprit*" (SCHOTTE, 1990, p. 166).

[7] "Logo, nossas predisposições são também inibições do desenvolvimento. A analogia com os fatos da patologia geral de outras doenças confirma essa nossa concepção" (FREUD, 1913b).

[8] "Não vejo razão para recusar o nome de 'recalque' ao afastamento do Eu do complexo de Édipo [...] Mas o processo descrito é mais que um recalque, ele equivale, quando realizado de maneira ideal, a uma destruição e abolição do complexo" (FREUD, 1924, p. 177, trad. modificada).

desenvolver plenamente.[9] Nesses casos, a excitação provocada por um evento traumático pode ser liberada apenas por meio de sintomas de conversão ou de outros fenômenos histéricos. A terapia proposta por Freud e Breuer envolve um redespertar da memória desses incidentes traumáticos de maneira a permitir que o afeto adequado se desenvolva retrospectivamente e as excitações sejam liberadas (FREUD; BREUER, 1985a, p. 17). Eles chamam essa forma de terapia de método catártico.[10]

Os cinco casos que seguem este primeiro capítulo fornecem diversos exemplos que mostram como podemos entender e aplicar essa teoria e essa terapia da histeria. Há o caso de uma mulher de 30 anos que sofre por conta de alucinações olfativas histéricas. Miss Lucy R. é uma governanta inglesa que trabalha em Viena e cuida de duas crianças que perderam a mãe. Ela visita Freud, pois está deprimida e incomodada por tais alucinações olfativas. Sempre que estas ocorrem, ela sente o cheiro de pudim queimado. Freud pede que ela se concentre nesse cheiro e tente se lembrar das circunstâncias em que realmente o sentiu. Lucy conta a seguinte história. Ela está cozinhando com as crianças e o carteiro entrega uma carta de sua mãe, que reside em Glasgow. Ela quer abrir a carta já naquele momento, mas as crianças insistem que abra apenas em seu aniversário, dois dias depois. Nesse alvoroço, ela tira os olhos do forno e o pudim queima. O que seria traumático nessa cena? A chegada da carta da mãe a emocionou profundamente, já que dizia respeito a sua demissão e seu retorno à Inglaterra. Ao se demitir, ela abandonaria as crianças, apesar de ter prometido à mãe delas no leito de morte que continuaria a cuidar dos pequenos. A decisão de se demitir foi tomada em razão de problemas de relacionamento com os serviçais da casa; mas, especialmente, por conta de seu desapontamento com o homem da casa. Por um longo tempo, Lucy acreditara que ele estaria apaixonado por ela e, assim, passava os dias a sonhar acordada com esse amor. Por não receber novas

---

[9] "Transforma-se em trauma psíquico toda impressão que o sistema nervoso tem dificuldade em abolir por meio do pensamento associativo ou da reação motora" (FREUD, 1892, p. 154). Ver também Van Haute e Geyskens (2002).

[10] Freud e Breuer chamam o seu método de catártico, pois a terapia tem o objetivo de reevocar emoções recalcadas de modo a produzir a ab-reação. Isso é comumente alcançado por meio de uma leve hipnose do paciente. Ver Laplanche e Pontalis (1967, p. 60).

indicações de que haveria afeto da parte dele, ficou tão desiludida que quis se demitir. Foi nesse momento que recebeu a carta da mãe e que o pudim queimou. Após contar a Freud essa história detalhadamente e de maneira emocionada, o cheiro de pudim queimado desapareceu como a névoa da manhã.[11] Foi apenas no momento dessa articulação que ela teve plena consciência da intensidade de sua paixão e de sua desilusão. A excitação associada a essa tomada de consciência pôde, assim, ser afetivamente consumida.

A análise de tais sintomas relativamente leves e transparentes parece confirmar a afirmação de Freud e Breuer de que eles teriam chegado à *verdadeira causa da histeria* por meio de tal método catártico (FREUD; BREUER, 1985a, p. 3-5). Com esse posicionamento, eles se colocam contra Charcot e Janet. Segundo esses pesquisadores franceses, eventos traumáticos podem, de fato, atuar como causas *ocasionais*, mas a verdadeira etiologia da histeria deveria ser buscada em disposições hereditárias neuropatológicas (Charcot) ou em uma fraqueza geral do sistema nervoso (Janet). Freud e Breuer, de outro lado, enfatizam a influência causal dos fatores acidentais na etiologia da histeria. Apesar disso, a posição deles não está tão distante assim da de Charcot: Freud e Breuer são forçados a aceitar uma *disposição à histeria*. Sem essa disposição, os traumas afetivos não seriam capazes de causar sintomas histéricos. Assim, o primeiro capítulo de *Estudos sobre a histeria*, que segue o entusiasmo teórico e terapêutico das páginas iniciais, termina com um contra-argumento: "não podemos ocultar de nós mesmos que isso só nos aproximou um pouco mais da compreensão do *mecanismo* dos *sintomas* histéricos, e não das causas internas da histeria. Não fizemos mais do que tocar levemente na etiologia da histeria e, a rigor, só conseguimos lançar luz sobre suas formas adquiridas – sobre a importância dos *fatores acidentais* nessa neurose" (FREUD; BREUER, 1985a, p. 17, grifo nosso).

A conexão causal entre sintomas histéricos individuais e eventos traumáticos é um novo *insight* importante, mas se refere apenas a um aspecto da etiologia da histeria. Além dos fatores acidentais, Freud e Breuer jamais negaram a importância crucial das disposições

---

[11] A história completa do caso de Miss Lucy é mais complicada, mas isso não é vital para a nossa argumentação. Ver Freud; Breuer (1985a, p. 106-124).

histéricas.¹² É possível que essa ênfase na importância de disposições tenha sido pobremente recebida mais tarde em razão do fato de que tal fator disposicional foi investigado especificamente no capítulo teórico escrito por Breuer, que foi removido do texto de *Studien über Hysterie* nas *Gesammelte Werke* e relegado ao *Nachtragsband*.

Em que consistiria, então, essa disposição inata à histeria?

De acordo com Breuer, a disposição à histeria não seria em si uma condição patológica. Assim, ele intencionalmente se posiciona contra Janet. Segundo Janet, a disposição à histeria existe como uma "fraqueza psíquica inata" (FREUD; BREUER, 1895a, p. 240). Breuer rejeita essa caracterização da disposição histérica.¹³ Ele observa que garotos e garotas que mais tarde se tornam histéricos têm personalidades vivas e agitadas, são jovens talentosos com ambições artísticas e intelectuais. O que falta neles não é força psíquica, mas a capacidade de suportar o tédio e a monotonia. Esse nervosismo e essa agitação são intensificados durante a puberdade, momento em que haveria uma ênfase no despertar do corpo passional e sexual do sujeito (FREUD; BREUER, 1895a, p. 240-241). Mas nem todos aqueles que possuem uma natureza agitada e nervosa se tornam histéricos. A característica específica da disposição histérica deve ser buscada em outro lugar, isto é, na combinação de três tendências: uma excessiva sensibilidade corporal, uma inclinação para se defender da sexualidade e uma propensão para divagar e sonhar acordado (algo que pode se transformar em um estado de consciência hipnoide).

Excessiva sensibilidade corporal se refere ao fato de que algumas pessoas têm uma inclinação mais forte do que outras para reagir corporalmente a certos estímulos e eventos. Com a mais leve excitação emocional, o coração começa a bater mais rápido, e essas pessoas se enrubescem ou a coloração desaparece de seus rostos; se algo inesperado

---

¹² Mesmo no caso da histeria moderada de Miss Lucy Freud afirma: "Deve-se compreender que não me refiro, com isso, a uma histeria independente de *qualquer* predisposição já existente. É provável que tal histeria não exista" (FREUD; BREUER, 1895a, p. 122).

¹³ "O clínico que, na qualidade de médico da família, observa os membros de famílias histéricas em todas as idades por certo ficará inclinado a achar que essa predisposição reside antes em um excesso do que numa falta" (FREUD; BREUER, 1895a, p. 240).

acontece, paralisam; elas realmente vivenciam um insulto como um tapa no rosto. O corpo histérico é um aparelho de som com uma sintonia excessivamente afinada a tudo que se refere à vida afetiva. É como se histéricos lutassem para lidar com um excesso contido de energia que não pode ser confinado no interior das represas da vida emocional. A energia, então, frequentemente transborda para o sistema motor, para os sentidos, para os órgãos viscerais e vasomotores. Antes de um exame ou de uma aparição em público, por exemplo, todos nós sentimos certa tensão, mas nem todos vivenciam hiperventilação, palpitações cardíacas, diarreia, vómitos, tremores e desmaios (FREUD; BREUER, 1895a, p. 241). Da mesma maneira, alguns distúrbios orgânicos são imediatamente investidos de uma atenção nervosa que toma a dor e a transforma em algo "terrível" ou "indescritível". O corpo histérico não apenas é exageradamente sensível a eventos carregados de emoção, ele também parece compelido a se envolver nesses eventos. Incidentes enfadonhos são, então, transformados em situações de clímax dramático, pois sem crises ou dramas a vida se torna insuportavelmente monótona (FREUD; BREUER, 1985a, p. 242).

A conversão histérica não é, portanto, um salto misterioso do psíquico para o somático. Em primeiro lugar, a histeria envolve uma corporeidade hipersensível, o que explica vários sintomas histéricos. Como demonstram os casos de palpitações cardíacas ou diarreia que ocorrem em situações estressantes, a histeria não será corretamente compreendida se apenas buscarmos conexões simbólicas entre os sintomas e o trauma. Esses fenômenos histéricos são certamente psicogênicos, já que são uma reação corporal a uma situação importante; não são, contudo, ideogênicos, pois não se assentam em representações recalcadas, das quais seriam expressões (FREUD; BREUER, 1895a, p. 190, trad. modificada). Tal corpo hipersensível forma "essa base da constituição inata da histeria" (FREUD; BREUER, 1895a, p. 244) para a qual sintomas ideogênicos – que são, de fato, a expressão de representações recalcadas – podem transportar-se: "se a base da histeria é uma idiossincrasia de todo o sistema nervoso, o complexo de sintomas ideogênicos psiquicamente determinados ergue-se sobre ela tal como um prédio sobre seus alicerces" (FREUD; BREUER, 1895, p. 244, trad. modificada).[14] No

---

[14] A distinção entre "psicogênico" e "ideogênico" é essencial para a compreensão da teoria freudiana da histeria. Nós a discutiremos amplamente em nossos comentários ao *Fragmento da análise de um caso de histeria*, que é o cerne do próximo capítulo.

"caso Dora", Freud chama esse fenômeno de "complacência somática" (FREUD, 1905a, p. 40). As representações recalcadas apenas se expressam como sintomas corporais se elas puderem se conectar a perturbações somáticas e hipersensibilidades preexistentes.[15] Já aqui, Breuer está distante de uma etiologia puramente traumática da histeria.

O segundo aspecto da disposição à histeria é a tendência a rechaçar tudo aquilo que contém prazer sexual. Adolescentes não reagem de modo semelhante ao confronto com a sexualidade. Alguns parecem não possuir conflitos e mantêm, por um longo período, certa inocência desinibida com relação ao sexual. Outros lidam com demandas sexuais sem muitas objeções. Essa aceitação não problemática da sexualidade provavelmente ocorre em meninos e "camponesas ou moças da classe trabalhadora" (FREUD; BREUER, 1985a, p. 245-246). Breuer continua sua argumentação e cria uma terceira categoria: aqueles que querem saber tudo sobre a sexualidade e exploram o mundo erótico com uma curiosidade perversa por meio de livros proibidos e experimentos secretos. Por outro lado, há aqueles em que o conflito se deflagra entre uma grande sensibilidade erótica e uma ainda maior delicadeza moral ou estética. Estes vivenciam a sexualidade como algo sujo e de mau gosto, como um ataque à integridade: "A moça sente em Eros o terrível poder que rege e decide seu destino, e se assusta com isso. Tanto maior, portanto, é sua inclinação para desviar os olhos e recalcar para fora da consciência a coisa que a assusta" (FREUD; BREUER, 1895a, p. 246). A aversão histérica à sexualidade não é apenas um puritanismo patológico, é sim uma sufocante premonição do poder terrível da paixão sexual que empurrará todas as nossas ambições pessoais e elevados ideais para o segundo plano em favor de um tolo arrebatamento ligado ao prazer corporal anônimo, a paixões doentias e necessidades bestiais, de sangue, suor e lágrimas, de sexo e parto, do ciclo inumano da vida e da morte (FREUD; BREUER, 1895a, p. 245-247). É devido a essa aversão à sexualidade que a maioria dos sintomas ideogênicos na histeria possuem uma ligação associativa ou simbólica com um conflito *sexual* ou trauma, pois histéricas "recalcam a sexualidade afastando-a da consciência, e as representações afetivas de conteúdo sexual que provocaram os fenômenos somáticos são rechaçadas e assim se tornam inconscientes" (FREUD; BREUER, 1895a, p. 246).

---

[15] A tosse e falta de ar de Dora; ver no capítulo 2.

Breuer chama o terceiro fator da disposição histérica de estado hipnoide de consciência. Esse fator também não deve ser compreendido como um mero defeito ou fraqueza. Em casos leves há uma tendência a divagar e a sonhar acordado. Se, durante uma viagem de trem, olhamos pela janela e permitimo-nos pensar e imaginar, estaremos, naquele momento, em um estado hipnoide. Com o final da viagem esse estado de devaneio também termina e, na maioria dos casos, apenas com grande esforço conseguiremos reconstruir os conteúdos das divagações. Mesmo nessa forma leve de auto-hipnose já há uma verdadeira cisão psicológica: quando estamos "despertos" os pensamentos que tivemos durante o devaneio se tornam mais ou menos acessíveis (FREUD; BREUER, 1895a, p. 233-235). Histéricas, de acordo com Breuer, são pessoas com uma forte inclinação a entrar em profundos estados hipnoides de consciência (FREUD; BREUER, 1895a, p. 247-248). Isso faz com que sejam extremamente traumatizáveis. Em situações em que as intensas e profundas imersões nesse estado de devaneio ou em que sonham acordadas se conectam com imagens fortes e carregadas de afetos, essas imagens afetivas podem, por força própria, operar o trauma. Por estarem em um estado hipnoide, as excitações não podem ser liberadas por meio do pensamento associativo ou de reações motoras, pois essas impressões foram recebidas em um "estado em que seu sistema nervoso estava impossibilitado de executar a tarefa de eliminá-las" (1892, p. 154). Simultaneamente, essa condição hipnoide dá espaço para imagens inconscientes (afastadas durante o processo de pensamento consciente) que tomam conta da consciência.[16] A consciência é, então, inundada por visões e alucinações, nas quais imagens sexuais traumáticas recalcadas retornam: "Estes são obviamente estados psicóticos" (FREUD; BREUER, 1895a, p. 248).[17]

Em *Estudos sobre histeria*, Freud e Breuer enfatizam a ligação causal entre sintomas individuais ideogênicos e eventos traumáticos esquecidos.

---

[16] "A partir desse estado hipnoide persistente, representações não motivadas e estranhas à associação normal forçam sua entrada na consciência, introduzem-se alucinações no sistema perceptivo e inervam-se atos motores independentemente da vontade consciente" (FREUD; BREUER, 1895a, p. 250).

[17] A maior parte dos diagnósticos psicanalíticos modernos desvaloriza a unidade clínica da histeria por meio da formulação de uma distinção estrita entre neurose e psicose, que leva à subsequente busca por outro diagnóstico que rotule as "condições obviamente psicóticas" que fazem parte da histeria.

Ao mesmo tempo, o capítulo teórico de Breuer enfatiza que essa causalidade psíquica pode apenas começar a se desenvolver no solo fértil de uma disposição histérica inata (FREUD; BREUER, 1895a, p. 121-122 e 240-240). Um desafio para a compreensão do desenvolvimento do pensamento freudiano sobre a histeria é o fato de que não está claro se e em que medida Freud aceita a contribuição teórica de Breuer referente à disposição à histeria. Apesar do fato de ele e Breuer compartilharem ideias sobre a *disposição* à histeria, durante a escrita dos *Estudos*, Freud discorda da importância atribuída por Breuer à condição hipnoide[18] e demonstra irritação com as reticências de Breuer referentes à relevância etiológica de traumas sexuais. No contexto em que *Estudos sobre histeria* foi publicado, em 1895, Freud já buscava uma nova teoria sobre histeria, na qual o papel das disposições parece reduzido e em que os traumas sexuais se tornam os *únicos* fatores *específicos* e decisivos na etiologia das neuroses.

A teoria da sedução

Em seu trabalho de 1895, *Projeto para uma psicologia científica*, Freud discute o caso Emma, uma garota de 12 anos com a fobia de entrar sozinha em lojas de roupas. Esse medo se manifestou primeiramente quando Emma entrou em uma loja de roupas e viu dois vendedores – um dos quais a atraía sexualmente –, que riam de seu vestido. Emma correu para fora da loja em pânico. Desde então, sua fobia começou a se desenvolver. Contudo, essa situação em si não pode explicar a reação de pânico. O trabalho analítico que se segue traz à luz um incidente anterior. Quando tinha 8 anos, Emma foi comprar doces em uma confeitaria e o dono agarrou sua genitália por cima de sua roupa. As associações entre esses dois incidentes (a risada dos funcionários da loja, a roupa, estar só em uma loja) ajudam a explicar os ataques de pânico de Emma. O incidente na loja de roupas desperta a memória do primeiro incidente na confeitaria, e tal recordação "despertou o que naquela

---

[18] "Se um pedaço de um trabalho conjunto está em questão, é legítimo fazer uma subsequente divisão de propriedade. Eu gostaria de utilizar essa oportunidade para afirmar que a hipótese de 'estados hipnoides' – que muitos revisores estiveram inclinados a situar como uma porção central de nosso trabalho – surgiu inteiramente por iniciativa de Breuer" (FREUD, 1905b, p. 27).

época certamente não poderia, uma liberação *sexual*, que se transformou em angústia" (FREUD, 1895c, p. 354). Emma entrou na puberdade entre 8 e 12 anos. Ela se torna, então, capaz de reagir corporalmente e afetivamente à memória do ataque, a qual, todavia, não penetra em sua consciência, e, como resultado disso, a excitação sexual pode apenas se manifestar como angústia. Essa angústia se conecta aos aspectos do incidente na loja de roupas que estão associados à agressão no mercado. Dessa maneira, a fobia surge do estar *sozinha* em uma loja de *roupas*.

Essa análise de Emma se torna o modelo clínico exemplar para a teoria da sedução. De acordo com essa teoria, a histeria é causada pela memória de uma sedução sexual durante a infância. Quando a memória desse trauma é novamente despertada na puberdade, o trauma infantil retroativamente produz uma excitação sexual que não pôde ser sentida como tal, manifesta-se, portanto, como sintomas de angústia ou conversão: "Temos aqui um caso em que uma lembrança desperta um afeto que não pôde suscitar quando ocorreu como experiência, porque, nesse entretempo, as mudanças [trazidas] pela puberdade tornaram possível uma compreensão diferente do que era lembrado. Ora, esse caso é típico do recalcamento na histeria. Constatamos invariavelmente que se recalcam lembranças que só se tornaram traumáticas por *ação retardada*" (FREUD, 1895c, p. 356). Aqui, a compreensão freudiana do trauma se torna muito mais complexa do que em *Estudos sobre histeria*. O trauma se estabelece, agora, em dois tempos. Em um primeiro momento, há a sedução de um adulto, mas, nesse momento, a criança não pode reagir, pois ela (a criança) não está preparada corporal e afetivamente para compreender o que ocorre. É apenas quando a sexualidade desperta na puberdade que a *memória* da sedução sexual durante a infância adquire um verdadeiro caráter traumático. A reação ao trauma sempre ocorre retroativamente e está ligada ao incidente atual que despertou a memória – já que a "memória" em si não penetra na consciência. O fato peculiar de que a memória pode ser mais poderosa do que a experiência na qual está baseada levou Freud a fornecer à sexualidade um papel decisivo na etiologia da histeria. Apenas no reino da sexualidade a memória pode ter um efeito mais forte do que a própria experiência, isto é, em situações em que a puberdade ocorre entre o momento da experiência e o da recordação (FREUD, 1895c, p. 163).[19]

---

[19] Sobre essa questão, compare-se Van Haute e Geyskens (2002).

Ao contrário das declarações de Freud de 1925 (FREUD, 1925, p. 33-34), a questão que enfrentava em suas investigações sobre a teoria da sedução não tinha a ver com acreditar ou não nas histórias inventadas por seus pacientes histéricos. Seus pacientes, de qualquer modo, não conseguiam se lembrar de seus traumas de infância. Em essência, a teoria da sedução afirma que memórias de traumas devem ser reconstruídas a partir da análise dos sintomas: "esses pacientes nunca repetem tais histórias espontaneamente, nem jamais apresentam ao médico, repentinamente, no curso do tratamento, a recordação completa de uma cena desse tipo. Só se consegue despertar o vestígio psíquico de um evento sexual precoce sob a mais vigorosa pressão da técnica analítica e vencendo uma enorme resistência. Além disso, a lembrança tem de ser extraída dos pacientes pouco a pouco" (FREUD, 1896a, p. 153). Os traumas infantis não são necessariamente lembrados por pacientes, mas reconstruídos pelo psicanalista a partir de descrições fragmentadas que emergem na livre associação (1896b, p. 165-166).

Freud considera que a teoria da sedução não se refere apenas à etiologia da histeria, é também uma teoria da neurose obsessiva. A neurose obsessiva também está ligada a um evento sexual que ocorreu na infância. A diferença entre neurose obsessiva e histeria reside no fato de que aquela não se referiria a uma experiência passiva e dolorosa, mas a uma situação na qual a criança participaria ativamente. A diferença entre histeria e neurose obsessiva, em outras palavras, dependeria da natureza do trauma: passividade sexual *versus* atividade sexual na experiência da criança ligada à sedução. O despertar da memória dessa experiência infantil, após a puberdade, não levaria ao medo ou a sintomas de conversão, tal como no caso da histeria, mas à autocensura compulsiva. Em razão de o incidente da infância não penetrar na consciência, essa autocensura conecta-se a eventos ocasionais e rituais de defesa absurdos dirigidos à proteção contra a autocensura compulsiva (FREUD, 1896a, p. 154-155; 1896b, p. 168-174).

A específica etiologia da histeria e da neurose obsessiva é, assim, determinada pela natureza do trauma. A "escolha da neurose" apenas dependeria da posição (passiva ou ativa) da criança durante o trauma original. A disposição, então, não teria mais qualquer papel na *específica* etiologia das neuroses. Tornar-se neurótico dependeria inteiramente da presença de um trauma na infância. Não haveria neurose sem trauma e este último determinaria se o sujeito se tornará histérico ou neurótico obsessivo. Isso não implica, contudo, que hereditariedade e disposição não sejam mais fatores importantes da patogênese: "a importância da predisposição hereditária é comprovada pelo fato de que as mesmas causas específicas, agindo em indivíduo saudável, não produzem nenhum efeito patológico manifesto, ao passo que, em uma pessoa predisposta, sua ação provoca a emergência da neurose, cujo desenvolvimento será proporcional em intensidade e extensão ao grau da precondição hereditária" (FREUD, 1896a, p. 147). A natureza do trauma determina a natureza da neurose, mas não sua gravidade. Esta última é determinada por uma disposição neuropática geral (quer dizer, não específica). Assim, mesmo durante o período da teoria da sedução, a referência a uma disposição inata não desaparece: a disposição inata continua a atuar de maneira relevante na patogênese, contudo não mais na etiologia *específica*.

Depois da teoria da sedução

Em 21 de setembro de 1897, Freud compila a notória carta 130 a Wilhelm Fliess (FREUD, 1985, p. 264), na qual escreve que não acredita mais na teoria da sedução: "Eu não acredito mais em minha *neurótica* (teoria das neuroses)" ("*Ich glaube an meine* Neurotica *nicht mehr*"). Freud não acredita mais em sua proposição teórica de acordo com a qual histeria e neurose obsessiva poderiam apenas ser causadas por traços da memória de um trauma sexual na infância. Nessa carta a Fliess, ele escreve sobre quatro descobertas que levaram ao abandono da teoria da sedução. Em primeiro lugar, a desiludida conclusão de que nenhuma análise pode ser levada a um fim satisfatório. Em segundo lugar, a ideia de que a teoria da sedução indicaria que o número de adultos perversos na população vienense seria extraordinariamente alto – nesse caso, a neurose de Freud teria sido causada pelo seu próprio pai perverso (FREUD, 1985, p. 264). Em terceiro lugar, a constatação de que não há um parâmetro de realidade no inconsciente, o que torna impossível distinguir verdade e ficção. Em quarto lugar, a descoberta de que a memória inconsciente de traumas de infância não vem à superfície nem mesmo durante as mais extremas condições da confusão psicótica (FREUD, 1985, p. 265).

Um mês depois de escrever essa carta, Freud confessa a Fliess: "descobri, também no meu próprio caso, (o fenômeno de) estar apaixonado por minha mãe e ter ciúme do meu pai" (FREUD, 1985, p. 272). Freud agora considera esse fenômeno uma característica comum da infância como tal e sugere que a força poética de *Édipo rei*, de Sófocles, e *Hamlet*, de Shakespeare, deve ser compreendida nos termos dessa problemática geral. Não podemos, contudo, concluir apenas com base nessas breves observações que a teoria da sedução é sucedida por uma teoria na qual o complexo de Édipo ocupa uma posição central. O abandono da teoria da sedução não leva imediatamente à descoberta do complexo de Édipo, mas, em primeiro lugar, a uma reavaliação do papel da disposição hereditária na etiologia das neuroses. Na carta em que escreve que deve abandonar sua teoria da sedução, Freud afirma: "O fator predisposição hereditária ganha novamente uma esfera de influência, da qual eu havia tornado minha tarefa desalojá-lo" (FREUD, 1985, p. 265). Contudo, tal retorno à disposição não é apenas um retorno a Charcot e Breuer. Traços da teoria da sedução podem ser encontrados na nova teoria, pois, a partir de agora, *apenas* a sexualidade atua de modo decisivo na etiologia das neuroses. Em "Minhas teses sobre o papel da sexualidade na etiologia das neuroses" (FREUD, 1906), Freud descreve uma mudança em sua forma de pensar depois do abandono da teoria da sedução: "Com o deslocamento das influências acidentais da experiência para o segundo plano, os fatores da constituição e da hereditariedade voltaram necessariamente a predominar, porém com a diferença de que em minha teoria, ao contrário da visão que prevalece em outras áreas, a "constituição sexual" tomou o lugar da disposição neuropática geral" (FREUD, 1906, p. 275-276). Em 1897, uma transição acontece no pensamento freudiano do trauma à disposição, mas a primazia da sexualidade permanece intacta. Daí em diante, a disposição se torna uma constituição libidinal.

O que o renovado poder de disposições libidinais acarretaria em termos práticos? Encontramos uma clara ilustração disso no caso Dora. Dora é seduzida aos 14 anos por Herr K., um amigo da família. Ele a agarra e a beija na boca. Dora reage com intensa repulsa. Ela se solta e foge. Freud não duvida em momento algum de que essa cena se referia a um incidente real. Ele, no entanto, nota na reação de Dora à sedução de Herr K. uma expressão de sua disposição histérica: "Nessa cena [...] o comportamento dessa menina de 14 anos já era total e completamente histérico. Eu tomaria por histérica, sem hesitação, qualquer pessoa em quem uma oportunidade de excitação sexual despertasse sentimentos preponderante ou exclusivamente desprazerosos" (FREUD, 1905a, p. 28). Aqui, Freud parece se referir a algo mencionado anteriormente por Breuer, que acreditava que a aversão à sexualidade era um importante fator da disposição histérica. Dora não reage como "camponesas ou moças da classe trabalhadora" ou como os garotos de curiosidade perversa que Breuer investiga, mas como aquelas moças nas quais o confronto com a sexualidade durante a puberdade gera uma profunda aversão do sexual (FREUD; BREUER, 1895a, p. 245-246). Então, nesse caso, não é a natureza do trauma que determina a natureza da neurose – tal como na teoria da sedução –; é sim uma disposição que determina a maneira como o trauma é vivenciado. A sedução de Herr K. é uma experiência traumática *para alguém com uma disposição histérica*.[20] Isso não significa que a sedução não provoque sofrimento em Dora e que a reação de Dora seja "anormal". Isso apenas quer dizer que ela não reage como a sofisticada *Zazie dans le métro*, que lida com a sexualidade de uma maneira curiosa, atrevida e parecida com o modo de agir dos meninos.[21]

Podemos explicar melhor essa linha de raciocínio por meio de uma comparação com outro caso estudado por Freud, o Homem dos Ratos.[22] As babás do Homem dos Ratos, quando ele tinha 4 ou 5 anos, tratavam-no desavergonhadamente como um brinquedo erótico. Elas permitiam que

---

[20] Muito foi dito sobre a interpretação exata da afirmação de Freud de que ele "não mais acredita em sua 'neurótica'". Observamos anteriormente que tanto os seguidores de Freud como os seus críticos leem essa passagem como confirmação do fato de que Freud (contra ou não seu melhor julgamento) não acredita mais nas histórias de seus pacientes e que, a partir desse momento, ele as compreenderia como fantasias motivadas pelo Édipo. Mas como podemos reconciliar essa interpretação com a ideia de que essas histórias eram em primeiro lugar construções do... analista? Parece que o abandono da teoria da sedução não pode ser associado nem à descoberta do complexo de Édipo nem à (re)confirmação do papel de uma disposição (sexual). Finalmente, também se tornou claro que Freud não duvida em momento algum da realidade do trauma. Ele apenas revisa *sua teoria sobre o trauma como uma causa específica* da histeria. Discutiremos todos essas questões amplamente no próximo capítulo; mas já está claro, agora, que a literatura existente (Masson, Kris e outros) não faz justiça àquela afirmação.

[21] Ver Queneau (1959). Durante os anos iniciais da psicanálise, Freud, de fato, parecia identificar perversões sexuais com saúde metal. Ele afirma isso em uma carta que escreveu a Fliess sobre um jovem obsessivo: "se ele pudesse ser perverso, ele seria saudável, como seu pai" (FREUD, 1985, p. 213).

[22] "Observações sobre um caso de neurose obsessiva" (FREUD, 1909b). Ver Van Haute e Geyskens (2010), sobre a suscetibilidade à neurose obsessiva.

ele rastejasse por baixo de suas saias e as sentissem, pediam que espremesse os abscessos de suas nádegas e que fizesse outras coisas como essas. As babás sabiam o que estavam fazendo com o menino, pois em um determinado momento discutiram o caso de uma de suas colegas que foi presa por alguns meses em razão de um comportamento semelhante. Para uma pessoa com uma disposição histérica, essa seria uma justificativa mais do que suficiente para se lembrar – de maneira justa – da infância como uma catastrófica série de traumas sexuais. Mas, no caso do Homem dos Ratos – que não tinha uma disposição à histeria, mas à neurose obsessiva –, a reação a essa condição ambivalente leva a um problema completamente diferente daquele experimentado por Dora. O Homem dos Ratos diz a Freud sobre uma de suas babás, Nina: "Não creio que ela tenha feito algo errado comigo, mas eu tomei liberdades com ela" (FREUD, 1909a, p. 161). A autocensura compulsiva do neurótico obsessivo é uma transformação da autocensura sobre a *atividade* sexual durante a infância. De acordo com Freud, as diferentes reações de Dora e do Homem dos Ratos não podem estar ligadas apenas a diferenças de gênero, relacionam-se sim a variáveis disposições libidinais: uma disposição à histeria *versus* uma disposição à neurose obsessiva. Diferentes experiências de confronto com a sexualidade são determinadas por diversas disposições.

Esse movimento do trauma à disposição não é meramente uma questão teórica; é também algo que tem um peculiar significado ético e catártico. A teoria da sedução era uma teoria "neurótica" das neuroses. Uma dupla ilusão cerca essa teoria: a ilusão da responsabilidade pessoal e a ilusão de uma possibilidade do passado.[23] Toda teoria em que o trauma tem um papel constitutivo inevitavelmente engloba a ideia de que alguém em algum momento – um pai perverso, uma mãe louca, uma escola católica ou algo/alguém semelhante – é responsável por como eu sou. Se quem eu me tornei não for responsabilidade dos outros, então, ao menos, é minha responsabilidade ou da minha insanidade.[24] Associada a essas ideias está a noção melancólica de que tudo poderia ter sido diferente se

---

[23] Usamos o termo "ilusão", aqui, em sentido estritamente freudiano. Ver Freud (1927, p. 30-31).

[24] O enfoque na disposição aproxima Freud de Nietzsche: "Nietzsche denuncia nossa deplorável mania de acusar, de procurar responsáveis fora ou, até mesmo, dentro de nós..." (DELEUZE, 1962, p. 22).

os outros não tivessem feito aquilo comigo ou se eu mesmo não tivesse realizado esta ou aquela loucura. Pensar em termos de disposições, de outro lado, priva essas ilusões de seu poder. A tragédia de Sófocles *Édipo rei* ilustra bem essa questão. Aquilo que Édipo vivencia inicialmente como uma série de coincidências, incidentes infelizes e acidentes é, de fato, a realização de seu destino tal como predeterminado pelo oráculo. A transição freudiana da teoria do trauma para a teoria da disposição produz uma inversão semelhante. O que determina o meu destino não são circunstâncias acidentais e acidentes da minha história, mas uma constelação libidinal específica que se expressa em minha história e em minha reação a eventos traumáticos.[25] A diferença é que a questão não se refere mais – como se referia entre os gregos – a um destino que, apesar de ser terrível, está cercado de um divino esplendor trágico; diz respeito sim a um *Triebschicksal* que está determinado pela disposição libidinal cega, que se manifesta como repetição impessoal e sem sentido do mesmo.[26]

A analogia com o mito de Édipo termina aqui. A disposição à histeria, que Freud desenvolve em suas cartas a Fliess e na primeira edição de *Três ensaios sobre a teoria da sexualidade* (FREUD, 1905b), não está ligada ao problema edipiano. Na primeira edição dos *Três ensaios* não há menção ao tema edipiano. A disposição histérica, gradualmente desenvolvida por Freud entre 1897 e 1905, refere-se a dois fatores interconexos: a bissexualidade inata e o recalque orgânico das zonas erógenas. Esses dois fatores, que são compartilhados por todos os seres humanos, expressam-se de maneira exagerada na patologia histérica.

Bissexualidade inata. Nas cartas a Fliess, Freud conta a seu amigo novidades sobre o caso Dora. De acordo com Freud, o caso Dora é a história mais sutil e assustadora que já escreveu (FREUD, 1985, p. 433).

---

[25] Freud escreveu em 1913: "Na verdade, uma única tese geral se acha estabelecida quanto a isso. Diferenciamos as causas patológicas relativas à neurose entre aquelas que o ser humano traz consigo para a vida e aquelas que a vida lhe traz, entre as constitucionais e as acidentais; sendo necessária, via de regra, a ação conjunta de ambas para que se produza a doença. Ora, a tese que enunciamos diz que *as razões que decidem a escolha da neurose são inteiramente do primeiro tipo, isto é, da natureza das predisposições, e independem das vivências de efeito patogênico* (FREUD, 1913b, p. 317, grifo nosso).

[26] Ver também Szondi (1963, p. 58). Isso não implica que experiências traumáticas sejam irreais nem que elas sejam sem sentido. Retornaremos à questão do papel exato do trauma com relação à disposição no próximo capítulo.

No livro, ele discute a bissexualidade e as zonas erógenas pela primeira vez: "há apenas relances do (elemento) orgânico, isto é, das zonas erógenas e da bissexualidade" (FREUD, 1985, p. 434). Por um longo tempo a bissexualidade teve um papel relevante nas teorias biológicas de Wilhelm Fliess e, após o abandono da teoria da sedução, passou a ocupar uma posição central na teoria de Freud sobre a histeria. Ambos, Fliess e Freud, defendem uma noção forte de bissexualidade, já que esta diz respeito à escolha do objeto e à identidade sexual. A bissexualidade significa que somos, ao mesmo tempo, heterossexuais e homossexuais, e que somos homem e mulher biológica e psicologicamente. Não há uma conexão necessária entre nossa identidade sexual e nossa escolha do objeto. Todo homem ou mulher é, simultaneamente, homem *e* mulher, e hétero, homo *e* lésbica. Dessa maneira, uma relação sexual se torna uma confusão muito complicada e *unheimlich*. Freud escreve na carta 208, de 1º de agosto de 1899: "Mas bissexualidade! Você está sem dúvida correto sobre essa questão. Eu me acostumei a conectar o ato sexual a um processo em que quatro indivíduos estão envolvidos" (FREUD, 1985, p. 364). Em toda relação sexual devemos distinguir todas as possibilidades de relações homossexuais e heterossexuais entre dois homens e duas mulheres. Uma compreensão do desejo sexual nos termos da bissexualidade parece estar marcada por constatações clínicas sobre a histeria: pela observação de mudanças históricas de orientação sexual e de identidades de gênero e, mais profundamente, pela experiência de uma *multiplicidade original do desejo*. Freud considera o problema da bissexualidade uma questão universal do ser humano, que se expressa na histeria de maneira exagerada e fecunda.

A importância da bissexualidade para Freud também fica clara nas cartas a Fliess em que ele anuncia seus planos preliminares de elaboração de um livro que, posteriormente, seria intitulado *Três ensaios sobre a teoria da sexualidade*. O título provisório do livro, durante os estágios iniciais da investigação, era: *Die menschliche Bisexualität*. Freud, de fato, convida Fliess a escrever junto com ele esse livro sobre bissexualidade (FREUD, 1985, p. 448). Outrossim, na publicação da primeira edição de *Três ensaios*, em 1905, a bissexualidade atravessa o livro como o seu fio condutor: "Desde que me familiarizei, por meio de W. Fliess, com a noção de bissexualidade, passei a considerá-la como o fator decisivo e penso que, sem levá-la em conta, dificilmente se poderá chegar a uma compreensão das manifestações sexuais que efetivamente podem ser observadas no homem e na mulher" (FREUD, 1905b, p. 220).

O recalque orgânico das zonas erógenas. Em *Três ensaios*, Freud investiga as zonas erógenas no contexto de perversões sexuais. A boca e o ânus são utilizados como órgãos sexuais durante o sexo oral e anal. Essas "extensões anatômicas" indicam que há outras zonas erógenas além dos órgãos genitais (FREUD, 1905b, p. 150-152). Entretanto, nesse contexto sexológico, não podemos nos esquecer de que Freud não descobriu as zonas erógenas em suas investigações sobre a sexualidade humana como tal, mas em suas investigações clínicas sobre a histeria. Nelas ele conclui que zonas erógenas estão na base da constituição de zonas histerogênicas. Com essa hipótese, ele especifica e sexualiza a descrição de Breuer sobre a excessiva sensibilidade corporal na histeria (FREUD; BREUER, 1895a, p. 241-242). Podemos ilustrar essa questão com o exemplo de uma paciente histérica que apresenta diversos sintomas orais. Ela não consegue mais engolir, não pode mais falar, tem dificuldades ao respirar, tosse e se queixa de sua garganta dolorida. De acordo com Freud e Breuer (1895a) a perda da capacidade de engolir pode ser um sintoma ligado ao fato de que ela vivenciou uma humilhação traumática, que não pode expressar, mas, ao mesmo tempo, literalmente, "não pode mais engolir".[27] A investigação sobre zonas erógenas não contradiz esse ponto de vista, de fato, complementa-o. Os lábios e a boca são zonas erógenas usadas durante a infância para obter prazer por meio de atividades como chupar o dedo. Essa fonte de desejo é, mais tarde, "recalcada", o que implica que o desejo oral continua a atuar, todavia, agora produz desprazer, em vez de prazer. Sobre essa questão, Freud escreve o seguinte em *Três ensaios*: "Nem todas as crianças chucham dessa maneira. É de se supor que ajam assim aquelas em quem a significação erógena da zona labial for constitucionalmente reforçada. Persistindo essa significação, tais crianças, uma vez adultas,

---

[27] "Uma sequência específica de suas experiências foi acompanhada por uma sensação de punhalada na região cardíaca (significando 'apunhalou-me no coração'). A dor que ocorre na histeria, como se estivessem sendo cravados pregos na cabeça, tinha sem dúvida de ser explicada, no caso dela, como uma dor relacionada ao pensamento ('Uma coisa entrou na minha cabeça'). As dores dessa espécie eram sempre dissipadas tão logo os problemas em jogo eram esclarecidos. Junto com a sensação de uma 'aura' histérica na garganta, quando essa sensação surgia após um insulto, havia a ideia de que 'terei de engolir isto'" (FREUD; BREUER, 1895a, p. 180).

serão ávidas apreciadoras do beijo, tenderão a beijos perversos ou, se forem homens, terão um forte motivo para beber e fumar. Caso sobrevenha o recalcamento, porém, sentirão nojo da comida e produzirão vômitos histéricos [...] Muitas de minhas pacientes com distúrbios alimentares, *globus hystericus*, constrição na garganta e vômitos foram, na infância, firmes adeptas da atividade do chuchar" (FREUD, 1905, p. 182).

Sintomas de conversão oral são expressões de um desejo oral, que em alguém que é perverso – e, portanto, saudável – levaria à predileção pela felação. Se recalcado, esse desejo pode apenas se manifestar em sintomas orais dolorosos. Como, entretanto, devemos imaginar esse "recalque" das zonas erógenas? Na carta 146 para Fliess, de 14 de novembro de 1897, Freud esboça uma história um tanto bizarra para explicar tal recalque. No início da infância, a boca e o ânus seriam fontes de prazer erótico. Essas zonas manteriam esse seu significado sexual entre os animais. Elas são fonte de prazer sexual, e o cheiro que delas se propaga excita o desejo de outros animais. No momento em que humanos começaram a andar sobre duas pernas essas zonas erógenas não genitais teriam perdido seu significado erótico. Em seguida, quando os humanos passaram a caminhar de maneira ereta, o visual, e com isso o genital, teria passado a dominar o reino do sexual. Não apenas o oral, o anal e o olfativo teriam perdido sua importância nesse processo evolutivo, como também teriam se tornado uma fonte de nojo e aversão (FREUD, 1985, p. 279-280). Nos dias atuais, essa fantasia filogenética não pode mais ser considerada uma *explicação* evolucionista séria sobre a repulsa, mas uma "fantástica" *descrição* da complexa dinâmica da repulsa. No final das contas, a narrativa de Freud demonstra de maneira bela que a repulsa "pressupõe, como era por definição, um (embora recalcado) desejo (lascívia) pelo objeto que a provoca" (KOLNAI, 2004, p. 43). Em *Os chistes e sua relação com o inconsciente* (FREUD, 1905c), Freud retorna ao cerne dessa questão de uma maneira menos fantástica. Nesse trabalho, ele afirma que o sexual e o excremental não são claramente diferenciados durante a infância.[28] Essa distinção há de ter sido adquirida durante a infância e a puberdade.

---

[28] "Esse é, entretanto, o sentido coberto pela sexualidade na infância, idade em que há como que uma cloaca dentro da qual pouco ou nada se distingue do que é sexual e do que é excrementício. Através de toda a escala da psicologia das neuroses o que é sexual inclui o excrementicial no antigo sentido, infantil" (FREUD, 1905c, p. 97-98).

O recalque orgânico separa, então, o que é sexual do que é sujo. Essa cisão, contudo, jamais é completamente bem-sucedida. A sexualidade humana está inevitavelmente ligada àquilo que é repulsivo: "É o *'inter urinas et faeces nascimur'* dos primeiros Padres Cristãos que adere à vida sexual e dela não pode desprender-se, a despeito de todos os esforços de idealização" (FREUD, 1905b, p. 31). A aversão histérica à sexualidade é uma extensão desse problema humano universal. Nesse contexto, Freud se refere a "moças histéricas que justificam a sua repulsa ao órgão genital masculino por meio da afirmação de que ele serve para expelir urina" (FREUD, 1905b, p. 152). Essa mistura histérica entre o sexual e o excremental não difere muito do que é considerado como aversão normal ao sexo anal motivada pelo fato de que o ânus serve para a excreção e entra em contato com o excremento. A sexualidade histérica, de acordo com Freud, é reabsorvida pelo excremental, do qual nunca consegue escapar completamente. Dessa maneira, pacientes histéricos inevitavelmente vivenciam o confronto com a sexualidade como opressivo, perverso e sujo.

Conclusão

As ideias de Freud sobre a histeria após o abandono da teoria da sedução não representam de modo algum uma reviravolta em direção ao complexo de Édipo. A guinada que, de fato, observamos nos trabalhos de Freud segue da teoria do trauma para a teoria das disposições. Bissexualidade e recalque orgânico das zonas erógenas formam a base das disposições histéricas (FREUD, 1985, p. 434). Esses componentes da disposição histérica são tendências comuns a todos os seres humanos, as quais estão presentes de maneira magnificada nos casos de histeria. Dessa forma, Freud desenvolve em seus trabalhos iniciais uma patoanálise da histeria, na qual "a patologia, na medida em que as aumenta e as torna mais grosseiras, pode chamar a atenção para condições normais que de outra maneira não perceberíamos" (FREUD, 1933a, p. 58). No próximo capítulo, examinaremos como essa disposição histérica se expressa e vem à superfície em um caso concreto e como os sintomas ideogênicos aderem a essa disposição.

Capítulo 2
Dora
Sintoma, trauma e fantasia na análise freudiana de Dora

Introdução

No começo de 1901, Freud escreve *Sonhos e histeria*, sobre o caso Dora, texto que ele apenas publica em 1905, com o título *Fragmento da análise de um caso de histeria* (1905a). Ele escreve esse estudo para mostrar que, longe de ser apenas um passatempo contra o tédio matinal, a interpretação dos sonhos pode ser utilizada no tratamento da histeria (FREUD, 1905a, p. 114). Por essa razão, o caso Dora é especialmente interessante para nos ajudar a compreender as ideias freudianas sobre histeria entre a publicação de *A interpretação dos sonhos* (1900) e *Três ensaios sobre a teoria da sexualidade* (1905b). Neste capítulo, apresentaremos o caso Dora de modo a fornecer um conteúdo clínico concreto ao quadro da evolução do pensamento freudiano sobre a histeria esboçado no capítulo anterior. Nesse caso específico, Freud desenvolve uma teoria sobre a histeria na qual trauma, sintoma e fantasia se relacionam de maneira complexa. Referências ao Édipo têm um papel marginal, ao passo que as disposições histéricas (bissexualidade e o recalque das zonas erógenas) guiam e estruturam toda a história.

Freud encontra Dora pela primeira vez quando ela tinha 16 anos. Ela padece de rouquidão e tosse nervosa (FREUD, 1905a, p. 22), sintomas que desaparecem espontaneamente, sem tratamento. Dois anos depois, Dora retorna a Freud para fazer terapia. Isso acontece após dois incidentes relevantes: seu pai encontra um bilhete suicida escrito por Dora e a moça perde a consciência após uma discussão trivial com ele. Dora padece de diversos sintomas corporais e psíquicos triviais – afonia, tosse nervosa, dispneia, sentimentos de depressão e ataques de enxaqueca –, para os quais nenhuma base orgânica é descoberta. Freud diagnostica Dora como um caso de *"petite hystérie"* (FREUD, 1905a, p. 23).

Dois traumas

No início de seu estudo sobre Dora, Freud afirma que as condições psíquicas para a histeria descritas em *Estudos sobre histeria* (1895a) – trauma psíquico, conflito entre afetos e perturbações na esfera da sexualidade (FREUD, 1905a, p. 24) – estão presentes em Dora. A respeito do(s) trauma(s) que teve (tiveram) um papel crucial em sua vida, o pai de Dora conta a Freud que um incidente ocorreu quando ela tinha 16 anos: durante uma viagem de barco no lago com Herr K., um amigo da família, este último declarou seu amor a Dora (FREUD, 1905a, p. 25). A moça reagiu com veemência. Em resposta a essa declaração, ela o esbofeteou e fugiu. Freud logo nota que, isoladamente, esse trauma não poderia ser motivo suficiente para a histeria de Dora. É impossível – ele escreve – estabelecer uma conexão significativa entre esse incidente e os sintomas *orais* de Dora, muitos dos quais existiam bem antes do incidente, alguns teriam surgido quando Dora tinha 8 anos. Portanto, tomado isoladamente, o incidente não tem valor explanatório para o estado patológico de Dora. Temos de retornar ainda mais no tempo – Freud decide – e procurar outra experiência que possa explicar melhor os sintomas de Dora.[1]

Após superar as dificuldades iniciais, Dora relata outro incidente com o mesmo Herr K. Esse segundo evento parece ser o trauma sexual que Freud procura. Quando a moça tinha 14 anos, Herr K. encontrou uma maneira de ficar sozinho com ela em sua loja. Nessa ocasião ele a agarrou e forçou um beijo nos lábios. Esse ato despertou um sentimento

---

[1] "Como é tão frequente nos casos clínicos de histeria, o trauma que sabemos ter ocorrido na vida do paciente não basta para esclarecer a *especificidade* do sintoma, isto é, para determiná-lo; entenderíamos tanto ou tão pouco de toda a história se, em vez de *tussis nervosa*, afonia, abatimento e *taedium vitae*, outros sintomas tivessem resultado do trauma" (FREUD, 1905a, p. 27).

violento de repulsa em Dora em vez da esperada excitação sexual.[2] Freud conclui que o comportamento de Dora nessa ocasião já era "completamente histérico": "Eu tomaria por histérica, sem hesitação, qualquer pessoa em quem uma oportunidade de excitação sexual despertasse sentimentos preponderante ou exclusivamente desprazerosos" (FREUD, 1905a, p. 28). O julgamento de Freud soa severo,[3] mas indica que ele não mais compreende a histeria como algo causado por experiências traumáticas; Freud pensa que tais experiências são apenas oportunidades para que a constelação pulsional histérica se expresse.[4] A sedução de Herr K. concretiza, isto é, fornece uma forma histórica à aversão histérica de Dora – que é constitutivamente determinada – ao prazer erótico. Essa reversão afetiva da excitação ao desconforto ocorre junto com um *deslocamento* de sensações de zonas genitais para orais. Em vez de experimentar uma sensação genital prazerosa, "Dora foi tomada da sensação de desprazer própria da membrana mucosa da entrada do tubo digestivo – isto é, pela repugnância" (FREUD, 1905a, p. 29). Essa primeira cena tem outras repercussões: a partir desse ponto, Dora se recusa a caminhar ao lado de um homem envolvido em uma conversa passional ou terna com uma mulher. Freud conecta essa recusa à ideia de que, durante o abraço de Herr K., ela teria sentido a pressão de um pênis ereto contra o seu corpo. De acordo com Freud, Dora pretende evitar esse sinal a qualquer custo (FREUD, 1905a, p. 29-30). Freud acredita que essa recusa expressa a atitude de repúdio à sexualidade e à excitação sexual.

Dora reage com profunda repulsa ao abraço de Herr K., que Freud conecta, primariamente, ao hábito de chupar o dedo que Dora tinha

---

[2] De fato, Freud dá mais um passo. Escreve que uma moça saudável que nunca antes tivesse sido abordada sentiria normalmente excitação sexual nessa situação. Essa passagem necessita ser conectada à descrição de Breuer sobre possíveis reações a confrontos com a sexualidade que ocorrem na puberdade, que mencionamos no capítulo anterior. A descrição de Breuer inclui, entre outros, aqueles que aceitam as demandas da sexualidade sem problemas, algo que ocorre frequentemente com rapazes e também com "camponesas e moças da classe trabalhadora". Breuer também se refere à posição de jovens divididos entre uma grande sensibilidade erótica e uma ainda maior sensibilidade estética ou moral. Dora certamente faz parte da última categoria (histérica).

[3] Freud é o primeiro a mostrar que o apelo daquilo que provoca nojo continua a ressoar. Essa dinâmica ambivalente e complexa não caracteriza todos os afetos, mas certamente caracteriza o nojo e a vergonha. Sobre o assunto, ver Kolnai (2004, p. 21-22, 42-43). Apenas esses afetos ambivalentes são centrais para as ideias freudianas sobre histeria.

[4] Ver o capítulo 1.

no passado. Freud suspeita que por trás da repulsa reside uma atração poderosa e oculta justamente por aquilo que provoca repugnância. Dora, de fato, constantemente chupava o dedo até os 5 anos de idade, isso a predispôs a privilegiar o prazer oral na vida adulta (FREUD, 1905a, p. 30). A repulsa de Dora leva Freud a descobrir as zonas erógenas e sua tendência a transmitir sua suscetibilidade a estímulos para outras zonas erógenas (FREUD, 1905b, p. 183). Essas zonas erógenas seriam partes privilegiadas de experiências (na infância) de prazer sexual *e de seu recalque*, como no caso Dora. A repulsa seria um sintoma de tal recalque. Freud posteriormente escreve que o paciente histérico sentiria repulsa à sexualidade e à excitação sexual, pois o "'*inter urinas et faeces nascimur*' dos primeiros Padres Cristãos [...] dela não pode desprender-se, a despeito de todos os esforços de idealização" (FREUD, 1905a, p. 31).

Não podemos compreender essa afirmação (assim como outras semelhantes) sem nos referirmos ao problema de um "recalque orgânico" (que expusemos no capítulo anterior). Em suas cartas a Fliess (FREUD, 1985, p. 279-280), Freud desenvolve um modelo filogênico do recalque *normal* de experiências infantis de prazer oral e anal. A sexualidade singularmente humana apenas se estabelece por meio do isolamento dos órgãos genitais de suas funções excrementais. Esse processo está ligado a afetos específicos, como nojo e vergonha, e, do mesmo modo, pressupõe um complexo processo de idealização (FREUD, 1905a, p. 31). A repulsa neurótica não é outra coisa senão um exagero de uma repulsa normal. Mais especificamente, a relação histérica se caracteriza pela iminente e insuperável ameaça de contaminação que o excremental impõe ao sexual. De acordo com Freud, essa ameaça, e a repulsa ao prazer erótico que a acompanha, constitui a disposição histérica ("orgânica", ou *constitutivamente* determinada).

Nesse ponto, Freud observa que Dora padecia de catarro[5] genital e que ela conectava essa condição à doença venérea de seu pai. Ela afirmava que seu pai e seu estilo de vida imoral eram os responsáveis pela doença dela (e de sua mãe) (FREUD, 1905a, p. 75). Ter uma doença venérea significava, para Dora, estar "acometida de uma secreção enojante": "Esse asco, transferido para o contato com o homem, seria

---

[5] Catarro é uma inflamação leve nas membranas mucosas. Os sintomas incluem excreção de muco.

então um sentimento projetado segundo o mecanismo primitivo [...] e estaria referido, em última instância, a sua própria leucorreia" (FREUD, 1905a, p. 84). De acordo com Freud, a associação que Dora faz entre leucorreia, doença venérea e sexualidade (masculina) assinala uma rejeição geral ou repúdio ao reino da sexualidade. Essa conexão e a rejeição que a acompanha estão alicerçadas em uma associação espontânea entre sexualidade e excreções corporais repugnantes.

Freud está convencido de que o catarro de Dora foi causado por seus "maus hábitos". Segundo Freud, a censura contra seu pai oculta uma autocensura de mesmo conteúdo (FREUD, 1905a, p. 35). Sobre essa questão, Freud escreve: "Fui em direção a ela assegurando-lhe que, a meu ver, a leucorreia das mocinhas apontava primordialmente para a masturbação, e que todas as outras causas comumente atribuídas a essa queixa eram relegadas para segundo plano pela masturbação. Assim, ela estava em vias de responder a sua própria pergunta sobre exatamente por que havia adoecido mediante a confissão de que se havia masturbado, provavelmente na infância" (FREUD, 1905a, p. 76). Esse é o segredo de Dora, que ela não quer compartilhar com seus médicos nem admitir para si mesma. A afirmação de que a ligação entre sexualidade e excreções corporais repugnantes encontra suas origens na masturbação infantil não contradiz o conceito de disposição histérica. De fato, essa ligação não é outra coisa senão "a enigmática contradição que a histeria apresenta por meio da revelação desse par de opostos: uma necessidade sexual desmedida e uma excessiva renúncia à sexualidade" (FREUD, 1905b, p. 165). A associação entre a leucorreia de Dora (excreções corporais) e a masturbação apenas dramatiza e cristaliza a condição preexistente (e universal) que está no cerne daquilo que Freud chama de "recalque orgânico".

Freud escreve que o primeiro trauma de Dora não teve efeitos permanentes. O nojo não se tornou um sintoma duradouro e o trauma teve pouco ou nenhum efeito em sua relação com Herr K. (FREUD, 1905a, p. 28-29). Nem um nem outro levou a sério esse incidente. Freud acredita que, apesar de estar no início da puberdade, Dora ainda não possuía conhecimento sobre a sexualidade ou tinha representações mais concretas que permitiriam uma completa compreensão do que havia acontecido. Portanto, o primeiro trauma apenas adquire pleno sentido após outro trauma, que evoca o primeiro e acontece quando Dora já era capaz de entender plenamente o que havia ocorrido no primeiro incidente. Freud deixa claro que no momento em que o primeiro trauma aconteceu, Dora ainda não estava familiarizada com os sinais corporais da excitação sexual masculina (FREUD, 1905a, p. 31). Sua reação não teve origem em uma representação sexual específica, foi sim algo semelhante a reações de moças histéricas que justificam sua repulsa ao órgão masculino por meio do argumento de que ele é também utilizado para urinar (FREUD, 1905a, p. 31). Essa reação é, portanto, a expressão de uma associação imediata, ainda não articulada, entre sexualidade e "sujeira".

A declaração de amor feita por Herr K. no lago reativa a memória de Dora de seu primeiro trauma. Essa cena faz Dora se lembrar da primeira cena na loja de Herr K. e, assim, ela novamente reage com nojo. Mas Dora é agora uma adolescente; ela conhece com mais detalhes os "fatos sexuais da vida". Especificamente, ela descobre que outras partes do corpo, além das genitais, podem ser utilizadas em relações sexuais (FREUD, 1905a, p. 47). Portanto, ela é, nesse momento, capaz de reinterpretar a primeira cena com a ajuda de seus *insights* púberes recentemente adquiridos. Dora estava preocupada com a relação adúltera entre seu pai e Frau K., na qual ela mesma estava implicada de muitas maneiras.[6] Não é surpreendente, portanto, que "com sua tosse espasmódica – que, como de hábito, tinha por estímulo uma sensação de cócega na garganta –, ela imaginava uma cena de satisfação sexual *per os* entre as duas pessoas cuja ligação amorosa a ocupava tão incessantemente" (FREUD, 1905a, p. 48). Isso esclarece como (1) o jogo retroativo entre os dois traumas é determinado pela chegada da puberdade entre eles; (2) esse jogo torna possível – pela primeira vez – ligar os sintomas de Dora a representações sexuais explícitas e fantasias. Apenas esses sintomas "ideogênicos" fazem parte da esfera de alcance da livre associação e da psicanálise (FREUD, 1905a, p. 41).[7]

Experiências traumáticas e seus efeitos *nachträglich*, mesmo após o abandono da teoria da sedução, continuam a ter um importante papel na

---

[6] De acordo com Freud, Dora estava apaixonada por Herr K., e a relação entre seu pai e Frau K. permitiu que ela pudesse passar mais tempo com Herr K. Retornaremos a esse ponto em um estágio mais avançado.

[7] A partir dessa mesma perspectiva, Freud escreve: "Apenas a técnica terapêutica é puramente psicológica; a teoria de nenhum modo deixa de apontar para as bases orgânicas da neurose – muito embora não procure essas bases em alguma alteração anatomopatológica e substitua, provisoriamente, a concepção de função orgânica por alterações químicas que se espera encontrar, mas que ainda não se compreende atualmente" (FREUD, 1905a, p. 113).

teoria freudiana da histeria. A interpretação freudiana dos dois incidentes do caso Dora mostra uma notável semelhança com a sua análise de Emma, que discutimos no primeiro capítulo. No caso Emma, a risada do vendedor na loja de roupas evocou a memória do ataque do confeiteiro. Tal como em Dora, aquele caso envolve um incidente relativamente inocente que apenas se tornou inteligível a partir de sua associação com uma experiência anterior, mais séria, todavia, incompreendida no momento em que ocorreu. Apesar disso, há algumas diferenças importantes. Especialmente o fato de que traumas não têm mais um sentido etiológico. Eles fornecem, em vez disso, uma forma concreta e corpórea a disposições histéricas, que se expressam nesses carregados incidentes. Além disso, a referência à disposição sexual deixa claro o motivo pelo qual o primeiro trauma tem um efeito em Dora (embora passageiro), mas não em Emma Eckstein.

Assim, Freud não substitui os traumas sexuais por fantasias sexuais depois de 1897. No caso Dora, percebemos que a fantasia de felação é formada e recalcada por meio do jogo entre dois traumas. No momento do primeiro trauma, Dora reage com repulsa ao beijo de Herr K. e à sensação de seu pênis, mas essa reação não é determinada por uma representação sexual recalcada (FREUD, 1905a, p. 31). Ela envolve uma repulsa inarticulada à sexualidade: uma reação afetiva imediata que destrói a possibilidade de representações mentais. De acordo com Freud, Dora ainda não estaria familiarizada com "sinais corporais de excitação no corpo de um homem" (FREUD, 1905a, p. 31). Entre o primeiro trauma na loja e a cena no lago, Dora, que experimenta tensões referentes ao despertar de sua sexualidade púbere, forma a representação da *felação*. O galanteio de Herr K. no lago reativa a memória da tentativa de sedução na loja, esta última aparece agora à luz dessa fantasia de sexo oral. É por essa razão que Dora reage tão violentamente aos avanços de Herr K. Isso, de outra parte, intensifica ainda mais seus sintomas orais.

O significado dos sintomas de Dora

Ainda temos de examinar outra importante diferença entre o ponto de vista de Freud sobre caso Dora e a sua teoria da sedução. No caso Emma, os sintomas apenas se desenvolvem após o segundo trauma, na loja de roupas, quando a memória do ataque do confeiteiro volta à superfície. Esses sintomas são *causados* pelos efeitos diferidos (*nachträglich*) do trauma de infância. O mesmo não é verdade no caso Dora. O abraço traumático de Herr K. ocorre quando Dora tem 14 anos, mas os sintomas já se manifestavam aos 12, alguns surgiram ainda mais cedo, aos 8 anos de idade.[8] Durante esse período, Dora padece de severos ataques de dispneia. Freud ainda não descreve os sintomas de Dora, aos 8 anos, como histéricos, chama-os de "sintomas nervosos" (FREUD, 1905a, p. 21). A pergunta por sua origem não pode, evidentemente, ser respondida neste momento.

Freud conecta a condição patológica de Dora à masturbação infantil. Questiona também a razão pela qual Dora abandonou a masturbação. Ele escreve que tem boas razões para supor que, quando criança, ela teria ouvido seus pais durante uma relação sexual: "a excitação concomitante experimentada nessa ocasião pode, perfeitamente, ter provocado uma reviravolta na sexualidade da menina, substituindo sua inclinação para a masturbação por uma inclinação para a angústia" (FREUD, 1905a, p. 80). O fato de Dora ter ouvido seus pais durante uma relação sexual teria, subsequentemente, modificado fundamentalmente seus sentimentos sobre sexualidade. Freud não explica detalhadamente como devemos compreender essa "reversão", mas podemos imaginar que, ao ouvir barulhos estranhos provenientes do quarto de seus pais, Dora teve de lidar com algo que não compreendia ou algo que ela não podia associar a qualquer representação mental. Aqui, Freud se refere explicitamente à teoria da neurose de angústia que desenvolvera 10 anos antes. Em "Sobre os fundamentos para destacar da neurastenia uma síndrome específica denominada 'neurose de angústia'" (FREUD, 1895b), Freud apresenta a neurose de angústia como uma síndrome independente. Nesse artigo, ele argumenta que a angústia surge quando tensões sexuais corporais não podem – ou não podem de maneira suficiente – ser ligadas a uma representação, evitando a criação de um desejo sexual corporal. A excitação sexual corporal é, então, transformada em ataques de angústia, ansiedade crônica ou outras queixas corporais semelhantes. Essas queixas corporais não são de maneira alguma sintomas "ideogênicos"; elas se referem a puros equivalentes somáticos de ataques de angústia ou de uma angústia inespecífica que se conecta a vários eventos estimulantes.

---

[8] "Mas há ainda a consideração de que alguns desses sintomas (a tosse e a perda da voz) tenham sido produzidos pela paciente anos antes do trauma e que suas primeiras manifestações remontavam à infância, pois tinham ocorrido no oitavo ano de vida" (FREUD, 1905a, p. 27).

Freud afirma que o primeiro ataque de dispneia de Dora ocorreu pouco tempo após ter parado de se masturbar. Dora deseja que seu pai ausente retorne logo para casa e, nessas circunstâncias, ela reproduz as impressões que teve enquanto ouvia clandestinamente seus pais, na forma de um ataque de asma. Seu primeiro ataque dessa espécie aconteceu após uma longa e difícil caminhada nas montanhas, que causou, de fato, falta de ar. Mais uma vez encontramos aqui uma "complacência somática" sem a qual sintomas histéricos não poderiam surgir (FREUD, 1905a, p. 40). Isso é combinado com sua crença de que o seu pai não deve se esforçar demais – pois sofre de falta de ar – e também com a memória de que ele pode ter se esforçado demais na relação com sua mãe. Dora também teme ter se esforçado demais aos se masturbar. Essa, de acordo com Freud, é a rede de pensamentos carregados de angústia que acompanhou o seu primeiro ataque de asma. Ataque que, inicialmente, manifestou-se por meio de uma imitação empática de seu pai. Rapidamente, entretanto, também expressou a autocensura de Dora. Em um *estágio tardio* esse mesmo grupo de sintomas – Freud continua – também representa a relação de Dora com Herr K.: quando ele estava ausente ela poderia apenas escrever-lhe e, consequentemente, ficou sem voz até o seu retorno.

A referência freudiana a seus trabalhos iniciais sobre a neurose de angústia parece tornar a histeria novamente dependente de um incidente traumático – a cena primária em que a criança é testemunha de uma relação sexual entre seus pais –, algo que iria além da realização de uma disposição prévia, constitutivamente determinada. Seria, contudo, presunçoso supor que Freud retorna, nesse momento, a sua teoria inicial do trauma. O abandono da masturbação deve, na verdade, ser compreendido nos termos de uma disposição constitutiva que inclui a bissexualidade e o recalque orgânico. Por exemplo, Freud observa que a cena primária leva Dora, que antes se comportava de modo semelhante a um menino, a se tornar calma e tímida. Nesse momento, ele se refere a uma variação entre o caráter masculino e o feminino (FREUD, 1905a, p. 82, nota). Desse modo, o trauma também leva a uma mudança de foco entre masculino e feminino em um jogo estabelecido na disposição bissexual.[9] Freud acredita que as práticas masturbatórias de Dora estão ligadas a um forte desenvolvimento da libido (e a inclinação para

---

[9] Retornaremos a esse ponto na seção sobre "bissexualidade e suas consequências".

recalcá-la), que teria também atuado no contexto em que ouviu a relação sexual entre os pais. A partir dessa perspectiva, o trabalho do trauma pode apenas ser compreendido à luz de uma disposição preexistente: um desejo sexual já amplificado aumenta ao extremo a excitação que está, por outro lado, protegida por uma defesa mais forte do que a ordinária.

Os sintomas nervosos disparados pela abstinência da masturbação constituem a base da neurose de angústia que funda o desenvolvimento da histeria de Dora. Assim, os sintomas não são, inicialmente, uma expressão de significados específicos que podem ou não ter sido recalcados; o que ocorre de fato é que, durante o curso do caso, significados se agarram a essa base angustiada e neurótica.[10] Em "Sobre os fundamentos para destacar da neurastenia uma síndrome específica denominada 'neurose de angústia'", Freud já sugeria que "a neurose de angústia é, na verdade, a contraparte somática da histeria" (FREUD, 1895b, p. 115). A histeria investe estes sintomas puramente nervosos e os faz expressar diversas espécies de significados recalcados: "O sintoma histérico não traz em si esse sentido, mas este lhe é emprestado, soldado a ele, por assim dizer" (FREUD, 1905b, p. 115). Isso quer dizer que os significados que se agarram em sintomas não mentem sobre a base do sintoma: "Uma vez removido tudo o que se pode eliminar pela psicanálise, fica-se em condições de formar toda sorte de conjecturas, provavelmente acertadas, sobre as bases somáticas dos sintomas, que em geral são constitucionais e orgânicas" (FREUD, 1905a, p. 41). No caso Dora, isso se refere a uma fixação oral[11] expressa na seguinte ordem: hábito de chupar o dedo (até os 5 anos), tosse, dispneia e afonia (a partir dos 8 anos), reações de repugnância ao confronto com a sexualidade (aos 14 anos) e, finalmente, a fantasia de felação recalcada durante o segundo trauma (aos 16 anos). Portanto, apesar de a tese de que o sintoma é a expressão de uma fantasia sexual não estar equivocada, ela permanece incompleta se não tivermos em conta a base orgânica do sintoma. A fantasia de felação de Dora não é a causa de seus sintomas orais: ela é a articulação corporal e a representação mental de uma fixa-

---

[10] Como a "excessiva sensibilidade corporal" de Breuer, essa base de neurose de angústia subsequentemente forma um "*terreno fértil* inato para a histeria", ao qual sintomas ideogênicos, que são a expressão de representações recalcadas, podem se associar.

[11] É importante observar aqui que Freud acredita que uma fixação não surge por meio de uma experiência traumática de desconforto, mas sim por meio de uma preferência constitutivamente determinada por uma zona erógena específica.

ção oral que sempre determinou a sua corporeidade erótica. A fixação oral dá direção à fantasia sexual, e a fantasia sexual fornece aos sintomas significados que eles não possuíam anteriormente (FREUD, 1905a, p. 83).

A lenda edipiana no caso Dora

Em seu estudo sobre Dora, Freud não necessita do complexo de Édipo para compreender a histeria. A combinação de disposições, respostas somáticas, trauma e fantasia, tal como descrevemos, é suficiente. E, ainda assim, a maioria dos comentários, advindos das mais diversas tradições da psicanálise, não apenas fornecem uma explicação edipiana à *"petite hystérie"* de Dora, como também, injustamente, atribuem a Freud a autoria de tal explanação.[12]

É sem dúvida verdade, como muitos críticos notaram (BERNHEIM; KAHANE, 1990), que durante sua análise Freud constantemente tenta encaixar Dora na moldura convencional da sedução heterossexual. Uma parte importante dos esforços freudianos é dirigida a convencer Dora de sua contribuição para o relacionamento entre seu pai e Frau K. Freud pressupõe que haveria uma espécie de pacto silencioso entre o pai de Dora e Herr K. Esse pacto permitiria que o pai de Dora tivesse Frau K. desde que Herr K. pudesse realizar, sem obstáculos, suas tentativas de sedução de Dora (FREUD, 1905a, p. 34). Freud escreve que Dora aceitou essa situação sem protestos por um longo tempo. Foi apenas após o incidente no lago que começou a criticar seu pai e a infidelidade. A razão para isso, Freud continua, é muito simples: Dora estava apaixonada por Herr K. há muitos anos. De acordo com Freud, a aventura de seu pai lhe forneceu a oportunidade de passar mais tempo com Herr K. Portanto, sua censura é, de fato, autocensura (FREUD, 1905a, p. 35). Já examinamos um dos argumentos utilizados por Freud para sustentar essa interpretação: a afonia intermitente de Dora. Dora perde a voz sempre que Herr K. está fora e, milagrosamente, ganha-a novamente com o seu retorno. Ao fazer isso, ela repete o comportamento de Frau K. de maneira invertida: sempre que Herr K. retorna, ele encontra sua esposa com saúde debilitada, mesmo quando ela está bem logo antes de sua volta.

No entanto, o esforço de Freud para convencer Dora do caráter essencialmente heterossexual de seu desejo de maneira nenhuma implica

---

[12] Por uma revisão de tal recepção do "Édipo" no caso Dora, ver Blass (1992).

em uma interpretação edipiana. De fato, a análise freudiana do primeiro sonho de Dora, que ocorre alguns dias após o incidente no lago, mostra claramente que ele não está pensando em termos estritamente edipianos. No primeiro sonho, Dora é acordada por seu pai durante um incêndio na casa. Sua mãe não quer sair da casa sem sua caixa de joias. Mas o pai de Dora refuta e diz: "Não quero que eu e minhas duas crianças nos queimemos por causa da sua caixa de joias" (Freud, 1905a, p. 64). Ao ser interpelada sobre esse sonho, Dora conta a Freud sobre uma briga entre seus pais acerca de uma joia. Sua mãe queria pérolas em formato de gota para usar como brinco, e seu pai, em vez disso, deu-lhe um bracelete. Freud, então, introduz uma ligação entre a "caixa de joias" (e joias em geral) e a genitália feminina (Freud, 1905a, p. 69).[13] Freud observa, então, que a mãe de Dora é uma antiga rival pela afeição de seu pai e que ela pode querer "dar" a seu pai o que sua mãe recusa: suas joias (Freud, 1905a, p. 56). O tema do Édipo se apresenta claramente nesse sonho, Freud escreve: "Expus em outros lugares que em tenra idade a atração sexual se faz sentir entre pais e filhos e mostrei que a lenda de Édipo provavelmente deve ser considerada como a elaboração poética do que há de típico nessas relações" (Freud, 1905a, p. 56). De acordo com Freud, segue-se de tudo isso que o sonho expressa um modo de reviver "germes dos sentimentos infantis" (Freud, 1905a, p. 56) que possuem caracteres edipianos. Revelar um tema edipiano seria, contudo, o mesmo que fornecer uma explicação edipiana?

Dora também menciona que Herr K. lhe deu uma caixa de joias caras pouco antes do sonho. Freud pressupõe que o fato de ter recebido um presente de Herr K. significa que Dora deve lhe dar algo em troca. Assim, a mãe de Dora também representaria Frau K. no sonho. O significado do sonho se torna evidente: "Logo, você está disposta a dar ao Sr. K. o que a mulher dele lhe recusa. Aí está o pensamento que você teve de recalcar com tanto esforço e que tornou necessária a transformação de todos os elementos em seu oposto" (Freud, 1905a, p. 70). A questão, então, passa a ser como esse recalque ocorreu.

Freud associa a ideia de que o pai de Dora estava tentando salvá-la em uma casa em chamas ao fato de que, quando ela era criança, ele costumava acordá-la no meio da noite para evitar que molhasse

---

[13] Para uma interpretação literária hilária da comparação entre joias e a genitália feminina, ver D. Diderot, *Les bijoux indiscrets* (1748/2008).

a cama (FREUD, 1905a, p. 72). Freud sugere, assim, que, além do seu sentido óbvio, "fogo" e "queimando" possuem conotações sexuais. O pai de Dora substituiria Herr K., por quem Dora queimaria de desejo (FREUD, 1905a, p. 73-74). É contra esse "fogo" que o pai de Dora deveria protegê-la, da mesma maneira como ele a protegera, no passado, contra a cama molhada. Freud conclui: "uma inclinação infantil pelo pai fora invocada para que fosse possível manter sob recalcamento o amor recalcado pelo Sr. K." (1905a, p. 58). Assim, a afeição por seu pai, que remete a uma ligação edipiana em sua infância, é um "sintoma reativo" a serviço do recalque (FREUD, 1905a, p. 58).

Freud enxerga o mito edipiano como uma expressão poética de algo que é típico nas relações entre pais e filhos. Em nenhum momento ele afirma que "relações edipianas" estão na origem da *petite hystérie* de Dora. Ao contrário, a memória de tal afeição é apenas vivenciada para auxiliar no recalque do desejo de Dora por Herr K. e, mais fundamentalmente, por Frau K., como veremos. Nesse ponto, Freud permanece distante da teoria de um complexo de Édipo como o complexo *nuclear* para todas as neuroses que, em teoria, pode fornecer um *insight* sobre a dinâmica fundamental de todo um campo de patologia.

Mas qual seria, então, a dinâmica fundamental que estaria na base dos problemas e sintomas de Dora? Já mencionamos o "recalque orgânico", mas há mais em jogo. Freud chama seu estudo do caso Dora de *Fragmento da análise de um caso de histeria*. Uma das razões desse título é que Dora interrompeu sua análise rapidamente. Em uma nota, Freud conecta essa ruptura a sua inabilidade para realmente compreender a importância da ligação homossexual de Dora com Frau K.[14] Por isso, Freud teria negligenciado aspectos essenciais do comportamento de Dora. Por exemplo, Dora frequentemente dormia no mesmo quarto que Frau K., e elas evidentemente tinham uma relação íntima. Dora falava sobre o "adorável corpo alvo" de Frau K. (FREUD, 1905a, p. 61). Mesmo após Frau K. desapontar Dora, por não querer acreditar que Herr K. havia tentado seduzi-la, Dora permanece fiel a ela. E ao ser acusada de ter um interesse inapropriado por "questões sexuais", Dora

---

[14] "Não consegui descobrir em tempo e informar a paciente que seu amor homossexual (ginecofílico) por Frau K. era a mais forte corrente inconsciente em sua vida psíquica" (FREUD, 1905a, p. 120, nota).

silencia e não deixa que os outros saibam que adquiriu a maior parte de seu conhecimento sobre essas questões com Frau K. Tudo isso coloca nova luz sobre o interesse de Dora na relação entre seu pai e Frau K. Esse interesse não tem sua origem no ciúme motivado pelo Édipo, mas na própria Frau K.: o amor infantil por seu pai é evocado para recalcar o amor de Dora por Herr K., mas, de modo ainda mais fundamental, seu amor por este último esconde seu desejo por Frau K. e seu "adorável corpo alvo": "Essas correntes de sentimentos masculinos, ou, melhor dizendo, *ginecofílicos*, devem ser consideradas típicas da vida amorosa inconsciente das moças histéricas" (FREUD, 1905a, p. 63).

A seguinte citação sobre o caso Dora, nas *Cartas a Fliess* de Freud, não surpreende mais: "Há apenas relances dos (elementos) orgânicos, isto é, as zonas erógenas e a bissexualidade. Mas a bissexualidade é mencionada e especificamente reconhecida de uma vez por todas; assim, a base é preparada para uma investigação detalhada em outra ocasião [...] a principal questão no processo de pensamento conflitivo é o contraste entre uma inclinação dirigida a homens e uma inclinação dirigida a mulheres" (FREUD, 1985, p. 434). Em *Fragmento da análise de um caso de histeria* Freud se refere explicitamente à predisposição à bissexualidade como um fator determinante da histeria (FREUD, 1905a, p. 113-114). Bissexualidade e recalque orgânico – não o complexo de Édipo – determinam a dinâmica fundamental da histeria.

Bissexualidade e suas consequências

Freud publica seu texto sobre o caso Dora no mesmo ano da primeira edição de *Três ensaios sobre a teoria da sexualidade*. Nessa primeira edição, há várias referências à bissexualidade como a dinâmica fundamental da existência humana. Freud defende a existência de uma tendência universal à bissexualidade (FREUD, 1905b, p. 143-144). A partir dessa tese, ele aborda a homossexualidade e, do mesmo modo, argumenta que a maneira como as perversões ocorrem – em pares, como no sadomasoquismo e voyeurismo-exibicionismo – é uma expressão da bissexualidade (FREUD, 1905b, p. 160). Outrossim, no parágrafo sobre a diferenciação entre homens e mulheres, ele se refere à bissexualidade como fator decisivo (FREUD, 1905b, p. 220). Além disso, o complexo de Édipo não aparece nessa primeira edição. Há um parágrafo sobre a barreira ao incesto, mas isso claramente não é sinônimo de complexo de Édipo. Referências ao complexo de Édipo são apenas incluídas de maneira sistemática na quarta edição de *Três ensaios*, em 1920. Então, em 1905, não é o complexo de Édipo, mas a bissexualidade que está no centro das teses freudianas sobre sexualidade e histeria. Em nenhum momento da análise de Dora Freud utiliza essa teoria, que já existia à época, embora fosse pouco desenvolvida. Muito pelo contrário, Freud teimosamente tenta convencer Dora de que Herr K. é o verdadeiro objeto de seu desejo. Sua crença desesperada na ideia de que moças são feitas para rapazes e vice-versa cega-o para a ligação de Dora com Frau K. e, de maneira mais geral, para possíveis consequências teóricas e clínicas de sua teoria.

Não apenas Dora deseja ambos, Herr e Frau K., como também ela é tomada – como o próprio Freud por vezes insiste – por um processo de identificações (que se alternam) bissexuais. Nós nos limitaremos a expor algumas ilustrações disso. Freud escreve, por exemplo, que a preocupação obsessiva de Dora com o relacionamento entre seu pai e Frau K. testemunha a identificação com sua mãe: "ela sentia e agia mais como uma esposa ciumenta, como se consideraria compreensível em sua mãe" (FREUD, 1905a, p. 56). Na cena do lago, Dora se identifica com uma jovem governanta que Herr K. tentou cortejar em um contexto em que sua esposa estava ausente. A jovem contou a Dora que Herr K. disse que "não tinha nada de sua mulher" (FREUD, 1905a, p. 105). Herr K. utiliza a mesma abordagem durante a sedução no lago. A interpretação freudiana não surpreende aqui. Ele diz a Dora: "Você disse a si mesma: como se atreve ele a me tratar como uma governanta, uma serviçal?" (FREUD, 1905a, p. 106). Dora, entretanto, está também apaixonada por Frau K. Nessas circunstâncias, não é sem sentido assumir que Dora se identifica com ambos, Frau K. e Herr K. De um lado, Dora rejeita o desdém de Herr K. com relação a Frau K. ao esbofeteá-lo. De outro lado, Herr K. é, diante da lei, o parceiro de Frau K., que é o objeto de seu desejo (e vice-versa?). Torna-se claro que não apenas o objeto do desejo de Dora é incerto, como também o lugar de onde deseja não é unívoco.

O esforço constante de Freud para convencer Dora de seu desejo heterossexual (oculto?) por Herr K. é certamente resultado de preconceitos culturais dominantes que ele não pôde superar, apesar de suas descobertas teóricas acerca da constituição perversa e bissexual de todos os seres humanos. Podemos imaginar que talvez a ênfase freudiana em uma "solução natural" para os problemas de Dora seja também um esforço para que ele mesmo (o próprio Freud) pudesse se proteger de uma dissolução estrutural de identidades de gênero que resultaria de uma disposição geral à bissexualidade. Em vez da normalidade heterossexual, talvez Freud buscasse, a todo custo, proteger a ideia de um desejo identificável na base dos sintomas de Dora. A bissexualidade leva Freud – e todos nós? – a se confrontar com uma incerteza estrutural acerca não apenas do objeto do desejo, mas também do *lugar a partir do qual* o desejo ganha forma.[15] Além da rejeição à sexualidade, a histeria se caracteriza pela incerteza estrutural da identidade de gênero. A impossibilidade de alcançar um desejo unívoco e identificável na prática psicanalítica é resultado dessa incerteza.[16]

Conclusão: Desejos não edipianos de Dora

Com exceção de Rachel Blass (1992), todos os críticos desde Ernest Jones (1953) leram o caso Dora como o primeiro caso em que o complexo de Édipo está no centro da patogênese da neurose. Uma leitura cuidadosa, no entanto, inequivocamente indica não apenas que o complexo de Édipo não forma o núcleo da problemática histérica de Dora, mas também que Freud interpreta o laço edipiano de Dora com um "sintoma reativo": o amor inocente e infantil de Dora por seu pai ganha nova vida a serviço do recalque. Central para esse caso não é o modo de reviver uma crise edipiana infantil, mas um problema *atual*: o estranho confronto com um prazer sexual que não se encaixa na teleologia natural de uma pulsão heterossexual de reprodução. Essa libido polimorfa, perversa, bissexual e (consequentemente) radicalmente ateleológica evoca uma mistura

---

[15] Lembremo-nos da carta 208 de Freud a Fliess, de 1º de agosto de 1899: "Estou me acostumando a compreender todo ato sexual como um processo no qual quatro indivíduos estão envolvidos" (FREUD, 1985, p. 364).

[16] "No tratamento psicanalítico é extremamente importante estar preparado para encontrar sintomas com significado bissexual. No tratamento de tais casos, além disso, podemos observar como o paciente se utiliza, durante a análise de um dos significados sexuais, da conveniente possibilidade de constantemente passar suas associações para o campo do significado oposto, tal como para uma trilha paralela" (FREUD, 1908, p. 166).

complexa de fascínio e repulsa em Dora.[17] Esse problema é reatualizado no enrosco entre Dora, seu pai, Herr K. e Frau K.

Como, então, seria possível que diversas gerações de críticos sistematicamente tenham defendido uma leitura que encontra pouco ou nenhum suporte nos textos? A história do desenvolvimento de *Três ensaios sobre a teoria da sexualidade* (1905) teve um papel importante. Sabemos que *Fragmento da análise de um caso de histeria* deve ser compreendido como um complemento clínico àquele trabalho; mas que o complexo de Édipo está ausente da primeira edição de *Três ensaios* e que Freud, nessa edição, frequentemente se refere à bissexualidade como o núcleo da patologia. Nas edições mais recentes – especificamente nas de 1920 em diante –, Freud, progressivamente, insere o complexo de Édipo como a explicação final das diversas neuroses, e a bissexualidade é, crescentemente, deslocada para uma posição de menor importância. A última edição de *Três ensaios* é aquela que é incluída no *Gesammelte Werke* de Freud. Em outras palavras, estamos lendo um texto de 1905 na edição de 1924 e, nessa última edição, o complexo de Édipo tem uma atuação proeminente. Essa é a razão pela qual *Fragmento da análise de um caso de histeria* parece ser o complemento clínico de um texto teórico no qual o complexo de Édipo é central. Ao lado dos temas edipianos do caso Dora, isso parece justificar a interpretação edipiana desse trabalho.

Tal interpretação é indubitavelmente fortalecida pela autoridade de Freud. Observamos que em sua *Autobiografia* de 1925, o próprio Freud conecta o abandono de teoria da sedução à descoberta do complexo de Édipo: "Eu havia me deparado ali, pela primeira vez, com o *complexo de Édipo*, que depois ganharia extraordinária importância, mas que não reconheci naquele fantasioso disfarce" (FREUD, 1925, p. 34). Naquele momento, Freud e seus entusiasmados seguidores se preocupavam apenas em apresentar o desenvolvimento de sua obra como uma progressiva descoberta e articulação de um *insight* implícito desde o início. No processo, essa obra assume certa aura – que de outro modo provavelmente não assumiria – aos olhos de Freud e seus seguidores. De fato, a ideia de que o desenvolvimento de uma obra ilustra o desejo de seu autor de desvelar (embora retroativamente) uma verdade

---

[17] Para uma leitura fenomenológica da repulsa como uma dinâmica complexa de aversão e *fascinação*, ver Kolnai (2004).

identificável, presente desde o início, é um preconceito popular amplamente difundido. Segundo esse ponto de vista, a unidade da obra é construída com base na unidade do desejo do autor. Nessa perspectiva, não há espaço para descontinuidades insuperáveis. Quer dizer, trata-se de um ponto de vista fundamentalmente teleológico. A busca de Freud *in extremis* por aquele *único* desejo (inconsciente) que determina os sintomas de Dora reflete o mesmo preconceito "metafísico" que o leva a deixar de lado suas próprias intuições sobre a bissexualidade.

A leitura edipiana dos estudos freudianos sobre Dora é verdadeiramente psicogênica. Tenta explicar como Dora *se tornou* histérica nos termos de certa dinâmica familiar, ao passo que, ao mesmo tempo – ao menos na teoria –, mostra como esse resultado poderia ter sido evitado. O enfoque em uma libido polimorfa, perversa, bissexual e, consequentemente, ateleológica está em uma relação de antagonismo com essa abordagem psicogênica. Freud implicitamente empurra para o segundo plano a questão sobre como Dora *se tornou* histérica ao escrever que Dora reagiu histericamente à primeira tentativa de sedução de Herr K. *porque ela já era histérica*.[18] Freud, então, não consegue mais encontrar a causa da histeria na reconstrução dos diversos incidentes traumáticos que marcaram a história de Dora. De maneira quase imperceptível, a etiologia desaparece da perspectiva freudiana. A reconstrução histórica apenas mostra como a constituição libidinal específica de Dora abriu seu próprio caminho e, para se realizar, conectou-se a encontros contingentes e respostas somáticas. O poder do desejo sexual, da fixação oral, da inclinação bissexual e da repulsa ao prazer sexual são fatores libidinais constitutivamente determinados que estabelecem o destino de Dora como uma disposição, isto é, como um grupo de forças que têm o potencial de se expressar em uma sintomatologia histérica intensa, mas podem também ser sublimados em conversão religiosa, militância feminista ou prazer literário. Sublimações que são apenas anunciadas de uma maneira caricata em sintomas histéricos. No próximo capítulo investigaremos com mais detalhes as ideias freudianas sobre a ligação entre fantasia histérica e ficção.

---

[18] "Nessa cena – a segunda mencionada, mas a primeira na ordem temporal –, o comportamento dessa menina de 14 anos já era total e completamente histérico" (FREUD, 1905a, p. 28).

Capítulo 3
Do devaneio ao romance
Sobre a fantasia histérica e a ficção literária

Introdução: Uma disposição à literatura?

A disposição histérica não precisa necessariamente se expressar em ataques histéricos, sintomas de conversão (como no caso Dora) e outros tipos de "estados psicóticos".[1] De fato, sua forma patológica de expressão é apenas um dos possíveis destinos das forças libidinais que conformam a disposição histérica. A mesma constituição sexual pode também se manifestar "de forma aceitável para uma maioria", por exemplo, em atividades *literárias*.[2] Em diferentes momentos de seu trabalho, Freud aponta para o fato de que existem "semelhanças notáveis e de

---

[1] "Delírios histéricos dos santos e das freiras, das mulheres que guardam a castidade e das crianças bem-educadas. Visto que esses estados são, com muita frequência, nada menos do que psicoses, apesar de derivados imediata e exclusivamente da histeria, não posso concordar com a opinião de Moebius de que, 'com exceção dos delírios ligados aos ataques, é impossível falar numa insanidade histérica real'" (FREUD; BREUER, 1895a, p. 249).

[2] "O histérico é um inegável poeta, embora apresente suas fantasias de modo essencialmente *mimético* e sem consideração pelo entendimento dos outros; o cerimonial e os interditos do neurótico obsessivo nos impõem o julgamento de que ele criou para si uma religião particular, e mesmo as formações delirantes dos paranoicos mostram indesejada semelhança externa e parentesco interno com os sistemas de nossos filósofos. Não se pode fugir à impressão de que os enfermos empreendem, de modo *associal*, as mesmas tentativas de solução de seus conflitos e mitigação de suas necessidades prementes, que são chamadas de *poesia*, *religião* e *filosofia*, quando realizadas de forma aceitável e indispensável para uma maioria" (FREUD, 1919, p. 261).

longo alcance" entre a histeria e a literatura (FREUD, 1913a, p. 73; 1919, p. 261). Ao falar sobre "literatura" nesse contexto, Freud se refere, em primeiro lugar, a "romances, contos e narrativas". Isso pode parecer evidente para o leitor moderno, mas Freud tinha um pé em uma cultura na qual o romance não era compreendido como uma forma séria de literatura.[3] Para Schiller, por exemplo, lírico, épico e drama eram os três verdadeiros gêneros literários. De acordo com tal perspectiva clássica, o romancista era como o "meio-irmão de um *verdadeiro* poeta" (SCHMITZ-EMANS, 2009, p. 99, grifo nosso). O romance é, no final das contas, um gênero moderno, sem precursores na literatura antiga e que não tem de se adequar a exigências clássicas referentes à forma. Tornou-se, assim, uma reflexão sobre a vida moderna, caótica e polifônica.

Romances surgiram na forma de folhetins publicados em jornais de maneira seriada.[4] Compreendia-se que ler romances era um modo relaxante de deixar passar o tempo ocioso e que romances não deveriam ser classificados como verdadeira arte (SCHMITZ-EMANS, 2009). Essa depreciação do romance estava ligada à ideia de que essa forma inferior de arte era apenas apreciada por mulheres e que poderia ser produzida por romancistas do sexo feminino. Até mesmo Havelock Ellis argumenta, em *A psicologia do sexo* (1933), que talvez mulheres como Jane Austen, Charlotte e Emily Brontë e George Eliot tenham alcançado uma posição equivalente a romancistas do sexo masculino. Mas isso era apenas verdade para o gênero romance, que, segundo Ellis, teria uma qualidade artística inferior com relação à poesia (ELLIS, 1933). Nesse contexto cultural, Freud dá dois passos. Em primeiro lugar, ele não considera que o romance seja o primo jovem e promíscuo da verdadeira arte. Freud acredita que esse é o modelo a partir do qual todas as outras formas de literatura podem

---

[3] Ele escreve o seguinte em carta para Fliess: "Deixo-me levar por minhas fantasias, jogo xadrez, leio romances ingleses, tudo aquilo que é sério é banido" (FREUD, 1985, p. 404).

[4] Ao escrever que está primariamente interessado no "narrador não exigente de romances, novelas e histórias, que por isso encontram inumeráveis e zelosos leitores e leitoras" (FREUD, 2015a, p. 60), Freud não está, segundo nossa perspectiva, referindo-se a autores de romances de segunda classe, como Monique Schneider defende, mas ao romance como um gênero de segunda classe em comparação com a verdadeira *Dichtung* (ver SCHNEIDER, 2006, p. 53).

ser compreendidas (FREUD, 2015a, p. 60 e ss).[5] Em segundo lugar, diferentemente de Havelock Ellis, Freud não escreve sobre uma afinidade entre romances e feminilidade; apresenta, em vez disso, ligações entre literatura e histeria. Essa é uma importante distinção, pois mostra que Freud não considera a histeria privilégio feminino.[6] Como, então, poderíamos compreender melhor a analogia entre literatura e histeria? Não seriam as observações freudianas sobre as profundas semelhanças entre histeria e literatura (FREUD, 1913a, p. 73) uma "patologização" superficial que ridiculariza grandes realizações da humanidade? Para responder a essa questão, devemos examinar a maneira como Freud pensa a relação entra entre patologia e realizações culturais. Ligação que não se refere apenas a "semelhanças notáveis e de longo alcance". A patologia é também uma "distorção" e uma "caricatura" de sua contraparte cultural.[7] Como então Freud compreenderia as semelhanças *e* diferenças entre histeria e literatura? Sua perspectiva contribuiria para a compreensão de ambos (ou de um dos dois)? Respostas a essas perguntas corroboram a tese de que a disposição à histeria, tal como apresentada nos capítulos anteriores, não se manifesta necessariamente em formas exclusivamente patológicas. Essa mesma disposição pode também se expressar por meio de uma extraordinária sensibilidade ao prazer literário.

O fantasiar histérico

Em 31 de maio de 1897, Freud escreve em uma carta a Fliess: "O mecanismo da ficção é o mesmo que o das fantasias histéricas" (FREUD, 1985, p. 251). É, contudo, apenas em alguns breves trabalhos escritos no final de 1907 e no início de 1908 que ele explica com detalhes o que até então havia somente sugerido. Em "Fantasias histéricas e sua

---

[5] Nesse aspecto Freud pertence à tradição romântica de Schlegel e Novalis (SCHMITZ-EMANS, 2009).

[6] Ver, por exemplo, "Observação de um caso grave de hemianestesia em um homem histérico" (1886).

[7] "As neuroses, por um lado, apresentam semelhanças notáveis e de longo alcance com as grandes instituições sociais, a arte, a religião e a filosofia. Mas, por outro lado, parecem ser distorções delas. Poder-se-ia sustentar que um caso de histeria é a caricatura de uma obra de arte, que uma neurose obsessiva é a caricatura de uma religião e que um delírio paranoico é a caricatura de um sistema filosófico" (FREUD, 1913a, p. 73).

relação com a bissexualidade" (1908a), "O poeta e o fantasiar" (2015a) e "Algumas observações gerais sobre ataques histéricos" (1909b), Freud investiga o significado do fantasiar para a sintomatologia histérica, assim como para a criatividade literária.

A natureza do fantasiar dos histéricos, em sua maioria, é a de um leve erotismo (FREUD, 1908, p. 145-146). De maneira relativamente simples, eles criam cenas de encontros românticos, cenas de sedução, atos heroicos que são realizados em troca de favores de uma misteriosa princesa e diversas outras situações típicas de uma literatura leve.[8] Freud cita um exemplo ridiculamente inocente para os padrões contemporâneos: "ela se encontra sentada lendo em um parque, com a saia ligeiramente erguida, de modo a mostrar o pé. Um cavalheiro aproxima-se e dirige-lhe a palavra; os dois vão para um lugar qualquer e se entregam a carícias amorosas" (FREUD, 1909b, p. 231). Freud compreende fantasias desse tipo como uma compensação por um anseio não realizado por sucesso, amor ou prazer erótico (FREUD, 2015, p. 57). A ênfase freudiana em fantasias parece indicar um retorno às ideias de Breuer, isto é, à importância atribuída por este último a características da disposição histérica, como facilidade em se perder em estados hipnoides, propensão para a divagação, assim como para o fantasiar (FREUD; BREUER, 1895a, p. 248). Diferentemente de Breuer, todavia, Freud compreende o fantasiar com base em sua relação com a infância e com a sexualidade.

O fantasiar adulto é uma continuação da brincadeira infantil. Em seus jogos, a criança também desenha o mundo como se fosse seu ou organiza os elementos da realidade de maneira nova e diferente para, assim, satisfazer suas vontades. A criança preenche esse mundo da brincadeira com fortes afetos e com grande determinação; mas, ao mesmo tempo, tem consciência de sua separação da realidade (FREUD, 2015a, p. 54). Na medida em que a criança vai se tornando um adulto, o peso da realidade aumenta, e também as demandas por utilidade e labor. Apenas aquilo que é real mereceria, agora, nossa atenção séria. Mas isso não significa que podemos simplesmente sufocar a galhofa

---

[8] "O histérico tem um olhar distraído durante o dia, frequentemente perde-se em devaneios. Aqui ele ou ela pode ser um herói, um grande amante, uma figura admirada. Nos devaneios ele ou ela encontra outros idealizados com quem troca prazeres purificados da carne e da realidade" (BOLLAS, 2000, p. 167).

infantil que continuamos a carregar. A brincadeira de criança se estende à vida adulta na forma de fantasias e sonhos diurnos (FREUD, 2015a, p. 55). Essa mudança do jogo à fantasia surge com alguns ajustes fundamentais. O jogo infantil não é social nem dirigido a um público; mas também não é de maneira alguma secreto. Crianças brincam sem prestar atenção aos adultos ao seu redor, elas não consideram perturbador se outras pessoas as observam (FREUD, 2015a, p. 56). Nesse ponto reside a primeira diferença fundamental entre fantasias de crianças e de adultos. Adultos mantêm seus devaneios em segredo. Eles os estimam como tesouros secretos.[9] Ao mesmo tempo, eles se envergonham de suas fantasias: consideram que fantasiar é infantil e prefeririam reconhecer seus crimes a tornar suas fantasias públicas.[10] Essa vergonha se refere, de um lado, às origens do fantasiar em brincadeiras infantis – fantasiar é o oposto do trabalho e do engajamento com demandas da realidade. Adultos consideram fantasiar ridículo e embaraçoso.[11] Outrossim, a vergonha ligada à atividade de fantasiar tem outra fonte ainda mais poderosa: sua conexão com a sexualidade.[12]

Os devaneios históricos não são apenas uma continuação da brincadeira infantil, eles também derivam de fantasias que acompanham a masturbação durante a puberdade.[13] Com o abandono da masturbação,

---

[9] "O adulto, ao contrário, se envergonha de suas fantasias e as esconde dos outros, as guarda como o que lhe é mais íntimo, em geral, prefere responder por seus delitos que partilhar suas fantasias" (FREUD, 2015a, p. 56).

[10] "*Ce n'est pas ce qui est criminel qui coûte le plus à dire, c'est ce qui est ridicule et honteux*" (ROUSSEAU, 1973, p. 48).

[11] A ênfase freudiana na natureza embaraçosa e ridícula dos devaneios é relevante até mesmo hoje. Talvez mais do que nos tempos de Freud, hoje consideramos menos embaraçoso e doloroso discutir explicitamente nossas preferências sexuais do que falar sobre nossos devaneios tolos, que se parecem com filmes B.

[12] "Já o adulto é bem diferente: por um lado, sabe que se espera que ele não brinque mais ou que não fantasie mais, mas que aja no mundo real, e, por outro lado, que sob suas fantasias se produzem muitos desejos que, de qualquer modo, devem permanecer necessariamente ocultos; por isso, se envergonha de suas fantasias como coisas de criança e proibidas" (FREUD, 2015a, p. 58).

[13] "[...] a vida sexual de um jovem em amadurecimento restringe-se, quase completamente, a perder-se em fantasias" (FREUD, 1905b, p. 225-226). Na teoria sexual inicial de Freud, a puberdade tem um papel crucial. É apenas com o início da puberdade que as zonas erógenas e paixões parciais obtêm poder libidinal e significado psicológico (GEYSKENS, 2003).

essas fantasias sexuais são recalcadas.[14] Durante os sonhos diurnos, as fantasias masturbatórias retornam à superfície, contudo, de forma censurada. Diferentemente dos "estados hipnoides" de Breuer, Freud defende que a tendência histérica ao fantasiar é um sintoma ligado ao recalque da sexualidade.[15] A ofuscação da consciência, o prazer intenso, a vergonha e o segredo associados à fantasia são lembretes de que essa atividade possui uma ligação profunda com a vida sexual do devaneador, ainda que o conteúdo sexual explícito do fantasiar tenha desaparecido. Os sonhos noturnos e o hábito de sonhar acordado têm a mesma relação com fantasias sexuais inconscientes. Nos sonhos (ou durante os sonhos diurnos) o conteúdo sexual inconsciente é distorcido pela censura e pelo trabalho do sonho.

Temas edipianos podem, é claro, aparecer nessas fantasias, mas aparecem como sintomas reativos, tal como nos sonhos noturnos de Dora, que investigamos no capítulo anterior. Freud não se refere a essa temática ao esclarecer as conexões entre fantasia e sexualidade. As fontes sexuais de tais fantasias não são desejos edipianos, mas pulsões parciais e perversas: "o conteúdo das fantasias inconscientes do histérico corresponde em sua totalidade às situações nas quais os perversos obtêm conscientemente satisfação" (FREUD, 1908a, p. 162). A bissexualidade também tem um importante papel nessas fantasias, ainda que apenas em razão de o devaneador inevitavelmente se identificar com diversos papéis, femininos e masculinos, que fazem parte de suas fantasias (FREUD, 1908a, p. 164-165): "*Madame Bovary c'est moi*". A perspectiva freudiana a respeito da sexualidade em seus textos de 1908 sobre fantasias histéricas se conecta a formulações de 1905 sobre o caso Dora e à primeira edição de *Três ensaios sobre a teoria da sexualidade*. Não há menção ao complexo de Édipo. Em vez disso, são enfatizadas a bissexualidade e

---

[14] "Quando [...] o sujeito renuncia a esse tipo de satisfação, composto de masturbação e fantasia, o ato é abandonado e a fantasia passa de consciente a inconsciente" (FREUD, 1908a, p. 161).

[15] "Os sintomas histéricos surgem como um compromisso entre dois impulsos afetivos e pulsionais opostos, um dos quais tenta expressar uma pulsão componente ou um inconsciente da constituição sexual, enquanto o outro tenta suprimi-lo" (FREUD, 1908a, p. 164, trad. modificada).

a sexualidade perversa polimorfa (*per os*, *a tergo*, *more ferarum*, exibicionismo, masoquismo, etc.).[16]

Desses sonhos diurnos e dessas fantasias um único caminho leva à patologia: "A hiperproliferação e a preponderância das fantasias criam as condições da entrada na neurose ou na psicose" (FREUD, 2015a, p. 59). A tendência histérica ao fantasiar desvia a consciência da realidade e faz com que o indivíduo seja absorvido por um mundo de sonhos e imagens idealizadas nas quais os impulsos sexuais são simultaneamente expressos e censurados, formados e recalcados. Dessa maneira, o devaneio produz um excesso de excitação que não pode ser canalizado em descargas motoras ou elaborações associativas e, portanto, apenas se expressa em sintomas histéricos. Freud fornece um exemplo simples: durante uma caminhada na cidade, uma mulher, de repente, começa a chorar, sem qualquer razão aparente. Quando consegue se lembrar de seu devaneio, seu comportamento se torna interessante: "Em sua imaginação, ligara-se amorosamente a um conhecido pianista de sua cidade (embora não o conhecesse pessoalmente); em seguida fora abandonada, com o filho que tivera com ele (na verdade não tinha filhos), ficando na miséria. Fora nesse momento de seu *romance* que irrompera em lágrimas" (FREUD, 1908a, p. 160, grifo nosso). Devaneios não se expressam apenas nesse tipo de crise histérica de choro. Ataques histéricos reais são também, de acordo com Freud, "fantasias [...] representações pantomímicas" (FREUD, 1909b, p. 229). Esse caminho para a patologia é apenas uma das possíveis expressões do fantasiar. Os devaneios histéricos são, além disso, um solo fértil para romances, novelas e contos. Escritores/poetas (*Dichter*)[17] encontram suas histórias no fantasiar.

---

[16] Fortemente ligado a isso está o fato de que, na teoria inicial de Freud sobre a sexualidade, a puberdade (não a infância) é o período em que a sexualidade se torna problemática e conflitante. Nesse ponto, a teoria inicial de Freud sobre a sexualidade está mais próxima do senso comum e da experiência do que a sua perspectiva posterior edipiana, segundo a qual esses conflitos adolescentes são apenas modos de reviver a grande crise edipiana da infância. Sobre o assunto, ver Geyskens (2003).

[17] Nesse artigo, Freud trata o tempo todo do *Dichter*, termo de difícil tradução. Conforme anota Ernani Chaves em sua primorosa tradução do ensaio de Freud: "Trata-se do *Dichter* no seu sentido mais amplo e geral de poeta como 'criador', englobando o escritor, o romancista, o novelista, o contista, assim como aquele 'que faz versos'. Freud segue aqui o sentido dessa palavra que se impõe a partir de Herder e depois, pelos Primeiros Românticos" (cf. FREUD, 2015a, p. 65).

Romance e histeria

Uma pessoa capaz de ser absorvida pela leitura de um romance pode fantasiar sem ter vergonha (Freud, 2015a). Como no devaneio e na masturbação,[18] a narrativa demanda atenção total. Tornamo-nos "ausentes" do mundo real e nossas emoções fluem no ritmo do romance. Podemos comparar a leitura de um romance a situações em que pessoas sonham acordadas. Mas essa não é a única maneira como o romance utiliza a disposição histérica do leitor. Muitos dos grandes romances da segunda metade do século XIX possuem *temas* que gravitam em torno de questões da histeria: *Madame Bovary* (1856), *Anna Karenina* (1877), *Eline Vere* (1889), *De koele meren des doods* (1900)... Tolstói, Flaubert, Couperus e Van Eeden não são apenas "histéricos"[19] que elevaram à arte seus devaneios e suas identificações bissexuais com uma mulher, são também grandes *diagnosticadores* que descreveram a atmosfera histérica com extraordinária precisão.[20] Freud descobre que, para compreender a histeria, precisa se voltar à literatura e, contra sua vontade, tornar-se um romancista. A psicanálise freudiana é herdeira de Couperus e de seus companheiros romancistas: "Nem sempre fui psicoterapeuta. Como outros neuropatologistas, fui preparado para empregar diagnósticos locais e eletroprognósticos, e ainda me causa estranheza que os relatos de casos que escrevo *pareçam contos* e que, como se poderia dizer, falte-lhes a marca de seriedade da ciência. Tenho de me consolar com a reflexão de que a *natureza do assunto* é evidentemente a responsável por isso, e não qualquer preferência minha. A verdade é que o diagnóstico local e as reações elétricas não levam a parte alguma no estudo da histeria, ao passo que uma

---

[18] "A perda da consciência, a '*ausência*', em um ataque histérico é derivada do lapso de consciência passageiro, mas inequívoco, que é observável no clímax de toda satisfação sexual intensa, inclusive autoerótica [...] Os chamados 'estados hipnoides' – *ausências durante devaneios* –, *que são comuns em sujeitos histéricos, possuem a mesma origem*" (FREUD, 1909b, p. 233, grifo nosso).

[19] Sobre a aversão histérica à sexualidade e à corporeidade de Flaubert, ver sua carta a Louise Colet, de 19 de setembro de 1852: "*Moi aussi je voudrais être un ange; je suis ennuyé de mon corps, et de manger, et de dormir, et d'avoir des désirs. J'ai rêvé la vie des couvents, les ascétismes des brachmanes, etc. C'est ce dégout de la guenille qui a fait inventer les religions, les mondes idéaux de l'art*" (FLAUBERT, 2003, p. 61-62).

[20] Sobre a literatura como uma sintomatologia, ver também Geyskens (2006; 2008).

descrição pormenorizada dos processos mentais, como as que estamos acostumados a encontrar *nas obras dos escritores imaginativos*, permite-me, com o emprego de algumas fórmulas psicológicas, obter pelo menos alguma espécie de compreensão sobre o curso dessa afecção" (FREUD, 1895a, p. 160-161, grifo nosso).

Mas o cruzamento entre histeria e literatura (os sintomas histéricos como expressões pantomímicas do romance e o romance como devaneio histérico) não devem tornar obscura a imensa diferença entre devaneios histéricos e o prazer derivado da leitura ou escrita de um romance. Freud afirma que o autor seleciona seu tema a partir de suas fantasias (FREUD, 2015a); se, contudo, somente colocasse suas fantasias no papel, ele provocaria tédio no leitor e em si mesmo. Isso o desgraçaria: "quem tem sonhos diurnos esconde suas fantasias cuidadosamente diante dos outros, porque sente que aí há motivos para se envergonhar. Eu acrescentaria que, mesmo que ele pudesse nos comunicar essas fantasias, não poderia nos proporcionar, por meio de tal desocultamento, nenhum prazer. Se experimentássemos essas fantasias, ou nos livraríamos delas ou permaneceríamos distantes delas" (FREUD, 2015, p. 63-34). Como então o autor transformaria o produto de suas fantasias em uma fonte de prazer para o leitor? Como ele evitaria a vergonha vicária e o tédio que inevitavelmente resultam da escuta da fantasia de outra pessoa? Nesse ponto, diz Freud, está o grande mistério da arte. Algo que o próprio artista não compreende. Algo, ainda, cuja compreensão seria insuficiente para transformar um indivíduo em um artista (FREUD, 2015a, p. 64). Assim, ele conclui "O poeta e o fantasiar" com uma sugestão. O autor é capaz de provocar prazer com seus devaneios, diz Freud, ao nos subornar com "ganho de prazer puramente formal, ou seja, estético, o qual ele nos oferece na exposição de suas fantasias. Pode-se chamar este ganho de prazer, que nos é oferecido, para possibilitar, com ele, o nascimento de um prazer maior a partir de fontes psíquicas ricas e profundas, de um *prêmio por sedução* [*Verlockungsprämie*] ou de um *prazer preliminar* [*Vorlust*] (FREUD, 2015a, p. 64). Ao fazer essa observação sobre "prazer formal produzido como um prêmio ou um estímulo", Freud, em "O poeta e o fantasiar" (2015a), reporta-se a *Os chistes e sua relação com o inconsciente* (1905c). Em seu livro sobre chistes, que surge três anos antes de "O poeta e o fantasiar", Freud utiliza a análise de um chiste para ilustrar sua teoria sobre prazer estético. Devemos, então, examinar o "prazer subsidiário puramente formal" no chiste para tentarmos verificar se a estética freudiana do chiste poderia ser também aplicada ao prazer na literatura.

Fontes de prazer: chiste e literatura[21]

Em 1905, Freud publica *Fragmento da análise de um caso de histeria* (Dora), *Três ensaios sobre a teoria da sexualidade* e também um livro sobre chistes, *Os chistes e sua relação com o inconsciente*. Durante os anos tardios da psicanálise, esse livro, com seu tema "leve", foi considerado até mesmo pelo próprio Freud como um frívolo passo para o lado em sua obra (FREUD, 1925, p. 54-55). Apesar disso, o livro constitui um componente essencial da teoria inicial "pré-edipiana" de Freud. *Chistes* é o livro sobre sublimação e estética freudiana. O fato de que Freud desenvolve sua teoria sobre estética por meio da análise de chistes, e não de obras de arte sérias, aparentemente tem desencorajado muitos estudiosos a procurar em *Chistes* a teoria freudiana da sublimação.[22]

A análise freudiana de chistes em *Os chistes e sua relação com o inconsciente* (1905c) indica que duas fontes de prazer podem ser apontadas no chiste. Em chistes obscenos e ofensivos parece claro que o prazer se dá, primariamente, por meio da liberação de impulsos sexuais agressivos. Se estes últimos não se expressarem por meio de um chiste, serão suprimidos ou recalcados. Um atrevimento ou uma obscenidade não produzem o mesmo prazer. Assim, o trabalho do chiste é necessário para tornar acessível o desejo pelo obsceno. O jogo de palavras ou de conceitos não é, contudo, apenas um modo de liberar tendências eróticas agressivas. O jogo de palavras é também uma fonte de prazer autônoma. Esse prazer puramente formal pode até ser a única fonte de prazer em chistes inocentes. Tais chistes inocentes não têm qualquer objetivo (sexualidade, ofensa, etc.), o único tipo prazer experimentado no processo é aquele do jogo de palavras.

---

[21] A discussão que se segue sobre chistes é uma versão reformulada de uma seção de Geyskens (2007).

[22] A maior parte dos estudos sobre sublimação em Freud atribui pequena ou nenhuma importância a *Os chistes e sua relação com o inconsciente*. Ver, entre outros: Laplanche (1980), Vergote (2002), Moyaert (2002), De Block (2004).

Como surgiria esse prazer-forma? Para responder essa pergunta, Freud analisa o prazer em chistes inocentes. Sentimos prazer em jogos de palavra, mesmo em circunstâncias em que outros motivos (sexual, agressivo, etc.) não vêm à tona. A maneira como chistes são enunciados é por si só uma fonte de prazer. Ao analisarmos chistes inocentes, notamos que a técnica consiste em concentrar a atenção do interlocutor na materialidade ou na musicalidade das palavras, e não em seu significado. O jogo de palavras implica o uso de palavras como coisas, essas palavras-como-coisas tomam o lugar de seu significado. O fato de que esse processo produz prazer leva Freud a uma notável hipótese: ao falarmos seriamente e de maneira compreensível, nós não nos permitimos jogar com palavras, e essa proibição se realiza por meio de um grande e constante esforço: "Não se põe em dúvida que é mais fácil e mais conveniente divergir de uma linha de pensamento que então se assumia do que mantê-la, tanto quanto é mais fácil confundir coisas diferentes do que contrastá-las – de fato; é *especialmente* conveniente admitir como válidos métodos de inferência que são rejeitados pela lógica e, finalmente, reunir palavras ou pensamentos sem respeitar a condição de que façam sentido. Disso não se pode duvidar; são precisamente essas as coisas feitas pelas técnicas do chiste que estamos discutindo" (FREUD, 1905c, p. 125). Sem as inibições impostas pela lógica e pela compreensibilidade, nosso discurso seria regido pelo prazer de produzir ritmo e rimas, gerando a "esquizofrenização" da linguagem. Isso aconteceria em razão de termos estabelecido, assim, precedência da materialidade da linguagem sobre a produção do sentido.

Na seriedade da vida cotidiana, é raro – quase impossível – encontrar "prazer no *nonsense*". Crianças e adultos "em um estado de consciência alterado e tóxico" (FREUD, 1905c, p. 125) são os únicos que continuam capazes de sentir esse tipo de prazer. Freud escreve: "O período em que uma criança adquire o vocabulário da língua materna proporciona-lhe um óbvio prazer de 'experimentá-lo brincando com ele' [...] Reúne as palavras, sem respeitar a condição de que elas façam sentido, a fim de obter delas um gratificante efeito de ritmo ou de rima. Pouco a pouco esse prazer vai lhe sendo proibido, até que só restam permitidas as combinações significativas de palavras" (FREUD, 1905c, p. 125). Guiadas apenas pelo prazer da repetição, do ritmo e da rima, crianças jogam com palavras sem se preocupar com significados.

Que conexão haveria entre esse prazer infantil e o prazer que adultos encontram em chistes e na literatura? O prazer infantil que resulta do uso de palavras como coisas vai sendo gradualmente restringido até o ponto em que a utilização das palavras é, finalmente, controlada pelos pré-requisitos da significação e da comunicação. Mas esse sacrifício à lógica e à compreensibilidade é difícil de digerir. O esforço intelectual para falar de maneira inteligível e clara restringe e suprime "*a euforia* [...] que não é nada além de [...] *o humor da infância*" (FREUD, 1905c, p. 125). É por essa razão que crianças e psicóticos desfiguram e deformam a linguagem, esse é um sinal de sua revolta contra o poder da seriedade e da significação (FREUD, 1905c, p. 125). Adultos sérios não sentem mais prazer na desfiguração sem sentido da linguagem. Pelo contrário, se excluirmos o caso dos chistes, observaremos que aquelas realizações deficientes do pensamento apenas geram neles irritação, desprazer e sentimentos defensivos (FREUD, 1905c, p. 125). É aqui que a importância do *estilo* vem à tona. A tarefa de poetas e comediantes consiste em encontrar uma maneira de continuar o jogo de palavras-como-coisas e, ao mesmo tempo, lidar com a revolta contra a seriedade ao garantir que combinações de palavras sem sentido, no final das contas, produzam um sentido (FREUD, 1905c, p. 126). A atenção a *como* algo é dito pode ser secundária na comunicação cotidiana, mas é de crucial importância para o prazer derivado dos chistes.

O jogo de palavras produz um prazer primário, puramente formal, que fornece a energia necessária para a vivência do prazer no conteúdo obsceno e agressivo do chiste. É possível, assim, superar os limites que usualmente barram esse tipo de conteúdo. Freud escreve: "Uma possibilidade de gerar prazer sobrevém em uma situação em que outra possibilidade de prazer está obstruída, de modo que, no que concerne a esta última, isoladamente, nenhum prazer é gerado" (FREUD, 1905c, p. 136-137). Por si mesma, uma observação obscena ou atrevida não gera prazer, apenas o produz ao se conectar com o prazer do jogo de palavras. Este último coloca o ouvinte em um estado de humor que o permite deixar de lado, por um momento, suas restrições.

A análise freudiana acerca da distinção entre o prazer derivado do conteúdo e aquele derivado da forma não diz respeito apenas a chistes. Essa análise é central para a compreensão do prazer também na literatura. Ao passo que fantasias são enfadonhas, ler romances é prazeroso, pois a fruição que deriva da forma ou do estilo torna acessível o prazer das fantasias. O prazer que surge da *maneira como* a fantasia é expressa por palavras ajuda a vencer resistências ao conteúdo de fantasias. Sem o prazer puramente formal estimulado pela *maneira como* a fantasia é colocada em palavras, não haveria qualquer prazer. O prazer obtido pela forma torna possível o prazer do conteúdo. O autor vence seu próprio embaraço e a autocensura referente à exposição de suas fantasias, assim como as restrições do leitor, pois ele é guiado pelo prazer derivado da ordenação de palavras, que remete a ecolalias e ao humor eufórico da infância.[23] Esse prazer puramente formal ou estético atua como um incentivo ou bônus por meio do qual o leitor também se rende a fantasias ao ler romances: "Talvez, até mesmo não contribua pouco para esse êxito, o fato de o poeta nos colocar na situação de, daqui em diante, gozarmos com nossas fantasias sem censura e vergonha" (FREUD, 2015a, p. 64).

Conclusão: Romance como sublimação da histeria

Para Freud, assim como para Breuer, a tendência a devanear é uma característica essencial da disposição histérica. Freud, todavia, enxerga esse devanear não apenas como uma expressão de sintomas histéricos. O devaneio em si é, para ele, um sintoma do recalque histérico da sexualidade. Devaneios são gratificações substitutivas que tomam o lugar de fantasias de masturbação púberes. Consequentemente, devaneios, do mesmo modo que sonhos, geram somente um prazer tolo e inarticulado. Um romance absorve esse prazer ridículo e o transforma em outra coisa: uma fruição estética estritamente formal. É apenas em virtude dessa fruição estética que o devaneio pode realizar seu potencial pleno na literatura. Essa afinidade entre histeria e romance é válida especialmente para o caso de romances escritos no tempo de Freud. A maneira como a histeria se expressa na literatura moderna do século XX não é tão clara. Durante o século XX, filmes românticos tomam o lugar dos romances da literatura e atuam como sublimação social dos devaneios. O cinema

---

[23] Sobre a obsessão com "a maneira como", com prazer derivado do estilo, ver a carta de Flaubert a Louise Colet, datada de 16 de janeiro de 1852: "*Ce qui me semble beau, ce que je voudrais faire, c'est un livre sur rien, un livre sans attache extérieure, qui se tiendrait de lui-même par la force interne de son style, comme la Terre sans être soutenue se tient en l'air*" (FLAUBERT, 2003, p. 19).

de hoje é uma fábrica gigante de devaneios. Assistimos a inúmeros filmes sobre casos amorosos repletos de um erotismo sentimental em que deixamos fluir livremente múltiplas identificações bissexuais com heróis e heroínas. Os filmes românticos do século XX e os romances da literatura da segunda metade do século XIX são sublimações de devaneios históricos. Não devemos, entretanto, imaginar que a sublimação gera a diminuição do prazer sexual; devemos sim compreendê-la como um modo de intensificação e liberação dos devaneios. Por essa razão, precisamos desconectar sublimação e criatividade. Escrever romances não é a única forma de sublimação. Lê-los é também sublimação. Ao lermos romances ou assistirmos a filmes, os vários componentes da disposição histérica se expressam de uma maneira poderosa, prazerosa e não sintomática. As tendências a divagar, a estabelecer identificações bissexuais e a "sentimentalização" da sexualidade são, no final das contas, apenas plenamente utilizadas ao serem seduzidas por um *prazer subsidiário puramente formal ou estético* (FREUD, 2015a, p. 64).

Por essa razão, as biografias de muitos artistas indicam que o desenvolvimento de manifestações não sintomáticas de paixões não implica que sua natureza sintomática diminua ou desapareça no processo. Como criaturas passionais, os seres humanos representam a tensa relação entre cultura e patologia. No caso da histeria, isso implica que disposições histéricas podem se manifestar não apenas em ataques, sintomas de conversão e condições psicóticas, mas também em atividades artísticas e literárias. A partir da perspectiva das paixões, não há distinção real ou estrutural entre essas várias manifestações. Em outras palavras, a distinção entre expressões patológicas e expressões culturais da disposição histérica não é, de modo algum, uma reimportação de uma distinção qualitativa entre normalidade e patologia, ou entre uma forma patológica de histeria e certa "histeria normal". A distinção entre psicose, neurose e normalidade, que se tornou popular em diagnósticos psicanalíticos, não pode fazer justiça à unidade dinâmica e à complexidade da histeria e de seus componentes psicóticos, neuróticos e poéticos. Retornaremos a esse ponto em um estágio posterior, durante nossas discussões sobre o ponto de vista lacaniano acerca da relação entre histeria e poesia.[24]

---

[24] Ver capítulos 5 e 6.

Capítulo 4
A indiferença de uma lésbica saudável
Bissexualidade versus *complexo de Édipo*

Introdução

Depois de Dora, as mulheres desaparecem da obra de Freud por algum tempo. A partir de 1909, seu trabalho passa a se concentrar em rapazes e homens como o pequeno Hans (1909c), o Homem dos Ratos (1909b), Leonardo (1910a), Schreber (1911) e o Homem dos Lobos (1918 [1914]). Simultaneamente, o interesse clínico de Freud se desloca da histeria para a neurose obsessiva e para a paranoia. O tema bissexualidade também passa para o segundo plano. É nesse outro contexto clínico que Freud desenvolve uma teoria completamente nova, na qual o complexo de Édipo é central e todas as formas de psicopatologia são compreendidas como tentativas fracassadas de defesa contra o conflito edipiano. Apenas em 1920, 15 anos após a publicação do caso Dora, Freud escreve novamente um estudo de caso sobre uma mulher, "Psicogênese de um caso de homossexualidade feminina".[1] Não se trata, aqui, de um caso de *enfermidade*, já que Freud enfatiza que essa mulher nunca foi neurótica e nunca expressou um único sintoma histérico (FREUD, 1920, p. 155). Uma leitura cuidadosa desse texto, no entanto, traz à tona diversos problemas teóricos e clínicos que continuam a

---

[1] Ele também escreveu um breve artigo sobre um caso de paranoia em uma mulher em 1915 (FREUD, 1915).

apontar para as sombras da psicanálise. São problemas ligados a temas discutidos em capítulos anteriores: complexo de Édipo *versus* bissexualidade, trauma *versus* disposição, psicogênese *versus* patoanálise. Nossa leitura desse caso mostrará que Freud problematiza a posição central que o complexo de Édipo passou a ocupar em sua metapsicologia e que ele novamente passa a pôr acento na *bissexualidade*. Primeiramente, esboçaremos como, após o caso Dora, o Édipo vai sendo posicionado no centro, ao passo que a bissexualidade é empurrada para as margens da psicanálise. Apenas dessa maneira a relevância de "Sobre a psicogênese de um caso de homossexualidade feminina" se tornará clara.

Da bissexualidade ao complexo de Édipo

No caso Dora, *Fragmento da análise de um caso de histeria* (1905a), o tema edipiano apenas atua como um "sintoma reativo", que suprime um conflito mais fundamental (FREUD, 1905a, p. 58). De acordo com Freud, esse outro problema aponta para a bissexualidade. A paixão de Dora por seu pai e Herr K. é fortalecida, pois tais interesses heterossexuais ajudam a recalcar o desejo homossexual de Dora por Frau K. (FREUD, 1905a, p. 120). Mas não é apenas no âmbito da relação com o objeto que o problema de Dora se caracteriza como um conflito *bissexual*. Freud também descreve a mudança de caráter que acompanha a abstinência de masturbação infantil nos termos de um conflito bissexual. A pequena Dora, que chupa o dedo e se masturba, é uma "criatura selvagem". Uma mudança de caráter ocorre, contudo, quando ela abandona a masturbação. A criatura selvagem se torna quieta e bem-comportada: "Ainda que tenha sido um menino até aquele momento e tenha se tornado feminina pela primeira vez. Ela fora, na verdade, uma criatura selvagem; mas após a "asma" ela se tornou quieta e bem-comportada. *Essa doença formou o laço entre duas fases de sua vida sexual, na qual a primeira foi de caráter masculino e a segunda feminino*" (FREUD, 1905a, nota, grifo nosso). Bissexualidade é um importante pilar na teoria inicial de Freud sobre a histeria. Isso fica claro não apenas no caso Dora, mas também na primeira edição de *Três ensaios*[2]

---

[2] "Desde que (por meio de W. Fliess) tomei conhecimento da noção de bissexualidade, conclui que esse é um fator decisivo, sem considerar a bissexualidade acredito que

e em vários trabalhos breves, como "Fantasias histéricas e sua relação com a bissexualidade" (1908a).

A partir de 1909, a bissexualidade se torna um tema marginal na obra de Freud. A partir de então seus interesses clínicos se deslocam da histeria para a neurose obsessiva (e a paranoia). Na experiência clínica da neurose obsessiva, Freud descobre o complexo paterno. Sua análise do Homem dos Ratos traz à luz uma conexão entre a neurose obsessiva do Homem dos Ratos e a relação ambivalente com seu pai falecido.[3] Isso já emerge na reconstrução do mais importante incidente da infância do Homem dos Ratos: quando tinha aproximadamente 14 anos de idade, o Homem dos Ratos foi surrado por seu pai: "O pequeno foi tomado de terrível raiva e xingara seu pai ainda enquanto apanhava. Entretanto, como não conhecia impropérios, chamara-o de todos os nomes de objetos comuns que lhe vinham à cabeça e gritara: 'Sua lâmpada! Sua toalha! Seu prato!' e assim por diante" (FREUD, 1909b, p. 205). O Homem dos Ratos acredita que *o poder de sua própria raiva* naquele momento deve tê-lo assustado tanto que o tornou um covarde (1909b, p. 206). Desde aquele incidente, seu medo daquela raiva andava sempre na frente de sua expressão. A raiva recalcada pelo pai é o elemento-chave da incomparável sintomatologia freudiana da neurose obsessiva.

Em *Totem e tabu* (1913a), Freud coloca a ambivalência com relação ao pai no foco de sua explicação acerca das conexões entre neurose obsessiva e religião. Tal como os devaneios histéricos ligam histeria e literatura, a relação ambivalente com o pai, que leva a diversos tipos de rituais obsessivos, estabelece a conexão entre neurose obsessiva e religião. Religião e neurose obsessiva se referem a diferentes modos de lidar com o mesmo tipo de problema libidinal, mas na religião essa questão é enfrentada de uma "forma aceitável para a maioria" (FREUD, 1919, p. 261). Além disso, a relevância de *Totem e tabu* também reside no modo como acentua uma mudança no pensamento freudiano. Nesse texto, Freud muito explicitamente tenta desconectar vários

---

dificilmente seria possível alcançar uma compreensão da manifestação sexual a ser realmente observada em homens e mulheres" (FREUD, 1905b, p. 220).

[3] Sobre o complexo paterno na sintomatologia da neurose obsessiva, ver Van Haute; Geyskens (2010).

dos elementos que descobre em sua análise da neurose obsessiva do contexto específico dessa neurose e, então, busca apresentar esses elementos com fenômenos que também atuam de forma decisiva na histeria e na paranoia. Assim, a neurose obsessiva se torna o modelo a partir do qual todo o domínio das neuroses poderia ser pensado. Freud escreve, agora, sobre diversos conceitos que explicam como a mente humana opera *como tal* e podem ser aplicados *de modo secundário* à análise de várias neuroses. É assim que Freud abandona sua perspectiva patoanalítica; ele não observa mais o desejo humano *a partir* da perspectiva da patologia, mas observa a patologia a partir do ponto de vista de uma teoria psicológica geral que pode também ser aplicada às neuroses. Devemos pôr luz nessa mudança sutil (mas dramática) por meio de uma investigação sobre elementos que Freud descobre em sua análise da neurose obsessiva. Em *Totem e tabu*, Freud investiga a "onipresença de pensamentos" como uma característica típica da neurose obsessiva. O Homem dos Ratos, por exemplo, tem o sentimento perturbador de que aquilo que ele pensa, deseja ou teme realmente aconteceria logo em seguida. Se pensa em alguém que não vê há algum tempo, ele esbarraria naquela pessoa no dia seguinte. Se tem raiva e deseja que alguém sofra, essa pessoa morreria algumas semanas depois. Essas "previsões" alarmantes, que dão impressão de que pensamentos têm poder sobre incidentes reais, pertenceriam, eminentemente, à sintomatologia da neurose obsessiva. Ocorre que Freud, ao mesmo tempo, quer separar "a onipotência dos pensamentos" da sintomatologia específica da neurose obsessiva de modo a lhe dar um alcance mais amplo: "Não devemos nos iludir e supor que se trata de uma característica distinta dessa neurose específica [neurose obsessiva], porque a investigação analítica revela a mesma coisa também em outras neuroses [histeria e paranoia]" (FREUD, 1913a, p. 86). Na medida em que Freud tenta ilustrar a onipotência dos pensamentos na histeria, tal conceito imediatamente perde sua especificidade. Freud escreve que a onipotência dos pensamentos também tem um papel na histeria, já que "histéricos repetem em suas crises e fixam por meio dos sintomas [...] experiências que ocorreram daquela forma apenas em sua imaginação" (FREUD, 1913a, p. 86). É fato conhecido que fantasias e devaneios inconscientes, assim como uma subsequente alienação da realidade, formam uma parte importante da histeria. Se eles forem, contudo, também exemplos de onipotência dos pensamentos, como Freud argumenta, então o conteúdo desse conceito se torna vago. Aquilo que inicialmente se referia a uma experiência específica na sintomatologia da neurose obsessiva é dissolvido na ideia genérica de que fantasias inconscientes influenciam nossa relação com a realidade.

Não estamos defendendo que a teoria psicanalítica tenha de se limitar ao domínio estrito da clínica da patologia e evitar formulações gerais sobre a natureza humana. A psicanálise deveria, entretanto, pensar a natureza humana a partir dos diversos problemas da neurose e sua relação com formas culturais especificas. A análise freudiana sobre neurose obsessiva e religião coloca luz sobre um desses problemas comuns a todos os seres humanos. Não podemos, todavia, concluir daí que seja importante ampliar e generalizar os conceitos utilizados para explicar essa constelação neurótica obsessivo-religiosa particular de maneira a criar uma psicologia geral, independente desse campo específico.

O caso mais extremo e catastrófico de tal expansão e generalização é aquele do complexo paterno ou de Édipo. Na análise do Homem dos Ratos, a neurose obsessiva parece estar fortemente conectada à relação ambivalente com o pai. Uma reverência temerosa pelo Pai do Céu compensa um ódio rebelde recalcado contra ele (FREUD, 1909b, p. 239). Freud encontra aí um ponto de partida para a sua investigação acerca da ligação entre a origem da religião e o complexo paterno. Com base em diversas descobertas antropológicas, ele constrói o conhecido mito da horda primeva e do parricídio. Em algum momento, existiu um pai tirano primevo que tinha para si todas as mulheres. Ele perseguia ou castrava seus filhos se tocassem em suas mulheres. Mas os filhos banidos formaram um laço fraterno. Juntos, eles mataram o pai, beberam seu sangue e comeram seu corpo. Acontece que, no momento em que raiva deles diminui, os filhos sentem culpa e lamentam a morte do pai, pois não apenas o odiavam, também o amavam e o admiravam. Em razão dessa culpa, os filhos impõem para si duas interdições: o assassinato de membros do clã está proibido e, como resultado de obediência diferida (*nachträglich*) a seu pai, ter relações sexuais com mulheres do clã se torna um tabu. Freud diz que esse drama primário de parricídio, incesto, culpa e penitência está no cerne de toda religião (FREUD, 1913a, p. 147-148). Independentemente da credibilidade da crítica freudiana à religião, fica claro que ele defende que tudo aquilo que a "religião" produz está fortemente determinado por seu ponto de partida neurótico-obsessivo. Religião, para Freud, refere-se, primariamente, a sentimento de culpa, tabu e rituais que manifestam uma compulsão desmotivada. A religião, *tal como* a neurose obsessiva, é a expressão caricatural desses elementos. Segundo Freud, o drama da horda primeva não apenas explica a origem da religião, a proibição do parricídio e do incesto, mas também reflete "os dois crimes de Édipo, que matou o pai e casou com a mãe [...] os dois desejos primários das crianças, cujo recalcamento insuficiente ou redespertar formam talvez o núcleo de todas as psiconeuroses" (FREUD, 1913a, p. 132, grifo nosso, trad. modificada). Consequentemente, a teoria freudiana caminha de uma leitura do complexo de Édipo como um elemento da sintomatologia da neurose obsessiva (o típico amor/ódio à figura paterna do neurótico obsessivo) para uma generalização que situa o complexo de Édipo no cerne de todas as neuroses. Freud faz isso por meio de diversas especulações antropológicas acerca da origem das religiões. No processo, o complexo de Édipo perde a especificidade que possuía com relação à neurose obsessiva.

Esse alargamento e declínio do complexo de Édipo produz uma "edipianização" da histeria. O apego infantil de Dora a seu pai e o fato de que ela se comporta com um esposa ciumenta diante da relação entre seu pai e Frau K. passam a ser o cerne dos problemas histéricos de Dora, isto é, não são mais compreendidos como sintomas reativos que servem ao recalque do interesse homossexual de Dora por Frau K. Do mesmo modo, Frau K. agora se torna a substituta da mãe no esquema edipiano, e Herr K. e o próprio Freud se tornam os substitutos da figura paterna da infância.

A perturbadora *atualidade* do amor transferencial desaparece. A partir desse momento, o analista sabe *a priori* que os pacientes histéricos que por ele se apaixonam se permitem enganar por uma imitação das figuras edipianas originais. Trata-se da "transferência" de objetos do amor infantil para a relação com o analista. Na tradição psicanalítica, a transferência é "um processo de atualização de desejos inconscientes. A transferência utiliza objetos específicos e opera nos moldes de uma relação específica estabelecida com estes objetos. Seu contexto *par excellence* é a situação analítica: na transferência, modelos infantis ressurgem e são vivenciados com uma forte sensação de imediaticidade" (LAPLANCHE; PONTALIS, 1973, p. 455). A relação atual de Dora com Herr K. e Freud passa a ser compreendida como uma repetição de seu apego infantil a seu pai.

Na literatura psicanalítica, o caso Dora é frequentemente apresentado como uma benção disfarçada, um tipo de falha na terapia que foi essencial para a descoberta do amor transferencial. Contudo, talvez, essa "descoberta" seja também a maneira como Freud recua diante da perturbadora "realidade do amor em uma situação psicanalítica".[4] A loucura do amor, que Freud descobre na cura de histéricos, é desmontada por meio da compreensão desse amor como um repetição de um drama edipiano da infância: "Dito de outra maneira: uma série de experiências psíquicas prévias é revivida, não como algo passado, mas como um vínculo atual com a pessoa do médico" (FREUD, 1905a, p. 116). A tarefa do analista se torna, então, remeter a transferência novamente às figuras edipianas do passado, que estão na sua base. Dessa maneira a cura se torna um teatro nostálgico e uma peça de sombras. Tal "edipianização" da histeria e a concomitante interpretação do amor como "transferência" talvez seja também uma tentativa de evitar a "loucura histérica" do amor sem ter de dela fugir, como Breuer fugiu de Anna O.[5]

O posicionamento do complexo de Édipo no âmago de todas as neuroses caminha de mãos dadas com uma rejeição à importância da bissexualidade. O conflito psíquico na base das neuroses se torna uma batalha entre interesses do eu, de um lado, e os de reviver desejos edipianos, de outro. Não é um conflito entre diferentes tendências *sexuais*. No caso do Homem dos Lobos, Freud explicitamente resiste à sexualização do conflito psíquico: "Pareceria palpavelmente óbvio

---

[4] "Freud fica preso em uma luta sem fim para desfazer a transferência: há uma *mésalliance*, uma 'falsa conexão' ('eu não sou quem você pensa que sou'), pois paixões amorosas reaparecem com a transferência. Freud estava mais tranquilo com a análise da sexualidade infantil, que faz parte do passado, e com os devaneios a ela ligados do que com *a realidade do amor* em uma situação psicanalítica" (GREEN, 1972, p. 226, grifo nosso).

[5] Depois que Breuer fez desaparecer os sintomas de Anna O. por meio do método catártico, ela se apaixonou loucamente por ele, o que fez com que Breuer se sentisse profundamente embaraçado. Essa experiência assustadora o fez desconfiar do método catártico. Breuer deixou a elaboração de posteriores desenvolvimentos de suas ideias para o seu jovem colega entusiasmado, Sigmund Freud.

que o recalque e a formação da neurose haviam surgido do conflito entre as tendências masculina e feminina, ou seja, da bissexualidade. Essa visão da situação, no entanto, é incompleta. Dos dois impulsos sexuais conflitantes, um era egossintônico, ao passo que o outro feria o interesse narcísico do menino; foi por causa *disso* que o último sofreu recalque" (FREUD, 1918, p. 110, grifo nosso). O recalque surge do narcisismo do eu, não mais do conflito entre tendências masculinas e femininas.

Esse curto esboço do caminho que conduziu a teoria freudiana da bissexualidade ao complexo de Édipo depois de 1905 é suficiente para estabelecermos o ponto de partida de nossa leitura da "Sobre a psicogênese de um caso de homossexualidade feminina" (1920). Nesse caso, Freud se contrapõe ao limitado modelo psicogênico edipiano que desenvolveu nos anos anteriores. Ele também retorna à bissexualidade pela última vez. Questões referentes a trauma e a disposições são, do mesmo modo, discutidas mais explicitamente nesse trabalho.

Do complexo de Édipo à bissexualidade

A jovem homossexual que consulta Freud sem dúvida lhe lembra Dora. Ela é também uma garota de 18 anos, bonita, inteligente, de uma família distinta e que é encaminhada a Freud pelo pai, após uma tentativa malsucedida de suicídio. A análise dessa mulher homossexual também termina prematuramente. Diferentemente de Dora, no entanto, essa mulher não é, de modo algum, histérica. O que, então, teria a levado a Freud? Ela se apaixonou por uma mulher 10 anos mais velha que vem também de uma família proeminente, mas mantém um estilo de vida questionável. Os pais da jovem acreditam que a mulher mais velha seja um tipo de prostituta. Mas a jovem não deixa que isso a intimide. Ela dedica toda sua vida a honrar sua amiga. Ela negligencia seu próprio desenvolvimento, seus amigos e todos os interesses que não estão conectados a sua paixão. A única coisa que deseja é a presença de sua amada. Para ela, não é sobre sexo; a jovem, de fato, comporta-se como uma amante cortês. Os seus pais se opõem fortemente a essa paixão. A sua mãe está especialmente preocupada com o que as pessoas irão pensar, e o seu pai reage com uma raivosa indignação e uma atitude amarga.

A preocupação deles é ampliada em razão de não ser a primeira vez que sua filha se apaixona por uma mulher e por ela jamais ter demonstrado qualquer interesse pelo sexo oposto (FREUD, 2016a, p. 158). Seu interesse em meninos pequenos era, de fato, dirigido às suas mães (FREUD, 2016a, p. 158).

Certo dia, ao caminhar nas ruas de Viena com sua amiga, a jovem se depara com seu pai. Ela depara com um olhar nefasto e furioso ("um olhar furioso que não anunciava nada de bom", no original: "*einem zornigen Blick, der nichts Gutes ankündigte*") e segue caminhando (FREUD, 2016a, p. 159). Quando a mulher mais velha descobre que o homem com o olhar furioso é o pai da jovem, ela ordena que pare de encontrá-la e termina o caso. Após ouvir isso a garota se joga por sobre uma mureta em direção ao fosso da linha de trem vienense. Mais de uma vez, Freud enfatiza que essa foi uma tentativa séria de suicídio, felizmente, sem consequências permanentes. Após a tentativa de suicídio, os pais ficam tão preocupados que deixam de lado a reputação duvidosa da psicanálise e encaminham sua filha a Freud. A ele é atribuída a tarefa de trazê-la de volta ao estado de normalidade (FREUD, 2016a, p. 159). Freud diz, contudo, que vários elementos dificultam sua missão. A jovem não chega à análise em razão de sua vontade, mas é enviada por seus pais. Além disso, ela não consegue imaginar não ser homossexual. Em outras palavras, ela não sofre em razão de um conflito interno: "a jovem nem era doente – ela não sofria por razões internas, não reclamava sobre seu estado" (FREUD, 2016a, p. 162). Apesar desses obstáculos práticos, há uma base comum na "normopatia" de seus pais e de Freud com relação à homossexualidade. Como seu pai, Freud crê que ela *se tornou* homossexual. Ele até mesmo acredita que pode reconstruir "quase sem lacunas e com plena certeza" (FREUD, 2016a, p. 157) a origem e o desenvolvimento de sua homossexualidade. Como e por que razão, então, a jovem teria se tornado homossexual?

Freud acredita que a homossexualidade da jovem seja uma reação a um trauma edipiano. Quando ela tinha 16 anos de idade, sua mãe deu à luz um menino. Para a jovem de 16 anos essa foi uma grande afronta, pois ela inconscientemente desejava ter um filho de seu pai: "a jovem se encontrava na puberdade, na fase de renovação do complexo de Édipo infantil, quando a decepção se abateu sobre ela. Ficou claramente consciente para ela o desejo de ter um filho, na verdade um filho homem; sua consciência não podia saber que era um filho do pai e que deveria ser a imagem dele. Mas daí sucedeu o fato de não ter sido ela a gerar o filho, mas a concorrente odiada no inconsciente, a mãe. Furiosa e amargurada, afastou-se absolutamente do pai e dos homens em geral" (FREUD, 2016a, p. 170-171). O desejo heterossexual pelo pai é frustrado, e o fato de que o pai reage tão furiosamente à paixão homossexual de sua filha torna a homossexualidade uma arma de retribuição. A moça *se torna* homossexual como resultado de seu desapontamento com relação ao pai e continua *homossexual* em razão de vingança: "ela permanecia homossexual para desafiar o pai" (FREUD, 2016a, p. 173). Freud acredita que, no processo, outro motivo inspirado no Édipo tenha sido introduzido. Por meio de sua homossexualidade, a jovem evita a rivalidade feminina com a sua mãe (FREUD, 2016a, p. 173), "uma mulher ainda jovem, que claramente não queria renunciar à pretensão de agradar por sua própria beleza" (FREUD, 2016a, p. 160).

Uma teoria psicogênica edipiana como essa, que explica como alguém *se torna* homossexual (ou histérico, paranoico, masoquista ou de alguma maneira anormal), é extraordinariamente tranquilizadora, pois implica que uma real homossexualidade (histeria, paranoia ou masoquismo) não exista.[6] No caso da jovem homossexual, a homossexualidade seria meramente uma reação de desapontamento com relação a desejos *heterossexuais*.[7] Freud parece perceber que uma explicação psicogênica edipiana como essa não pode ser a última palavra. Sua incerteza inicialmente vem à superfície como uma recusa. Antes de explicar sua construção edipiana, ele observa: "A trama que revelarei em seguida *não* é um produto dos meus dons para concatenações; ela me foi sugerida por um material analítico tão digno de confiança que posso reivindicar para ele uma segurança objetiva" (FREUD, 2016a, p. 169, grifo nosso). A ênfase explícita de Freud na objetividade e na fidedignidade de sua interpretação provoca a suspeita de que sua autoconfiança esteja abalada. Sua confiança na fidedignidade de sua

---

[6] "Traçamos um panorama sobre as forças que transportaram a libido da jovem da *posição normal no Édipo até a da homossexualidade* e sobre os caminhos psíquicos percorridos no processo" (FREUD, 2016a, p. 183, grifo nosso).

[7] Ver Vandermeersch (2008).

construção edipiana é, mais tarde, minada pela reação de sua paciente. Quando Freud compartilha sua construção edipiana com a jovem, ela reage com uma evidente indiferença: "Certo dia, quando lhe expus uma parte especialmente importante da teoria, e que lhe dizia respeito, ela respondeu em tom inimitável: 'Ah!, mas isso é muito interessante!', tal como uma dama do mundo que é guiada ao longo de um museu e que olha, através de um monóculo, os objetos que lhe são completamente indiferentes" (FREUD, 2016a, p. 178). Freud não é o tipo de psicanalista que acredita que a falta de reconhecimento e aceitação de sua interpretação por parte de seus pacientes deva ser, em quase todos os casos, atribuída à resistência. Pelo contrário, a indiferença irônica da jovem lésbica o faz pensar.

Freud tenta imaginar por que razão ela teria se dirigido à homossexualidade em reação ao trauma edipiano. A amarga desilusão com relação a seu pai, por si, não a levaria à homossexualidade. Ela poderia também ter se tornado histérica, neurótica ou deprimida em reação a esse desapontamento: "Portanto, não queremos afirmar que toda jovem que experimenta uma decepção como essa no anseio amoroso derivado da posição do Édipo nos anos da puberdade necessariamente cairá, por isso, na homossexualidade. Ao contrário, outros tipos de reação a esse trauma serão mais frequentes. Mas então, no caso dessa jovem, fatores especiais devem ter sido decisivos, *fatores externos ao trauma, provavelmente de natureza interna*" (FREUD, 2016a, p. 184, grifo nosso). Segundo Freud, não precisamos nos esforçar muito para encontrar um fator especial de natureza interna: a jovem é homossexual pois sempre foi homossexual. Não apenas nunca demonstrou qualquer interesse por rapazes, como também, por um longo tempo, esteve apaixonada por uma rígida professora da escola. Seu interesse erótico por mulheres existia muito antes do nascimento de seu irmão mais novo e da repreensão de seu pai. Sua homossexualidade é "continuação *direta, sem alteração*, de uma fixação infantil na mãe" (FREUD, 2016a, p. 185, grifo nosso).

Se a jovem sempre foi homossexual, a construção edipiana de Freud parece se despedaçar. Não diz respeito a uma moça que passou da "posição normal no Édipo até a da homossexualidade" (FREUD, 2016a, p. 183). A explicação de Freud para essa transição inexistente, de repente, torna-se frágil. No último capítulo desse caso, ele apresenta uma interpretação completamente diferente. Devemos partir,

Freud diz agora, da *bissexualidade originária* de todos os seres humanos (FREUD, 2016a, p. 188). Em outras palavras, todas as pessoas são mais ou menos homossexuais, assim como heterossexuais. A corrente homossexual sempre foi mais forte na jovem homossexual, e por essa razão ela se torna manifestamente homossexual durante a puberdade: "Entusiasmos homossexuais, amizades exageradamente intensas e sensualmente matizadas são bem habituais em ambos os sexos nos primeiros anos após a puberdade. Foi assim também com a nossa jovem, mas essas inclinações se revelavam nela indubitavelmente mais fortes e duravam mais tempo do que nos outros. Acrescenta-se a isso que esses prenúncios da homossexualidade posterior sempre ocuparam sua vida consciente, enquanto a posição derivada do Édipo permaneceu inconsciente" (FREUD, 2016a, p. 185). Somente no contexto dessa interpretação, que tem a bissexualidade original em seu cerne, a construção edipiana de Freud pode ter alguma relevância. A interpretação edipiana, que, nos capítulos anteriores, buscava explicar de que modo a jovem caminhou da heterossexualidade para a homossexualidade, agora apenas indica como sua heterossexualidade latente se relaciona com sua homossexualidade manifesta. Freud escreve: "É possível que, com a nossa análise, também não tenhamos descoberto nada além do processo que, em ocasião apropriada, também transportou a corrente de libido heterossexual, mais profunda, para a homossexual, manifesta" (FREUD, 2016a, p. 168-185). O trauma edipiano (o desapontamento com seu pai, a gravidez de sua mãe e o nascimento de seu irmão) é, agora, transformado em uma "ocasião apropriada" para empurrar sua heterossexualidade latente para trás de sua homossexualidade manifesta.

Nesse estudo do caso da jovem homossexual, a bissexualidade retorna ao centro da teoria freudiana da sexualidade. No processo, o modelo psicogênico edipiano perde ao menos parte de sua importância. O modo de reviver o complexo de Édipo da jovem homossexual durante a puberdade apenas serve como oportunidade adequada para fortalecer sua homossexualidade manifesta. Não há mais um traço de uma *psicogênese* da homossexualidade como tal. A corrente homossexual foi sempre o mais forte componente de sua vida libidinal, e essa força é constitutivamente determinada. A conclusão desse caso deixa claro que a psicanálise deve colocar de lado suas pretensões psicogênicas e etiológicas: não é tarefa da psicanálise explicar como alguém se torna homossexual, histérico, masoquista ou qualquer outra coisa. Dora reage a suas experiências traumáticas com Herr K. de certa maneira pois ela é histérica; a jovem homossexual reage aos eventos em sua família de certa maneira pois ela é homossexual. Apesar de Freud enfatizar fortemente a disposição libidinal e a constituição hereditária nesse texto, ao mesmo tempo ele adverte o leitor de que não deve dar muita importância à distinção entre o que é constitutivo e o que é adquirido (FREUD, 2016a, p. 186). A distinção é, apesar disso, de extrema importância para uma compreensão do estatuto da teoria psicanalítica e do trabalho de cura. Talvez Freud tenha acentuado essa distinção em razão de acreditar – equivocadamente, cremos – que o alcance da cura psicanalítica é limitado àquilo que é adquirido. Ilustremos com um exemplo. Após afirmar que a jovem homossexual é já e desde sempre homossexual, Freud parece hesitar. Questiona sua própria afirmação, mais uma vez, por meio da observação de que ela tem um complexo masculino forte, que surge de uma inveja do pênis, a qual a dominou quando comparou sua genitália com a de seu irmão (FREUD, 2016a, p. 185). O fato de que ela se torna feminista durante a adolescência seria uma expressão de sua inveja do pênis. Ela defende os direitos e rebela-se contra a opressão das mulheres. Adicionalmente, ela não quer ter filhos, pois está muito feliz com sua beleza, algo que apenas passa a negligenciar por conta de sua forte paixão pela dama mais velha (FREUD, 2016a, p. 186). Uma explicação psicogênica freudiana clássica toma como ponto de partida o fato de que a inveja do pênis deve ser compreendida como um elemento importante da *etiologia* da homossexualidade, do complexo de masculinidade, da fixação infantil por sua mãe, do investimento narcísico em sua imagem, assim como de seu feminismo. De acordo com essa leitura, o objetivo da terapia seria retomar o confronto traumático com a diferença sexual para que, então, a jovem descubra que inveja do pênis, narcisismo e homossexualidade fazem parte de uma possível reação a esse trauma e que, agora, ela poderá escolher outro modo "mais saudável" e "mais maduro" de lidar com a diferença sexual.[8]

---

[8] E essa é uma versão moderada de um discurso ainda mais puritano sobre o amor genital na literatura anglo-saxã (FAIRBAIRN, 1941) e sobre a aceitação da castração na literatura francesa (SCHAEFFER, 2002).

Por outro lado, uma psicanálise que enfoca a constituição hereditária e a disposição libidinal não enxerga a inveja do pênis, o complexo masculino e a fixação na mãe como o núcleo traumático e infantil da etiologia da homossexualidade feminina. Ela compreende esses fatores como a *primeira expressão* de uma disposição libidinal que irá se expressar mais tarde em uma homossexualidade cortês, um interesse pela beleza e uma revolta feminista. A partir dessa perspectiva, a inveja do pênis pertence à sintomatologia da homossexualidade da moça lésbica, e não de sua etiologia. Esse é um dos modos como a disposição libidinal se expressa. Tal compreensão não propõe que a cura seja supérflua ou impossível, apenas requer uma forma diferente de pensar a direção da cura. O objetivo da cura não consiste em encontrar uma explicação psicogênica da homossexualidade, de histeria ou de masoquismo, consiste sim em traçar o caminho pelo qual uma constelação libidinal específica (homossexual, histérica, masoquista, melancólica...) se expressa em uma história de vida concreta, nos sonhos e sintomas, nas escolhas de vida mais importantes, assim como nos pequenos detalhes da vida diária. Se Freud tivesse optado de maneira mais explícita por essa perspectiva em sua análise da jovem lésbica, então, em vez de especular sobre como ela teria se tornado homossexual, talvez ele tivesse sido capaz de ajudá-la a descobrir formas de vivenciar e moldar sua homossexualidade.

Conclusão

Em "Sobre a psicogênese de um caso de homossexualidade feminina" (1920/2016a), o complexo de Édipo é desafiado novamente pela bissexualidade originária, que havia desaparecido da teoria psicanalítica após o caso Dora. A homossexualidade da jovem não é uma reação a um desapontamento com base em sua orientação edipiana normal, mas foi sempre sua mais forte corrente sexual (não obstante a permanência de uma corrente heterossexual latente e mais fraca): "desde os anos muito precoces, sua libido fluía em duas correntes, das quais a que está mais na superfície pode ser chamada, sem hesitação, de homossexual" (FREUD, 2016a, p. 185). A tensão evidente nos textos de Freud entre uma explicação baseada em uma bissexualidade originária e outra fundada no complexo de Édipo está ainda amarrada a outra questão mais fundamental. De acordo com a perspectiva freudiana, uma interpretação edipiana implica a possibilidade e a necessidade de uma explanação psicogênica. Em tal esquema, todas as neuroses e perversões têm de ser compreendidas como reações de defesa contra a angústia ou a desilusão que surgem do conflito edipiano. Nossa leitura de "Sobre a psicogênese de um caso de homossexualidade feminina" mostra que o próprio Freud, auxiliado pela indiferença da lésbica, duvida dessa perspectiva psicogênica. Impulsionado por tais dúvidas, ele retoma ideias que havia abandonado após o caso Dora. A homossexualidade da jovem lésbica e a histeria de Dora são expressões de *constelações libidinais, constitucionais, específicas*. Essas constelações libidinais buscam por "aplicações na vida" (FREUD, 1918, p. 71) e fazem uso de todas as "ocasiões apropriadas" para deixar suas marcas em tudo aquilo que cruza o seu caminho.

Depois de 1920, esse ponto de vista mais uma vez desaparece da teoria freudiana das neuroses. Junto com o complexo de castração, o complexo de Édipo se torna a base de toda a edificação da teoria psicanalítica. Com isso, no pensamento freudiano, emerge uma notável tensão entre uma perspectiva psicogênica e uma perspectiva patoanalítica. A ideia de que neuroses são distúrbios do desenvolvimento fundados em reações infantis a uma crise edipiana que, em teoria, poderia ser superada por meio de uma destruição psíquica e uma abolição do complexo de Édipo (FREUD, 1925, p. 177) está em uma relação antagônica com a tese de que neuroses revelam certa dimensão da existência humana que passa despercebida na vida mental "normal" (FREUD, 1933a, p. 58-59). Na psicanálise pós-freudiana, essa tensão perde sua força em detrimento de uma ênfase unilateral no modelo psicogênico. Ela retorna algumas vezes, mas apenas entre os mais importantes teóricos da psicanálise.[9]

---

[9] Como no trabalho de Melanie Klein. Klein acredita, por exemplo, que distúrbios psicóticos sejam exacerbações de tendências comuns a todos os seres humanos. Conclui, assim, que a vida emocional de todas as pessoas é determinada por interações entre posições esquizoparanoides e maníaco-depressivas. A teoria patoanalítica de Klein, contudo, também está sob a pressão da perspectiva psicogênica segundo a qual o desenvolvimento psíquico tem de levar de uma posição paranoide-esquizoide para uma posição depressiva. Psicóticos, então, não seriam mais aqueles indivíduos que, sucintamente, realizam uma possibilidade humana típica, são, em vez disso,

No próximo capítulo examinaremos a extensão em quem essa tensão está presente no trabalho de Jacques Lacan. Lacan é o mais interessante autor a examinar nesse momento, por duas razões. Em primeiro lugar, a histeria tem um lugar central em sua teoria e, em segundo lugar, mais do que qualquer outro psicanalista pós-freudiano, Lacan parece sintetizar o projeto de uma antropologia clínica da histeria. Examinaremos especialmente os comentários lacanianos ao caso Dora e basearemos nossa investigação na seguinte questão: a análise da histeria pode nos mostrar algo sobre o caráter verdadeiramente histérico do desejo ou devemos abordar a histeria como uma falha ou uma negação do que o desejo realmente é?

---

aqueles que, por uma ou outra razão, são malsucedidos na evolução em direção à fase depressiva. Não podemos, neste estágio, elaborar ulteriores explanações, para mais detalhes ver Geyskens e Van Haute (2003).

Capítulo 5
A releitura estruturalista de Dora formulada por Lacan

Introdução

O caso Dora tem um papel decisivo também na teoria lacaniana. Do início da década de 1950 em diante, Lacan frequentemente retorna a Dora. Relê esse caso à luz de suas ideias, que estavam em processo de transformação.[1] Durante a década de 1950, Lacan permanece, em grande medida, devedor da perspectiva edipiana, que ele reinterpreta à luz da antropologia estrutural de Lévi-Strauss. Consequentemente, o ponto de vista lacaniano sobre a histeria, de uma maneira geral, e do caso Dora, em particular, não é uma cópia dos trabalhos tardios de Freud sobre histeria e da tradição pós-freudiana. Um estudo dos trabalhos produzidos a partir desse período mostra as limitações do modelo edipiano no que se refere à patoanálise. Tal investigação torna claro que não só a interpretação psicogênica tradicional do complexo de Édipo, como também sua variação estruturalista estão em uma relação antagônica com a patoanálise.

---

[1] Os mais importantes trabalhos sobre esse assunto são os seguintes: "Intervenção sobre a transferência" (LACAN, 1966, p. 176-188); *As psicoses* (LACAN, 1955-56, p. 161-182); *La relation d'objet* (LACAN, 1956-57, p. 95-147); *Les formations de l'inconscient* (LACAN, 1957-58, p. 355-403); *L'angoisse* (LACAN, 1962-63, p. 119-153); *O avesso da psicanálise* (LACAN, 1969-70, p. 87-142) e *Mais, ainda* (LACAN, 1972-73, *passim*). Para um panorama detalhado da leitura de Lacan de *Fragmento da análise de um caso de histeria*, ver Voruz (2007).

Lacan não apenas relê "Dora", ele também desenvolve sua própria teoria da patologia e de seu significado para a compreensão da existência humana por meio de um engajamento contínuo em vários casos estudados por Freud.[2] Os comentários de Lacan a respeito de "Sobre a psicogênese de um caso de homossexualidade feminina" (discutido com profundidade no capítulo anterior) são especialmente relevantes. Aqui, Lacan explicitamente acolhe o projeto de uma patoanálise da existência. Adicionalmente, em seus trabalhos das décadas de 1960 e 1970, Lacan desenvolve uma teoria da feminilidade e da sexuação que pode ser lida com uma nova antropologia clínica da histeria. Por todas essas razões, o trabalho de Lacan é especialmente adequado para nos auxiliar na investigação que se segue acerca do significado da antropologia clínica freudiana. Neste capítulo discutiremos os comentários de Lacan da década de 1950 sobre o caso Dora – em particular, seus comentários sobre esse caso em *La relation d'objet (A relação de objeto)* (LACAN, 1956-57). No próximo capítulo, articularemos esses comentários à leitura de Lacan de "Sobre a psicogênese de um caso de homossexualidade feminina". Assim, tentaremos esclarecer em que extensão e de que maneira o ponto de vista lacaniano da década de 1950 está associado ao projeto de uma antropologia clínica.

Estrutura *versus* psicogênese

Em uma primeira olhada, os textos lacanianos sobre "Dora" do início da década de 1950 parecem estar fortemente ligados à tradição edipiana. Como indicamos anteriormente, essa tradição não combina com os textos freudianos e torna obscura uma problemática mais fundamental. Não devemos, contudo, concluir daí que a releitura lacaniana não seja nada mais do que uma mera repetição da clássica interpretação edipiana desse caso. Com base na antropologia social

---

[2] Pode-se pensar, por exemplo, em "Le mythe individuel du névrosé" (LACAN, 1953) sobre o "Homem dos Ratos", no seminário sobre *As Psicoses* (LACAN, 1955-56) centrado no "Senate President Schreber", no seminário *La relation d'objet* (LACAN 1956-57) em que, além do estudo sobre "Dora", Lacan submete os estudos freudianos o *Pequeno Hans* (FREUD, 1909) e a *Psicogênese de um Caso de Homossexualidade Feminina* (FREUD, 1920) a um exame crítico.

e cultural de Lévi-Strauss,[3] mais especificamente, em *As estruturas elementares do parentesco* (LÉVI-STRAUSS, 1949), Lacan compreende o complexo de Édipo freudiano nos termos de uma interpretação histórica do tabu do incesto, que implica a obrigatoriedade da exogamia. A exogamia estaria, então, na base da sociedade. Sobre esse assunto Lévi-Strauss escreve o seguinte: "Isso significa que na sociedade humana um homem deve obter uma mulher de outro homem, que lhe dá uma filha ou irmã [...] na sociedade humana, é o homem que troca a mulher e não vice-versa" (LÉVI-STRAUSS, 1969, p. 46-47). Lacan usa essa ideia para escapar de uma perspectiva psicogênica.[4]

A inserção do complexo de Édipo realizada por Freud caminha ao lado do abandono da perspectiva patoanalítica em favor de uma abordagem psicogênica. A reinterpretação lacaniana do complexo de Édipo é uma tentativa explícita de superar tal ponto de vista psicogênico. Lacan não pretende pensar como o desenvolvimento psicossexual de uma criança pode ser compreendido, quer sim investigar as diferentes posições em uma estrutura relacional, que determina significados e afetos relevantes em nossas vidas. Em outras palavras, o interesse de Lacan não está no desenvolvimento do sujeito, mas em seu lugar em uma estrutura.

A reinterpretação lacaniana do complexo de Édipo lhe permite reformular a problemática subjacente à histeria. A histeria de Dora se refere a sua posição em uma estrutura relacional, expressa sua batalha com a *questão acerca do que significa ser uma mulher* (LACAN, 1955-56, p. 195-205) e sua incapacidade de dar uma resposta adequada. Seu amor exclusivo por seu pai torna impossível para ela aceitar um papel de objeto de troca, que seria, estruturalmente, seu destino como mulher.[5]

---

[3] Sobre a importância de Lévi-Strauss para o pensamento lacaniano, ver Zafiropoulos (2003); Tardits (2009).

[4] Sobre Dora, Lacan escreve, por exemplo: "Como explica o sr. Claude Lévi-Strauss em *As estruturas elementares do parentesco,* a troca de laços de aliança consiste exatamente no seguinte: *Eu recebi uma mulher e devo uma filha*" ("*Comme Lévi-Strauss l'explique* [...] *l' échange des liens de l'alliance consiste exactement en ceci – J'ai reçu une femme et je dois une fille*") (LACAN, 1956-57, p. 143).

[5] Dessa forma e em contraste com Freud, Lacan parece reposicionar a histeria como uma patologia especificamente feminina. A histeria é conectada à impossibilidade de aceitar o *típico* papel *feminino* nas relações de parentesco. Lévi-Strauss escreve que *apenas* mulheres são objetos de troca em relações de parentesco. Esse é, simultaneamente, um dos motivos pelos quais os textos lacanianos da década de 1950 estão de certo

Assim, também podemos compreender por que Lacan – diferentemente de Freud – não considera mais a repulsa à sexualidade um fenômeno primário da histeria. Repulsa não seria o exagero de um recalque "orgânico" da sexualidade. Segundo Lacan, ela derivaria da incapacidade de assumir o papel de objeto de troca prescrito pela estrutura da sociedade humana.[6] O lugar que Dora ocupa em certa estrutura, de acordo com Lacan, também tornaria inteligível outra característica fundamental da disposição histérica: a bissexualidade.[7] A referência a uma estrutura simbólica substituiria, aqui, a referência a uma disposição orgânica.

Lacan não só busca superar a interpretação psicogênica do complexo de Édipo, como também, ao fazer isso, parece confirmar, mais uma vez, a perspectiva patoanalítica como uma hipótese básica que caracteriza os trabalhos iniciais de Freud.[8] Em seu seminário sobre *Les formations de l'inconscient* (*As formações do inconsciente*) (LACAN, 1957-58), Lacan escreve, por exemplo, que a histeria nos leva a confrontar uma situação que caracteriza essencialmente a existência humana e sustenta-se na ruptura ou cisão (*Spaltung*) entre desejo e demanda (LACAN, 1957-58, p. 363-364). Lacan escreve que "a histeria é uma estrutura primordial na relação entre o ser humano e o significante".[9] Isso no faz perguntar se seria, de fato, o complexo de Édipo que estaria em desacordo com o projeto de uma antropologia clínica e uma patoanálise da existência. Não seria, em vez disso, a interpretação psicogênica desse complexo que se mostraria irreconciliável com o projeto? Essa pergunta pode apenas ser respondida por meio de uma leitura cuidadosa dos comentários lacanianos acerca do caso Dora e de "Sobre a psicogênese de um caso de homossexualidade feminina" (que discutimos no capítulo anterior).

---

    modo em uma relação antagônica com o projeto de uma antropologia clínica tal como o discutimos. Posteriormente retornaremos a essa questão.

[6] Essa incapacidade está ligada à incapacidade de distinguir desejo (*désir*) e demanda (*demande*). Esse tema será extensamente discutido adiante.

[7] A maneira exata como essa estrutura deve ser compreendida se tornará mais clara posteriormente.

[8] Contudo, tal como mencionado na nota 5, o ponto de vista lacaniano a respeito dessa problemática permanece ainda fortemente ambíguo nos trabalhos que discutimos aqui. Retornaremos a esse ponto neste capítulo e no próximo.

[9] "[...] *dans le rapport de l'homme au signifiant, l'hystérique est une structure primordiale*" (LACAN, 1957-58, p. 365).

Nos capítulos anteriores mostramos como Freud, nesses dois trabalhos, evoca a hipótese de uma disposição à bissexualidade. Essa referência está completamente ausente em Lacan, mas isso não o impede de considerar, tal como Freud, os dois casos como expressões do mesmo problema. Diferentemente de Freud, contudo, Lacan não conecta essa problemática à bissexualidade, mas às vicissitudes do complexo de Édipo feminino, que ele continua a interpretar de maneira clássica.

O complexo de Édipo feminino: frustração e presente

Nesse contexto, Lacan utiliza o artigo freudiano "A organização genital infantil" (FREUD, 1923) – que, segundo Freud, deve ser lido como um complemento a *Três ensaios sobre a teoria da sexualidade*[10] – e completa a progressiva "edipianização" e "falicização" desse trabalho. Em sua leitura, Lacan enfatiza o que chama de "a primazia da assunção fálica" ("*le primat de l'assomption phallique*") (LACAN, 1956-57, p. 96).[11] Ele se refere aqui à tese freudiana segundo a qual, durante a fase fálica da sexualidade infantil, ambos os sexos interpretam a diferença sexual em termos da presença ou ausência do órgão genital masculino. Para Freud, o confronto com a castração anuncia o início do complexo de Édipo feminino. Após esse confronto, a criança do sexo feminino vira as costas para a mãe, que não pôde fornecer o órgão sexual desejado. A menina dirige-se, agora, ao pai. Espera que ele desfaça a falta que experimenta (FREUD, 1931).[12]

De acordo com Lacan, a criança é, primariamente, confrontada com uma possível ausência do falo no contexto da experiência corporal imaginária, da qual o estágio de espelho é o paradigma. Na lógica "imaginária" do estágio de espelho,[13] a ausência do falo pode apenas ser compreendia como acidental e, em princípio, reversível.

---

[10] Outrossim, Freud fornece a seu trabalho sobre "A organização genital infantil" o seguinte subtítulo: "uma interpolação na teoria da sexualidade".

[11] Ver também Lacan (1956-57, p. 97).

[12] Por um extenso comentário crítico sobre a problemática do falocentrismo psicanalítico, ver Van Haute (2005).

[13] De acordo com a teoria do estágio de espelho, o eu é formado por meio de uma identificação com a imagem do nosso corpo (ou do corpo de pares). A identidade que resulta dessa identificação é, em tese, completa. O eu não aceita qualquer falta ou desigualdade. Se a falta ou a desigualdade ocorrer, ela é compreendida apenas

O que está faltando pode ser tornar disponível – posso reivindicá-lo, se necessário. Em outras palavras, a jovem compreende o falo, em um primeiro momento, como uma parte integrante de seu corpo; é seu *de direito* (LACAN, 1956-57, p. 101).[14] Ou, ainda mais diretamente ao ponto, de acordo com Lacan, a jovem vivencia o falo *em um nível inconsciente* como um órgão que foi lhe negado por alguém que pode reverter essa deficiência. Segundo Lacan, isso significa que a ausência do falo é, aqui, experimentada como uma *frustração*.[15]

Tudo isso implica, de acordo com Lacan, que o objeto não é tão importante para o problema da frustração quanto o é *o amor* da pessoa que pode dar ou negar esse objeto. O objeto aqui é, de fato, sobretudo, um sinal de amor. Não é tanto o objeto da frustração, Lacan conclui, mas um objeto como um presente ("dom") (LACAN, 156-57, p. 101). A ausência do objeto é experimentada como uma negação de amor. Assim, também passamos a compreender o que Lacan quer dizer ao escrever que "amar é dar o que não se tem" (LACAN, 1956-57, p. 140). Para entendermos melhor essa questão, podemos partir da experiência que temos quando, ao recebermos um presente, dizemos: "o que vale é a intenção". Queremos dizer que o presente está subordinado ao amor que expressa. O amor excede todo presente que o expresse. O amor que recebemos e o amor que damos transcendem os objetos que simbolizam esse amor: "pois o que estabelece a relação de amor é que o dom é dado, se podemos dizê-lo, em troca de nada".[16] Em outras palavras, o amor não se dirige à obtenção de um objeto que poderia o justificar. Isso também quer dizer, até certo ponto, que um presente sempre e inevitavelmente tem um caráter de gratuidade (LACAN, 1956-57, p. 101). Ele não pode ser reduzido a motivos vitais ou utilitários (LACAN, 1956-57, p. 140). O amor e o presente nos levam para além da ordem da pura satisfação de um cálculo utilitarista (LACAN, 1956-57, p. 125).

---

como algo efêmero; a igualdade/identidade pode, ao final, ser restaurada. Para mais detalhes, ver: Van Haute (2002a, p. 82-89).

[14] De outro lado, nesse ponto, o menino percebe o falo como um órgão que poderia perder e que está, portanto, sob constante ameaça.

[15] Formulamos de maneira breve a distinção entre a frustração (imaginário) e a castração (simbólico).

[16] "[...] *car ce qui établit la relation d'amour, c'est que le don est donné, si l'on peut dire, pour rien*" (LACAN, 1956-57, p. 140).

A jovem espera que seu pai lhe dê o que ela não tem: o falo. Ou, mais precisamente, ela espera inconscientemente que o pai lhe dê uma criança como um substituto do falo perdido (LACAN, 1956-57, p. 124). Ela experimenta essa falta como uma frustração e a (possível) obtenção do falo como um sinal de amor do pai. O que inicialmente passa despercebido (mas, simultaneamente, garante que essa dinâmica não leve inevitavelmente a um impasse irresolvível) é o fato de que o presente pertence à ordem simbólica (LACAN, 1956-57, p. 101). A pessoa que dá inevitavelmente faz isso de acordo com regras que determinam o que pode ser dado a quem. O sistema simbólico ordena, em outras palavras, as formas como objetos podem ser trocados (LACAN, 1956-57, p. 123).

A demanda da filha pelo amor paterno está inevitavelmente determinada por regras e tem de ser ajustada também de acordo com regras. O tabu do incesto proíbe o presente do falo e, destarte, da criança que a jovem tem a expectativa de que seja um substituto daquele (LACAN, 1956-57, p. 98). Já sabemos que, influenciado por Lévi-Strauss, Lacan reinterpreta esse tabu e o complexo de Édipo freudiano com base em uma ordem exogâmica que comanda a troca de mulheres. Ainda, segundo Lacan, o tabu do incesto (e toda a tradição psicanalítica) refere-se à satisfação (última) impossível do desejo.[17] Consequentemente, superar o complexo de Édipo significa não apenas aceitar uma criança de um terceiro, que não é o pai (LACAN, 1956-57, p. 98), mas também aceitar que nenhum objeto pode satisfazer completamente o desejo.

A leitura lacaniana de *Fragmento da análise de um caso de histeria* (Dora)

Estamos agora em uma posição apropriada para examinar criticamente a leitura lacaniana de "Dora" em seu quarto seminário, *La relation d'objet*. A interpretação lacaniana desse caso é totalmente construída em torno da relação de Dora com seu pai. Segundo Lacan, o amor de Dora por seu pai atua de modo determinante e certamente decisivo em sua patologia. Em outras palavras, Lacan formula uma interpretação tradicional e edipiana do problema de Dora: "Dora é

---

[17] A fantasia do incesto é, no final das contas, muito frequentemente interpretada como a substituição fantasmática da satisfação última do desejo.

uma histérica, isto é, alguém que chegou ao nível da crise edipiana, *e* que ao mesmo tempo pôde e não pôde ultrapassá-la". [18]

O que chama imediatamente a atenção no caso Dora, diz Lacan, é a sua reinvindicação, para além de qualquer possibilidade de compromisso, da afeição de seu pai. A relação dele com Frau K. teria privado Dora de tal afeição (LACAN, 1956-57, p. 137). Devemos explicar melhor o que Lacan quer indicar ao escrever sobre tal reivindicação. Ela apenas emerge após um logo período durante o qual Dora não parece ter qualquer problema com a relação entre seu pai e Frau K. Aliás, Dora, por muito tempo, faz tudo o que pode para facilitá-la. De tempos em tempos, ela cuida das crianças de Frau K., por exemplo, permitindo que a mulher fique por um tempo ininterrupto na companhia de seu pai. O que temos a explicar – diz Lacan, seguindo Freud – é a mudança repentina de atitude a respeito de uma relação que Dora considerou não problemática e de que, até aquele ponto, participou ativamente. Essa mudança deve ser considerada, Lacan escreve, em sua conexão com o pano de fundo do especial "apego homossexual"[19] de Dora a Frau K. (que examinamos em nossa investigação acerca da interpretação freudiana da patologia de Dora). Não podemos compreender adequadamente a mudança na atitude de Dora sem considerar a razão e o modo como esse apego se realizou. Mais precisamente, precisamos compreender o contexto estrutural no qual esse apego se opera e do qual deriva seu significado.

Para compreender a leitura lacaniana de "Dora", devemos, inicialmente, esclarecer o papel crucial que a "impotência" do pai de Dora possui em sua interpretação. Lacan está, aqui, referindo-se à crença de Dora de que Frau K. apenas ama seu pai pois ele é um homem "rico" (*vermögend*). Sem muito polemizar, Freud conclui que Dora está também afirmando, de maneira implícita, o inverso dessa declaração, isto é, que seu pai é impotente (*unvermögend*), no sentido sexual da palavra (FREUD, 1905a, p. 47). Muito embora tal declaração tenha um

---

[18] "*Dora est une hystérique, c'est-à-dire quelqu'un qui est venu au niveau de la crise œdipienne, et qui à la fois a pu et n'a pas pu la franchir*" (LACAN, 1956-57, p. 139). Ver também Lacan (1957-58, p. 368).

[19] Colocamos "apego homossexual" entre aspas pois Dora não é homossexual. Retornaremos a esse ponto ao compararmos a leitura de Lacan do caso Dora com sua interpretação da investigação freudiana sobre a jovem homossexual.

papel insignificante na interpretação freudiana, Lacan acredita que ela atinge o âmago da problemática de Dora (LACAN, 1956-57, p. 139). Estava claro para Dora, desde o princípio, diz Lacan, que seu pai não seria capaz de realizar completamente o seu papel na problemática edipiana. Para que seu pai pudesse cumprir o seu papel na mente de sua filha, ele teria de ser suficientemente viril. Só assim ele poderia lhe recusar um filho.

No entanto, isso não fornece a Dora uma razão para dar as costas a seu pai. Dora permanece apegada ao pai, apesar do fato de ele ser incapaz de realizar seu papel simbólico. "O amor que ela tem por esse pai", escreve Lacan, "é então estritamente correlativo e coextensivo à diminuição deste".[20] Lembremo-nos, sobretudo, de que as várias identificações de Dora com seu pai, que testemunham seu apego, estão sempre ligadas a sintomas de sua doença e de sua fraqueza (sua tosse, por exemplo). Essa conexão entre o amor de Dora por seu pai e sua deficiência pode apenas ser compreendida, segundo Lacan, a partir de uma perspectiva edipiana. O que isso significaria?

Para Lacan, Dora alcançou o nível da "crise edipiana". Na lógica do texto que estamos discutindo, isso apenas pode significar que ela espera inconscientemente um filho com seu pai de modo a compensar o falo ausente. A "impotência" de seu pai, contudo, torna isso, desde o início, impossível. Para salvar sua ligação com o pai, Dora leva a dinâmica do amor até o limite. Como vimos, Lacan relaciona o amor a dar aquilo que não temos ("*le don de ce qu'on n'a pas*"). O amor que recebemos e o amor que damos transcendem os objetos que os simbolizam. Dora leva esse argumento ao extremo.[21] Ela demonstra um amor completamente desinteressado por seu pai e, ao fazer isso, indica que o amor, em última análise, não se refere ao objeto ou aos objetos trocados no contexto da relação amorosa. O fato de que seu pai não pode dar o que ela espera não é motivo suficiente para que dê as costas a ele. De fato, o que ocorre é exatamente o oposto: Dora o ama pelo que ele não pode dar. Não podemos

---

[20] "*L'amour qu'elle a pour ce père est alors strictement corrélatif et coextensif à la diminution de celui-ci*" (LACAN, 1956-57, p. 140).

[21] No trabalho discutido aqui, permanece pouco clara a razão pela qual Dora se recusa a abandonar seu apego por seu pai, apesar de sua "impotência". Apenas por meio da inserção do "discurso do mestre" isso se torna realmente evidente. Discutiremos esse ponto extensamente no capítulo 7.

compreender qualquer coisa sobre esse caso, diz Lacan, se o separarmos dessa posição primitiva e irredutível, que continuará determinante até o final (Lacan, 1956-1957, p. 141).[22]

Após a sua ruptura com Dora, Freud teve de reconhecer que ele subestimou sua "ligação homossexual" com Frau K. (Lacan, 1956-57, p. 138). Lacan afirma que Dora está libidinalmente ligada a Herr K. e que ele se interessa por ela. Mas Lacan diz também que outra coisa está em jogo na relação com Frau K. (Lacan, 1956-57, p. 138). Para Freud, o desejo de Dora por ou o seu apego a Herr e Frau K., respectivamente, não necessitam de ulteriores esclarecimentos. Lacan, de outro lado, em conformidade com a tradição psicanalítica, conecta essa dupla ligação à relação de Dora com seu pai. Devemos, em primeiro lugar, perguntar como poderíamos compreender o significado de Frau K. para Dora e o apego de Dora a ela.

"Frau K.", escreve Lacan, "é a pergunta de Dora".[23] De fato, muito embora seja amado por Dora da maneira mais altruísta possível, seu pai aparentemente está mais interessado em Frau K. e estabelece um relacionamento com ela. Assim, Frau K. se mostra, para Dora, como alguém que seu pai pode amar, para além de Dora. Para Dora, Frau K. é a encarnação do que significa ser uma mulher. O que meu pai, apesar do meu compromisso e amor altruísta, ama em Frau K.? *O que é uma mulher?* (Lacan, 1955-56, p. 181-205; 1956-57, p. 141). Dora se apega, Lacan argumenta, àquilo que seu pai pode amar em outra mulher, embora não saiba exatamente o que é ou o que pode ser. Ela se identifica, em outras palavras, com o objeto de desejo de seu pai (Lacan, 1956-57, p. 141-142). Essa problemática se refere à posição simbólica de Dora como sujeito (feminino) desejante.

A identificação com o objeto de desejo do seu pai permite que Dora participe de seu amor por Frau K. (Lacan, 1956-57, p. 142, 144). Dora estará satisfeita desde que se pai continue a ansiar por Frau K. (Lacan, 1956-57, p. 142). Isso a tranquiliza. Essa situação é simbolizada de várias maneiras. Segundo Lacan, não apenas o pai "impotente" com-

---

[22] O significado preciso dessa "posição primitiva e irredutível" apenas se tornará claro adiante, ao discutirmos o sonho da bela açougueira, em que consideraremos a relação entre desejo e necessidade na histeria.

[23] "*Mme K., c'est la question de Dora*" (Lacan, 1956-57, p. 13).

pensa de diferentes formas (considere-se, por exemplo, os presentes que ele dá[24]) a ausência de sua presença viril (*présence virile*) na companhia de Frau K., como também Dora compartilha de sua generosidade, de maneira que ela, de fato, participa da posição de Frau K. Assim, a ligação de Dora com seu pai, Lacan conclui, realiza-se em uma relação triangular entre ela, Frau K. e seu pai (LACAN, 1956-57, p. 142).[25]

Somente essa relação triangular não é, contudo, suficiente para explicar a posição subjetiva de Dora. Dora também tenta estabelecer uma relação triangular com Frau K. (LACAN, 1956-57, p. 142). O completo significado da paixão de Dora por Herr K. se torna claro aqui. Segundo Lacan, ela expressa o apego de Dora por Frau K. A mulher histérica ama *por procuração*: o objeto do seu desejo tem um caráter homossexual, mas ela o aborda por meio da identificação com alguém do sexo oposto (LACAN, 1956-57, p. 138, 142). No caso de Dora, é Herr K. Lacan afirma que "o eu (*moi*) – e somente o eu – de Dora fez uma identificação com um personagem viril, que ela é o Sr. K.".[26] Dessa vez não estamos lidando com a identificação de Dora com o objeto do desejo de seu pai e, nesses termos, com sua posição simbólica como sujeito (feminino); mas com a maneira como ela tenta ganhar acesso a esse objeto. Lacan afirma que a identificação de Dora com Herr K. tem um caráter narcísico e imaginário (LACAN, 1956-57, p. 138). Em princípio, identificações imaginárias transformam o eu no modelo do objeto. Apesar de tais identificações não se sustentarem na posição simbólica do sujeito, elas influenciam formações do "eu" (*moi*), cujo sentido pode apenas ser determinado pelo simbólico. Dora, portanto, identifica-se com Herr K. (imaginário) *porque* ela está interessada em Frau K. Frau K. encarna, para Dora, o enigma da feminilidade e, portanto, de sua posição simbólica como um sujeito. Simultaneamente, essa identificação imaginária esconde a verdadeira

---

[24] Sobre esse assunto, Freud escreve, por exemplo: "Em outra ocasião, mais triste do que com raiva, ela me disse estar convencida de que os presentes que o pai lhe oferecia eram escolhidos por Frau K., pois reconhecia seu gosto. De outra feita ainda, ela assinalou que a haviam presenteado, evidentemente por intervenção de Frau K., com algumas joias que eram exatamente idênticas às que vira na casa dela, expressando então em voz alta o desejo de possuí-las" (FREUD, 1905a, p. 61-62).

[25] Em breve conectaremos essa problemática ao desejo histérico de um desejo insatisfeito.

[26] "[...] *que le moi – et seulement le moi – de Dora a fait une identification à un personnage virile, qu'elle est M.K*" (LACAN, 1956-57, p. 138).

problemática da histeria ("simbólica"). Por meio da identificação com Herr K., Dora não apenas ganha acesso ao objeto do desejo de seu pai, mas também camufla o caráter homossexual de sua escolha de objeto. Para Dora, assim como para aqueles que estão próximos a ela, parece que a paixão por Herr K. está no cerne de sua problemática.[27]

Freud liga a histeria (mais especificamente o complexo jogo entre identificações e escolhas de objeto que determinam a história da vida de Dora) a uma disposição bissexual universal e irredutível. Lacan, de outro lado, interpreta essas identificações e escolhas de objeto como expressões de uma problemática estrutural que se refere à questão sobre o que significa ser uma mulher e, subsequentemente, a uma busca pelo significado da diferença sexual. Dora se identifica com ambos, Frau e Herr K., e tais identificações expressam a sua batalha com essa problemática, que está inscrita na estrutura do simbólico. Lacan não acredita, portanto, que estas identificações surjam de uma disposição orgânica bissexual. Diferentemente da abordagem naturalista de Freud, para Lacan, essas identificações não estão situadas no mesmo registro. A identificação com Frau K. tem um caráter simbólico específico, ao passo que aquela com Herr K. tem uma natureza imaginária. A melhor maneira de ilustrar as consequências dessa reconstrução é ligar a leitura lacaniana de "Dora" a ideias que ele trabalha em outro lugar, como o esquema L.

Dora e o esquema L

Lacan ilustra sua leitura do caso Dora nos termos do esquema L. Ele, inicialmente, desenvolve o esquema L no segundo seminário sobre *O eu na teoria de Freud e na técnica da psicanálise* para explicar a relação entre imaginário e simbólico na prática psicanalítica (LACAN, 1954-55, p. 243-244).

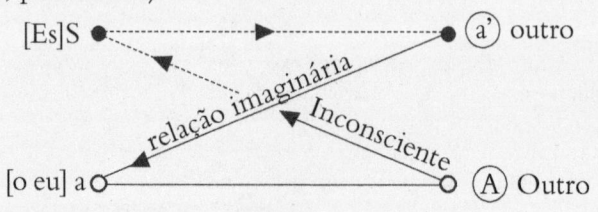

[Es]S •----------▶ (a') outro
       ╲   relação imaginária   ╱
        ╲   ╱
         ╲   Inconsciente   ╱
[o eu] a ○──────────────────○ (A) Outro

---

[27] Devemos lembrar, neste ponto, que, de acordo com Freud, a primeira hipótese corresponde, definitivamente, ao caso.

A linha que vai de A até S se refere ao sujeito do inconsciente (S), que é efeito da ordem da linguagem e da lei. Lacan chama essa ordem de o Outro (*L'Autre*) e usa o A maiúsculo para indicá-la. A flecha vai de A até S, pois o sujeito apenas existe como um efeito do Outro. O sujeito é determinado e formado por um Outro que o transcende. Em seu caminho para S, essa flecha encontra outra flecha, que conecta (a') e (a). A linha entre (a') e (a) se refere à ordem do imaginário. Assim, (a) indica o eu, e (a'), a imagem do outro com a qual o eu se identifica. A flecha, aqui, segue de (a') até (a), pois o eu, ao manter a lógica do estágio de espelho, é formado de acordo com o modelo da imagem do outro. O sujeito do inconsciente não tem acesso a si mesmo. Segundo Lacan, esse sujeito não sabe que está falando, muito menos o que está falando. Ele está sob o domínio da ordem simbólica da linguagem, à qual está sujeitado. Ele não controla seus efeitos.[28] Ao mesmo tempo, o sujeito se "vê" em (a). Por essa razão a flecha que vai de A até S se torna uma linha pontilhada nos lugares em que atravessa o eixo imaginário. O sujeito acredita que coincide com a maneira como ele se compreende ou, mais precisamente, com a imagem (a) que tem de si. Por essa razão o eu é a instância do falso reconhecimento (*méconnaissance*), responsável por o sujeito do inconsciente não ter acesso imediato a si mesmo ou, melhor dizendo, ver-se em um lugar em que não está. O significado desse eixo imaginário apenas fica claro a partir da perspectiva do reino do simbólico que o determina (LACAN, 1954-55, p. 244). Estamos agora em uma posição adequada para avançar na ilustração desse esquema por meio do que sabemos sobre a interpretação lacaniana de Dora.

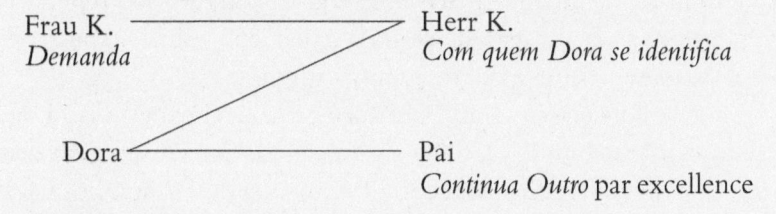

Frau K. ———————————— Herr K.
Demanda   *Com quem Dora se identifica*

Dora ←———————————— Pai
                               Continua Outro par excellence

---

[28] "Em outras palavras, a linguagem está aí para nos encontrarmos no Outro, assim como para evitar que possamos compreendê-lo. É isso que, de fato, o que está em jogo na experiência analítica" (LACAN, 1954-55, p. 244).

No eixo do simbólico, o pai de Dora aparece na parte de baixo e do lado direito; Frau K. está na parte de cima e do lado esquerdo. Dora ama seu pai, que é, ao mesmo tempo, o terceiro simbólico (A) na relação com a mãe. Esse eixo simbólico – a relação entre Dora, seu pai e Frau K. – refere-se ao enigma da feminilidade e, portanto, à posição de Dora como sujeito. Dora, contudo, não tem acesso direto a essa problemática e à escolha do objeto homossexual que a expressa. Pelo contrário, ela se "vê" no eixo imaginário, que indica sua identificação e seu apego a Herr K. Para Dora e para aqueles que a cercam, a paixão de Dora por Herr K. parece ser um fenômeno independente que não requer ulteriores esclarecimentos. É, no entanto, essa identificação imaginária com Herr K. que lhe fornece acesso a Frau K. (o objeto de desejo de seu pai e a encarnação do enigma da feminilidade), com quem ela também se identifica. É essa problemática simbólica que, subsequentemente, determina o significado da relação imaginária.

A lição de Lévi-Strauss

Como apontamos anteriormente, na presença de Freud, Dora reivindica, sem qualquer possibilidade de compromisso, a afeição do pai, que supostamente lhe teria sido negada em razão do relacionamento deste com Frau K. (LACAN, 1956-57, p. 137). Segundo Lacan, a intervenção freudiana nessa situação impulsiona uma importante transformação. Freud pergunta a Dora de que maneira ela estaria envolvida e participaria dessa relação (LACAN, 1956-57, p. 137). A descrição e a tematização lacaniana da problemática histérica de Dora permitem uma compreensão de sua cumplicidade na relação entre seu pai e Frau K. De que lugar haveria surgido essa reversão repentina? Por que ela seria incapaz de se reconciliar com uma situação que desenvolveu e manteve durante tanto tempo?

Lacan fornece uma interpretação estrutural para o caso Dora. Diferentemente de Freud, que pergunta como uma disposição inata pode se expressar na história de vida concreta de um sujeito, Lacan pergunta que lugar Dora ocupa em uma estrutura relacional. Como sabemos, a estrutura de dois tempos do trauma tem um papel crucial na problemática freudiana da relação entre história e disposição. O nojo e a rejeição de Dora a Herr K. após a cena do lago não podem ser compreendidos se forem separados da ação traumática *diferida*. Lacan não está, contudo, interessado na inscrição histórica da disposição histérica. Ele apenas está preocupado com a estrutura relacional[29] na qual Dora se envolve e no modo como tal estrutura determina sua problemática. A inscrição concreta dos traumas consecutivos que retroativamente afetam um ao outro perde, portanto, sua importância. Não deve surpreender, então, o fato de que, no trabalho que discutimos aqui, Lacan apenas considere o segundo trauma de Dora. Seu verdadeiro interesse não está na história de Dora, mas nos fatores estruturais que iluminam sua reação à declaração de amor de Herr K.[30]

O que Herr K. diz a Dora? Ele declara seu amor e imediatamente acrescenta: "você sabe que não tenho nada da minha mulher" ("*Ich habe nichts an meine Frau*") (FREUD, 1905a, p. 98). Segundo Lacan, essa afirmação está na base da reação violenta de Dora à declaração de amor de Herr K. Dora pode lidar com o fato de que seu pai a ama em razão de "alguma coisa" que Frau K. possua ou realize, alguma coisa que Dora não consegue compreender. A sua relação com Herr K., contudo, é apenas tolerável na medida em que esse relacionamento forma uma imagem invertida no espelho da relação de Dora com seu pai. Herr K. ama Dora para além de sua mulher, mas na medida em que sua mulher realmente significa algo para ele (LACAN, 1956-57, p. 143).

Essa construção entra em colapso no momento em que Herr K. revela a Dora que "ele não tem nada de sua mulher". Se Herr K. não pode ter nada da sua mulher, isso implica que ele está *exclusivamente* interessado em Dora. Talvez Dora tenha concluído daí que seu pai está *exclusivamente* interessado em Frau K. e que seu interesse em Dora é apenas como um objeto de troca, que lhe permite manter um relacionamento

---

[29] Ao mesmo tempo, dificilmente pode ser negado que, de muitas maneiras, a problemática da estrutura substitui a problemática de uma disposição inata. Retornaremos a essa questão.

[30] Torna-se muito claro que o argumento lacaniano segundo o qual o estudo de Freud sobre Dora merece uma "releitura atenta" (LACAN, 1956-57, p. 137) deve ser colocado em perspectiva. Lacan apenas utiliza fatos da história de Dora que considera pertinentes para estabelecer o lugar de Dora em um sistema de relações. Por exemplo, Lacan não considera o efeito *diferido* do primeiro trauma em sua investigação sobre o caso em *La relation d'objet*.

livre e sem perturbações com Frau K.³¹ Dessa forma, Dora confronta rudemente a verdade do sistema de parentesco formulado por Lévi-Strauss: "Eu recebi uma mulher e tenho de dar uma filha em retorno". Nos domínios dos sistemas de parentesco, mulheres são primariamente objetos de troca, e isso é exatamente o que Dora não tolera ou aceita (LACAN, 1956-57, p. 143). Uma consequência disso é a rejeição veemente de Dora a Herr K. após a cena do lago. Isso também explica a reivindicação, sem possibilidade de compromisso, pela afeição do pai: a partir desse momento, Dora está em competição direta com Frau K. pela atenção de seu pai (LACAN, 1957-58, p. 144).

Dessa forma, descobrimos outra mudança com relação à interpretação freudiana de "Dora". Freud liga a reação de Dora à declaração de amor de Herr K. a uma aversão inata à sexualidade inscrita na história de vida de Dora por meio de *efeitos diferidos* do trauma. Lacan conecta essa aversão ao fato de que o interesse libidinal exclusivo de Herr K. em Dora expõe seu papel (exclusivo) de objeto de troca. Assim, a resposta para a pergunta de Dora "O que é uma mulher?" é formulada de modo excessivamente direto.

Por que Dora seria incapaz de aceitar seu papel estrutural de objeto de troca? O que essa posição provocaria nela (de maneira que apenas pode reagir à declaração de Herr K. com repulsa e horror)? Essa impossibilidade sem dúvida se refere ao apego de Dora a seu pai e ao fato de que nessa relação ela leva a lógica do amor até o limite. Dora mostra ao seu pai que, no amor, os objetos trocados são, em última análise, insignificantes. Quanto menor a relevância que os objetos possuem em um caso amoroso, mais exclusivo esse caso pode ser. O apego edipiano de Dora a seu pai e a absolutização do caráter gratuito do amor são, de fato, dois lados da mesma moeda. Por essa razão, ela não pode dar as costas ao pai e seguir em direção a outro homem, alguém que também a ame e possa – diferentemente de seu pai – dar-lhe um filho. Em seu seminário sobre *Les formations de l'inconscient* (LACAN, 1957-58), Lacan discute essa dinâmica de uma nova maneira, por meio de sua análise de "O sonho da bela açougueira", de *A interpretação dos sonhos* (FREUD, 1900, p. 147).

---

³¹ Isso traz à tona o "acordo" entre o pai de Dora e Herr K.: "Deixe-me me relacionar à minha maneira com a sua mulher e então você pode ter a minha filha...".

O desejo histérico de um desejo insatisfeito: o sonho da bela açougueira

Em seu seminário *Les formations de l'inconscient* (LACAN, 1957-58), Lacan investiga o famoso sonho da "bela açougueira" para ilustrar a típica estrutura do desejo histérico (LACAN, 1957-58, p. 360-368). Esse sonho é narrado da seguinte maneira: "Eu queria oferecer uma ceia, mas não tinha nada em casa além de um pequeno salmão defumado. Pensei em sair e comprar alguma coisa, mas então me lembrei de que era domingo à tarde e que todas as lojas estariam fechadas. Em seguida, tentei telefonar para alguns fornecedores, mas o telefone estava com defeito. Assim, tive de abandonar meu desejo de oferecer uma ceia" (FREUD, 1900, p. 147). Como Freud interpreta esse sonho?[32]

Freud observa que o marido da paciente lhe disse que estava ficando gordo demais e que queria emagrecer. A paciente conta a Freud sobre o grande amor de seu marido por belas curvas femininas. Ela também observa que pediu a seu marido para não lhe dar sanduíche de caviar, apesar de esse ser um de seus pratos favoritos, e ela sabe que seu marido, que ela ama muitíssimo, trar-lhe-ia caviar se pedisse. Dessa forma, escreve Freud, a paciente cria uma anseio frustrado para si mesma na relação com seu marido (FREUD, 1900, p. 147). Por que essa mulher necessitaria de tal desejo? Essa paciente tem uma amiga da qual sente ciúmes, pois seu marido sempre a elogia. Felizmente, essa amiga é muito magra, e o seu marido, como sabemos, prefere as mais cheiinhas e arredondadas. A paciente havia encontrado a amiga no dia anterior ao sonho. Nessa ocasião, a amiga não apenas falara sobre seu desejo de ganhar peso, como também havia perguntado quando seria convidada novamente para jantar. O significado do sonho se torna claro. Freud o explicita para a paciente: "É como se, após ela fazer essa sugestão, a senhora tivesse dito a si mesma: 'Pois sim! Vou convidá-la para comer em minha casa só para que você possa engordar e atrair meu marido ainda mais! Prefiro nunca mais oferecer um jantar'. O que o sonho lhe disse foi que a senhora não podia oferecer nenhuma ceia, e assim estava

---

[32] Na próxima seção não adentraremos em questões referentes às diferenças entre as leituras freudiana e lacaniana desse sonho. Limitaremos nossa investigação àquilo que é necessário para iluminar a leitura lacaniana de Dora e, por extensão, da histeria.

realizando seu desejo de não ajudar sua amiga a ficar mais cheiinha. O fato de que o que as pessoas comem nas festas as engorda lhe fora lembrado pela decisão de seu marido de não mais aceitar convites para jantar, em benefício de seu plano de emagrecer" (FREUD, 1900, p. 148). Outrossim, o significado do salmão defumado começa a ficar mais claro ao descobrirmos que esse é prato favorito da amiga da paciente.

Nesse momento, Freud introduz a problemática da *identificação*. Lembremos que a paciente de Freud não apenas sonha com um desejo que não pode ser satisfeito, mas também que ela, simultaneamente, tenta trazer à realidade uma vontade frustrada (um sanduíche de caviar). Sua amiga expressou sua pretensão de ganhar peso, algo que a paciente tinha a expectativa de que não acontecesse. Tal expectativa a deixou especialmente ansiosa. Ela sonha, contudo, que o seu próprio desejo (organizar uma ceia) não se realiza. O sonho, Freud escreve, "adquirirá nova interpretação se supusermos que a pessoa nele indicada não era ela mesma, e sim a amiga: que ela se colocara no lugar da amiga ou [...] que se 'identificara' com a amiga" (FREUD, 1900, p. 149). Segundo Freud, o fato de que a paciente cria uma vontade frustrada na realidade é prova dessa identificação.

Freud adverte que não devemos reduzir a identificação histérica a uma simples imitação: "Assim, a identificação não constitui uma simples imitação, mas uma *assimilação* baseada em uma alegação etiológica semelhante; ela expressa uma semelhança e decorre de um elemento comum que permanece no inconsciente. A identificação é empregada com mais frequência na histeria para expressar um elemento *sexual* comum. Uma mulher histérica se identifica mais rapidamente – embora não exclusivamente – em seus sintomas com as pessoas com quem tenha tido relações sexuais ou com as pessoas que tenham tido relações sexuais com as mesmas pessoas que ela. O uso da língua leva isso em conta, pois se fala em duas pessoas apaixonadas como sendo 'uma só'" (FREUD, 1900, p. 150). No caso da paciente de Freud, isso implica que ela se identifica com a amiga, pois – e na medida em que – sua amiga ocupa uma posição nos pensamentos de seu marido, a qual a paciente gostaria de ocupar (FREUD, 1900, p. 150). Lacan acredita que esse sonho expresse o desejo de um desejo insatisfeito. A histérica necessita de tal desejo, pois teme constantemente que a distinção entre demanda (*demande*) e desejo desapareça.

Para iluminar essa questão, devemos, primeiro, retornar à distinção lacaniana entre necessidade, demanda e desejo.

No trabalho de Lacan, "demanda" se refere à necessidade linguisticamente articulada: o *infans* pode apenas satisfazer suas necessidades colocando uma demanda ao Outro. Esse Outro inevitavelmente se torna bastante significativo e a ele é atribuído um grande peso. O *infans* está à mercê desse outro, do qual depende, e fará, portanto, qualquer coisa para satisfazer o desejo desse Outro. Ele se posiciona como um objeto da demanda do Outro (a mãe, em primeira instância). Enquanto a relação com o Outro ocorrer exclusivamente nessa dinâmica de demanda, não haverá lugar para um desejo particular que supere a pura a satisfação de desejos linguisticamente articuladas do Outro.[33] Uma nova dimensão deve ser introduzida de maneira a evitar que o *infans* não seja mais do que um sujeito dependente, sufocado pela demanda de Outro: "Mais além do que o Outro demanda do sujeito, a dimensão do que o Outro deseja deve estar presente".[34] O que Lacan quer dizer?

Segundo Lacan, todo objeto oferecido ao Outro (ou o que posso ou quero ser para ele) inevitavelmente é insuficiente.[35] Na dinâmica da demanda, esses objetos não são mais do que significantes do amor do e para o Outro. Significantes, contudo, são determinados diferenciadamente. Eles não têm um significado intrínseco, mas apenas derivam o significado da relação com outros significantes. Assim, eles são absorvidos em um processo sem fim de referência. Consequentemente, a dinâmica da demanda inevitável e estruturalmente diz respeito a um lembrete que não pode ser integrado e simultaneamente mantêm essa dinâmica: nunca é "aquilo", toda satisfação momentânea é insuficiente e se refere a um ponto que não pode ser

---

[33] A imprescindibilidade de articular a necessidade na linguagem cria uma "ambiguidade inicial" (LACAN, 1957-58, p. 357), de acordo com Lacan: "Os pensamentos do sujeito são formados na palavra do Outro, é natural que, na origem, esses pensamentos pertençam a essas palavras" ("*Les pensées du sujet s'étant formées dans la parole de l'Autre, il est tout naturel qu'à l'origine, ses pensées appatiennent à cette parole*") (LACAN, 1957-58, p. 357).

[34] "[...] *au-delà de ce que l'Autre demande au sujet, il doit y avoir la présence et la dimension de ce que l'Autre désire*" (LACAN, 1957-58, p. 359). Ver também Lacan (1957-58, p. 366).

[35] Ver também Van Haute (2002a).

articulado na linguagem (que não pode ser ele mesmo demandado como um objeto). Em outras palavras, além daquilo que o Outro demanda está o que deseja. Inicialmente, isso permanece oculto ao sujeito, muito embora seja inerente a sua relação com o Outro (LACAN, 1957-58, p. 359). De acordo com Lacan, a distinção entre desejo e demanda se torna relevante para o sujeito na experiência edipiana (*expérience œdipienne*). Essa experiência envolve o confronto com um terceiro (cujo protótipo é o pai), que está ele mesmo sujeito à lei do significante que representa. Assim, esse terceiro termo também não possui o objeto que pode satisfazer o desejo do Outro. De fato, esse objeto está originariamente perdido. Para Lacan, o falo é significante dessa perda. O falo é o significante cuja função consiste em indicar o que o Outro deseja na medida em que ele está sujeito ao significante, isto é, na medida em que seu desejo, no final das contas, escapa a toda determinação concreta (LACAN, 1957-58, p. 367).

A "experiência edipiana" está intrinsecamente conectada à metáfora do Nome-do-Pai (LACAN, 1957-58, p. 367).[36] Segundo Lacan, na e por meio dessa metáfora o *infant* se sujeita à lei do pai. Este não o pai real, que está ele mesmo sujeito à lei do significante. É um pai simbólico, ou seja, é um ponto de referência puramente simbólico. É o *Nome*-do-Pai ou, para dizer de outra maneira, é um significante puro. O reconhecimento do Nome-do-Pai implica que o *infans* aceita que apenas o "pai morto" pode satisfazer o desejo do primeiro Outro ou a Mãe. O pai morto apenas aparece como um significante (um puro polo de referência). Isso implica que na e por meio da metáfora a criança pequena aceita que o desejo pode apenas ser satisfeito por meio de significantes – portanto, nunca completamente.[37] Isso também assegura que o desejo não se reduz à dinâmica da demanda. Retornemos, agora, à análise de Lacan do sonho da bela açougueira.

Segundo Lacan, a mulher histérica alcançou verdadeiramente o nível de crise edipiana, mas não foi capaz de ultrapassar esse nível

---

[36] Ver também Van Haute (2002a).

[37] À luz da exposição anterior, fica claro que essa aceitação caminha de mãos dadas com a instalação do falo como o significante de uma satisfação impossível (LACAN, 1957-58, p. 367). Elaborar mais profundamente essa problemática levaria a uma digressão excessiva. Para mais comentários, ver Van Haute (2002a).

(LACAN, 1956-57, p. 139). Nossa exposição acerca da distinção entre demanda e desejo nos permite apresentar essa ideia de maneira mais específica, assim como articulá-la de um modo novo. Para o paciente histérico – masculino ou feminino[38] –, a distinção entre demanda e desejo permanece incerta. O histérico teme perecer na dinâmica da demanda ou, mais concretamente, ser reduzido a um joguete na demanda do Outro (LACAN, 1957-58, p. 364). Isso esclarece a razão pela qual a mulher histérica está constantemente tentando separar desejo e demanda, mantendo-os o mais distante possível um do outro; ou – o que produz o mesmo resultado – a razão pela qual ela repetidamente tenta criar um desejo insatisfeito para si. Dessa maneira, o sujeito histérico tenta impedir a redução do desejo à demanda. De fato, para o sujeito histérico, a satisfação momentânea do desejo o torna equivalente à demanda. Essa satisfação instiga o medo de ser arruinado pela dinâmica da pura demanda. Sobre esse assunto, Lacan escreve: "Se é necessário ao sujeito criar um desejo insatisfeito, é precisamente porque essa é a condição pela qual se constitui para ele um Outro real, isto é, o Outro não é completamente imanente à satisfação recíproca da demanda, à completa captura do desejo do sujeito pela palavra do Outro".[39] De acordo com Lacan, o sonho da bela açougueira é uma

---

[38] Lacan não desenvolve explicitamente a problemática da histeria masculina; cuida, no entanto, de fazer referências constantes a essa possibilidade. Ver, por exemplo, "*l'hystérique est si ouvert ou ouverte*" (LACAN, 1957-58, p. 364). Ao mesmo tempo – algo que já discutimos amplamente –, a ligação intrínseca entre histeria e o papel da mulher como objeto de troca, tal como defendido por Lévi-Strauss, torna difícil pensar de maneira coerente em uma histeria masculina. Os trabalhos de Lacan da década de 1950, então, permanecem fortemente ambíguos nesse ponto. Ver Micale (2008) para mais sobre a histeria masculina.

[39] "*S'il est nécessaire au sujet de se créer un désir insatisfait, c'est que là est la condition pour que se constitue pour lui un Autre réel, c'est-à-dire qui ne soit pas entièrement immanent à la satisfaction réciproque de la demande, à la capture entière du désir du sujet par la parole de l'Autre*" (LACAN, 1957-58, p. 365). A última parte dessa passagem também se refere à ambiguidade inicial à qual nos referimos anteriormente: já que o pensamento do sujeito é formado nas palavras do Outro, o sujeito pode imaginar que seus pensamentos pertençam ao Outro e que o Outro tenha acesso a eles. Enquanto permanecer preso à lógica da demanda – e, portanto, incapaz de determinar um lugar para si –, essa ambiguidade persistirá. Apenas a introdução da dimensão do desejo (indeterminado) do Outro remove essa ambiguidade. Isso implica que a relação entre o sujeito e o Outro não pode ser considerada apenas nos termos da dinâmica da demanda.

perfeita ilustração dessa dinâmica. Nossa açougueira se identifica com sua amiga, pois esta última assume uma posição com relação a seu marido, posição esta que a açougueira gostaria de assumir. Em outras palavras, a paciente de Freud se identifica com sua amiga na medida em que seus respectivos desejos compartilham o mesmo objeto. Ao mesmo tempo, contudo, a bela açougueira garante que esse desejo continuará insatisfeito: seu sonho expressa o desejo de que sua amiga não coma salmão defumado, o que a levaria a ganhar peso, e, simultaneamente, esconde seu próprio desejo de abdicar do caviar, que ela aprecia muitíssimo. Podemos agora compreender a importância e o significado dessa construção histérica: o grande amor e desejo da paciente por seu marido pode apenas continuar a existir se eles – *no sentido sexual*, já que, no final das contas, a questão diz respeito a um modo de evitar as "curvas", que seu marido ama tanto – continuarem insatisfeitos.[40] Segundo Lacan, para evitar o desaparecimento completo no Outro ou para evitar se tornar nada mais que um frágil objeto e um joguete do desejo do Outro, essa ausência de satisfação é vital.[41] Como poderíamos traçar essa estrutura em "Dora"?[42]

Dora e o sonho da bela açougueira

A problemática do desejo histérico de um desejo insatisfeito é também marcante nos textos de Lacan da década de 1950 sobre *Fragmento da análise de um caso de histeria*. Dora ama incondicionalmente seu pai, que, apesar disso, prefere Frau K. Está claro que o desejo do pai, com quem Dora se identifica, é insaciável. O pai de Dora é impotente

---

[40] Isso também indica que a "confusão" entre demanda e desejo que caracteriza a histeria para Lacan substitui a mancha no sexual pelo excremental, que possui um papel central na análise de Freud.

[41] Em seus trabalhos tardios, Lacan tematiza essa problemática da seguinte maneira: a mulher histérica quer ser a causa do desejo do Outro, mas não o objeto de seu gozo (ver, por exemplo, Lacan, 1963-64).

[42] Não encontramos essas ideias no trabalho de Freud. Para Freud, a formação de um desejo insatisfeito é, na verdade, um passo para chegarmos *a um argumento mais amplo*: a bela açougueira se identifica com sua amiga e cria um desejo insatisfeito ("anseio frustrado"), pois ela quer seu marido só para si. Nesse caso, criação e a insatisfação do desejo não é, em si, o objetivo.

(LACAN, 1957-58, p. 368). Lembramos que, por meio dos presentes de seu pai, Dora se envolve em um relacionamento (com Frau K.) que ela sabe que permanecerá insatisfeito. O único acesso de Dora ao objeto de seu desejo ocorre por meio de uma identificação imaginária com Herr K. Em outras palavras, como a bela açougueira, ela ama "por procuração". A problemática do desejo insatisfeito está também presente em sua relação com Herr K. Dora pode tolerar o amor de Herr K. desde que desejo e demanda continuem separados na relação triangular que a liga a Herr K. e a Frau K. O desejo de Herr K. por Dora permanece tolerável na medida em que o relacionamento não seja afetado pela demanda (sexual). Para Dora, isso significa que Frau K. deve manter seu papel de esposa: "para que o Sr. K. seja tolerável em sua posição, é preciso que [...] Dora seja amada por ele para além de sua mulher, mas na medida em que sua mulher represente alguma coisa para ele".[43] Dora – e, por extensão, todo sujeito histérico – ama "por procuração" na medida em que isso permite que ela mantenha a separação entre desejo e demanda.

Manter a separação entre desejo e demanda é justamente o que se torna impossível no momento em que Herr K. declara que nada tem de sua mulher. A construção relacional na qual Dora opera, cujo objetivo é manter o desejo insatisfeito, nesse instante, colapsa. Se Frau K. significa nada para Herr K., então, isso implica que Dora significa "tudo" para ele, e uma coisa é certa: Herr K. não é impotente (LACAN, 1957-58, p. 369). Quando Herr K. declara seu amor a Dora, ela imediatamente o esbofeteia. Repentinamente, Herr K. não corresponde mais às expectativas de Dora. Ele quer algo a mais e algo diferente do que Dora pode tolerar. A agressão de Dora é uma consequência dessa falha.[44]

---

[43] "[...] *pour que M. K. soit tolérable dans sa position, il faut [...] que Dora soit aimée par lui au-delà de sa femme, mais en tant que sa femme est pour lui quelque chose*" (LACAN, 1956-57, p. 143).

[44] Ver Lacan (1957-58, p. 369). O comportamento de Dora testemunha a agressão que espreita qualquer relacionamento com outro imaginário, com o qual me identifico. Isso lembra o estágio de espelho, que é o paradigma para todos os relacionamentos imaginários. O *infans* se identifica com o outro-igual (o pequeno "o": o modelo é a imagem no espelho; esse pequeno "o" está situado no lugar oposto ao grande "O": a ordem da linguagem e da lei), obtendo, então, sua própria identidade. Não se tolera o menor desvio. Todo desvio provoca raiva. Tal como no caso Dora. Dora se identifica com Herr K., que, repentinamente, não mais corresponde a suas

Anteriormente questionamos de que maneira a ideia de que o desejo é insaciável se relaciona com a problemática das mulheres como objeto de troca. O instante em que a construção histérica colapsa e o desejo é absorvido pela demanda é, ao mesmo tempo, o momento em que a posição estrutural de Dora como um objeto de troca se torna óbvia (LACAN, 1956-57, p. 369-370). Dora não consegue distinguir a assunção de uma posição estrutural de uma absorção na dinâmica da demanda. Absorção esta que não deixaria lugar para o desejo dela. Ela tenta, portanto, manter uma separação entre desejo e demanda, busca evitar seu "destino estrutural". A diferença entre a perspectiva de Lévi-Strauss e a de Lacan, então, torna-se clara: Lévi-Strauss descreve a estrutura de sistemas de parentesco, já Lacan investiga a maneira como mulheres ganham acesso ao papel atribuído a elas nesses sistemas (LACAN, 1956-57, p. 95).

Conclusão

Nos textos discutidos neste capítulo, Lacan se refere à histeria com uma "estrutura primordial na relação entre o ser humano e o significante". Ele não fornece, no entanto, um sentido patoanalítico a essa descrição. De fato, ele faz o exato oposto disso. Segundo Lacan, pacientes histéricos são aqueles que alcançaram o nível da crise edipiana, mas não conseguiram ultrapassar por completo esse nível. Superar esse nível (e, portanto, vencer a problemática edipiana) tornaria possível a assunção pelas mulheres dos papéis a elas prescritos pelos sistemas simbólicos de parentesco. Duas questões emergem. Em primeiro lugar, a reinterpretação estruturalista do complexo de Édipo ameaça transformar novamente a histeria – apesar de repetidamente dizer (e não fazer) o contrário[45] – em uma típica problemática feminina. Em segundo lugar, por meio dessa reinterpretação, certa normatividade sub-repticiamente invade a relação entre patologia e "saúde psicológica". Normatividade esta que colide com uma perspectiva de inspiração patoanalítica. A questão que determina a problemática histérica,

---

expectativas e, assim, rompe com a igualdade. A agressão é a consequência (LACAN, 1966, p. 93-100). Para comentários adicionais, ver Van Haute (2002b, p. 81-88).

[45] Ver, por exemplo, Lacan (1957-58, p. 364).

"O que é uma mulher?", é certamente a expressão da incapacidade de algumas mulheres de reconhecer e assumir seu papel assinalado estruturalmente. A partir da leitura edipiana de "Dora" feita por Lacan, essa questão (ou a duradoura insistência dela) é compreendida, sobretudo, como sintoma de uma patologia histérica, e não de uma problemática universal para a qual nenhuma resposta adequada pode ser fornecida e que é exagerada na histeria. Torna-se, então, possível, ao menos na teoria, distinguir patologia e "normalidade".

De fato, isso conduz à construção de um ponto de vista de acordo com o qual uma forma patológica de histeria poderia ou deveria ser diferenciada de uma histeria "normal" – que diz respeito à impossibilidade última de satisfação do desejo (nunca é "aquilo") (VERHAEGHE, 1997, p. 92 e *passim*). Essa forma patológica está aparentemente situada do lado das mulheres e tem uma real sustentação em sua incapacidade de assumir o papel de objeto de troca. Faz sentido suspeitar então que talvez seja uma interpretação psicogênica do complexo de Édipo que esteja em confronto com o projeto de uma antropologia clínica, e não a referência ao complexo de Édipo como tal.

Essa não é, contudo, a última palavra de Lacan sobre o projeto patoanalítico em seus trabalhos da década de 1950. Em sua análise do caso da jovem homossexual, Lacan desenvolve ideias que parecem ultrapassar os problemas que identificamos em sua maneira de olhar para o caso Dora. Esse é o tema do capítulo seguinte.

Capítulo 6
Lacan e a jovem homossexual: entre patologia e poesia?

Introdução

Investigamos largamente "Sobre a psicogênese de um caso de homossexualidade feminina" de Freud no quarto capítulo. Buscamos articular esse caso com *Fragmento da análise de um caso de histeria*, pois, em seu trabalho sobre a homossexualidade feminina, Freud novamente questiona a primazia do complexo de Édipo e defende uma teoria sobre bissexualidade disposicional. Lacan também conecta esses dois estudos. De fato, Lacan observa que a problemática de uma libido homossexual tem um papel central em ambos os casos e tenta explicá-los com base nas vicissitudes do complexo de Édipo feminino (LACAN, 1956-57, p. 105). Em outras palavras, Freud abdica de uma explicação edipiana no caso Dora, relativiza sua própria explicação edipiana e abre espaço para a bissexualidade no caso da jovem homossexual, ao passo que Lacan encontra em ambos os casos a ilustração e a confirmação de sua própria teoria sobre o complexo de Édipo feminino e acerca do papel central do falo. Diferentemente de Freud e de seus seguidores, contudo, a explicação edipiana de Lacan do caso da jovem homossexual é formulada sem o apelo à perspectiva psicogênica que costumeiramente a acompanha. De fato, tal como em sua leitura de Dora, Lacan compreende a tendência homossexual da jovem à luz da estrutura relacional à qual pertence.

A leitura lacaniana do estudo de Freud sobre a jovem homossexual tem grande importância para nós também por outro motivo. Lacan explicitamente compara a maneira como essa paciente se relaciona com sua dama e o gênero literário do amor cortês. Lacan chama a problemática central tanto da patologia como dessa forma específica de literatura de "instituição de um vazio na relação de objeto" (LACAN, 1956-57, p. 109). Assim, ele não apenas sugere que existe uma conexão interna entre patologia e formas específicas de expressão cultural, mas também faz isso de maneira a mostrar a impossibilidade de uma distinção essencial ou estrutural entre patologia e "saúde psíquica". Em outras palavras, o trabalho que Lacan realiza na década de 1950 se revela mais próximo ao projeto de uma antropologia clínica e de uma patoanálise da existência do que esperaríamos se considerássemos apenas sua releitura do caso Dora.

Dora *versus* a jovem homossexual

Segundo Freud, a jovem homossexual parecia estar confortável em seu papel de futura mãe até que se tornou abertamente homossexual. Ela tinha uma relação próxima com um garotinho que morava na casa ao lado: passavam bastante tempo juntos, e ela passou a gostar verdadeiramente dele. No entanto, essa inclinação e esse cuidado maternos desapareceram de uma só vez após a mãe da jovem ficar grávida. Tal como Freud, Lacan inicialmente interpreta essa transformação como uma reação ao trauma edipiano (LACAN, 1956-57, p. 106).[1] Assim como Dora, a jovem ansiaria inconscientemente por um filho de seu pai, que compensaria o falo ausente (LACAN, 1956-57, p. 105, 124). Diferentemente do pai de Dora, todavia, o pai da jovem homossexual não é "impotente". E de fato não o é, já que deu a sua mãe uma criança. Lacan acredita que a escolha homossexual de objeto é uma resposta a essa desilusão. Ele afirma que a jovem se identifica com seu pai como uma reação a esse trauma e, assim, assume seu

---

[1] Isso ilustra claramente as dificuldades em separar completamente o complexo de Édipo da psicogênese. Se a natureza homossexual da paciente de Freud é, de fato, uma reação a um trauma edipiano, a questão certamente se refere também a como ela se *tornou* homossexual, não apenas a seu lugar em uma estrutura.

papel (LACAN, 1956-57, p. 129).² Isso fica evidente em seu interesse por outras mulheres (que são também substitutas da mãe).³

Dora se identifica com Herr K. de modo a obter acesso ao objeto de seu desejo. Ela quer descobrir o que significa ser uma mulher. Essa construção pode apenas continuar a existir se seu desejo continuar insatisfeito. Todo momento de satisfação, apesar de passageiro, ameaça provocar o colapso da distinção entre desejo e demanda. A jovem homossexual não busca o acesso a um objeto que acredita que lhe permitirá desvelar o segredo de sua feminilidade. Ela ama outra mulher e assume a posição de seu pai (LACAN, 1956-57, p. 129).⁴ Segundo Lacan, dessa maneira, a jovem homossexual tenta mostrar a seu pai o que o verdadeiro amor realmente exige e que esse é o tipo de amor que ele lhe recusa (LACAN, 1956-57, p. 144-145). O que Lacan quer dizer?

Lacan lembra que, de acordo com Freud, a escolha de objeto da jovem homossexual se parece com aquela feita por homens que exigem que o objeto amado se adéque a dois pressupostos específicos: há de ser uma mulher comprometida com outro homem e, no que se refere a sua vida amorosa, ela deve ter certa reputação (por exemplo, ser conhecida como alguém que gosta de flertar). A relação com esse objeto se caracteriza, por um lado, pela idealização, e, por outro, pelo desejo de salvar o objeto idealizado da decadência moral. Lacan enfatiza especialmente o fato de que na complexa descrição formulada por Freud desses "tipos de escolha masculina de objeto", a mulher deve ter uma reputação questionável e, ao mesmo tempo, ser idealizada (FREUD, 1910b). A relação entre a jovem homossexual e sua amante não é absolutamente platônica; mas, ao mesmo tempo, a jovem venera e idealiza seu objeto amado.⁵

---

² Lacan afirma que essa é uma identificação imaginária na qual o sujeito se coloca na posição do objeto com o qual se identifica.

³ Segundo Freud, o interesse da jovem por garotinhos é, de fato, um interesse por suas mães e deve, portanto, ser abordado como tal. Assim, Freud observa que a jovem, de fato, *sempre* foi homossexual (FREUD, 1920, p. 154). Ver capítulo 4, para uma investigação mais detalhada desta questão.

⁴ Portanto, a jovem homossexual não ama sua amiga "por procuração", como Dora ama Frau K.

⁵ Sobre esse assunto, ver também Lacan (1956-57, p. 109).

Lacan afirma que a jovem homossexual nutre a expectativa de ter uma criança de seu pai para compensar o falo ausente. Ao mesmo tempo, contudo, ela claramente (apesar de isso acontecer inconscientemente) admite para si mesma que continua inferior a sua rival adulta, isto é, sua mãe (LACAN, 1956-57, p. 145). Consequentemente, Lacan continua, por meio da sua paixão idealizada, ela tenta mostrar que se pode amar alguém por aquilo que não tem. A jovem homossexual descobre que a mulher por quem ela passa a olhar depois da rejeição de seu pai não pode dar o que ela deseja. Ela sabe que sua amiga não pode dar o falo de seu desejo inconsciente (a jovem poderia apenas reivindicá-lo de seu pai). A gravidez de sua mãe prova isso. Segundo Lacan, essa relação homossexual deve ser compreendida como um processo *metonímico*: refere-se a algo diferente daquilo que indica em uma primeira olhada.[6] A jovem não quer mostrar a seu pai que prefere mulheres a homens como amantes. Ela quer provar que o amor transcende todo objeto e todo presente por meio do qual o amor se expressaria (LACAN, 1956-57, p. 145).[7] Isso a distingue de Dora, cujos sintomas, segundo Lacan, têm um caráter *metafórico*. Os sintomas

---

[6] Metonímia é uma figura retórica que não expressa diretamente o que, de fato, significa, em vez disso indica o significado por meio de outra palavra ou expressão que pertence ao mesmo contexto semântico. O exemplo clássico de metonímia utilizado por Lacan vem à mente: "30 velas" por "30 barcos". A palavra alternativa ("velas") não se refere, então, a seu próprio referente, mas a algo que lhe é contíguo ("barco"). No caso da jovem, a relação homossexual cumpre a mesma função que a palavra alternativa na metonímia, na medida em que está em uma relação de contiguidade com a possibilidade de amar alguém por aquilo que não tem.

[7] O caráter metonímico da perversão na história da jovem homossexual fica mais claro se observarmos também outro aspecto desse caso. Quando a amiga a rejeita, após se encontrar com seu pai, a jovem se joga nos trilhos do trem vienense. Segundo Freud, essa tentativa de suicídio, de um lado, expressa a necessidade da jovem de punição pelos desejos de morte que sente com relação a seu pai e, de outro lado, realiza simbolicamente seu desejo de ter um filho de seu pai (FREUD, 1920, p. 289-290). Sobre essa última questão, Freud escreve: "Nesse último sentido, era a consecução do desejo cuja decepção a impelira à homossexualidade, isto é, ter um filho do pai, pois ela 'caiu' por culpa do pai" (FREUD, 1920, p. 162). Em uma nota, ele liga a expressão "cair" (*niederkommen*) a ter um filho. Portanto, a tentativa de suicídio é também uma maneira de restabelecer um significado completamente diferente daquele que aparece em uma primeira olhada. Segundo Lacan, isso é apenas possível por meio da referência à palavra *niederkommen*, que sustenta a função metonímica do sintoma (LACAN, 1956-57, p. 147).

expressam de um modo único a maneira como Dora tenta formular uma resposta à pergunta sobre o que significa ser uma mulher (LACAN, 1956-57, p. 145-146).[8]

Uma antropologia clínica lacaniana da histeria e da perversão?

No capítulo anterior observamos que Lacan parece apoiar, ao menos de maneira geral, o projeto de uma antropologia clínica ou de uma patoanálise da existência. Por exemplo, Lacan chama a histeria de "uma estrutura primordial na relação entre o ser humano e o significante" (LACAN, 1957-58, p. 365). A histeria estaria ligada à essência do desejo ele mesmo. Em seu seminário sobre a relação de objeto, entretanto, Lacan não conclui de maneira imediata que tal estrutura se expressa em patologias e em formas culturais. Lacan se limita a constatar que a histeria nos leva a confrontar um aspecto essencial da existência humana.[9] Ao mesmo tempo, todavia, ao menos implicitamente, ele defende uma distinção estrutural entre tipos de histeria "normal" e patológico.

No caso da jovem homossexual Lacan faz uma sugestão ousada que dificilmente pode ser chamada de outra coisa senão "patoanalítica". Lacan compara o amor platônico da jovem homossexual por sua amiga com o amor cortês. Ele indica que o amor vivenciado pela jovem homossexual se relaciona com o amor cortês praticado e desenvolvido na Languedoc por algumas centenas de menestréis durante os séculos

---

[8] De maneira um tanto genérica – sem nos aprofundarmos na teoria lacaniana do sujeito –, podemos dizer que metáfora é uma figura retórica que indica uma *semelhança* entre a imagem empregada e o referente. O processo de aproximação entre uma imagem e um referente relevante (por exemplo, "leão" na oração "Ivan é um leão" para indicar que Ivan é forte e corajoso) ocorre com base em uma relação de semelhança (suposta) e não de contiguidade, como no caso da metonímia. Assim, os sintomas de Dora são metáforas nas quais e por meio das quais Dora tenta lidar com quem ou o que é ou pode ser como mulher.

[9] Lacan defende o mesmo argumento em seu seminário *A ética da psicanálise*: "Destarte citei-lhes uma fórmula muito curta que aproxima os mecanismos respectivos da histeria, da neurose obsessiva e da paranoia de três termos de sublimação – arte, religião e ciência" (LACAN, 1959-60, p. 129).

XII e XIII.[10] Lacan não sugere que patologia[11] e cultura se excluem mutuamente; indica, em vez disso, que são modos de elaborar respostas para a mesma problemática universal. Devemos, assim, perguntar, em primeiro lugar, que problemática está em jogo aqui *in concreto*.

A citação seguinte sobre o amor cortês nos ajudará a responder essa questão. Em seu seminário *La relation d'objet*, Lacan escreve: "é a exaltação que está no fundo da relação [...] é um amor que, em si, não apenas dispensa a satisfação, mas visa, muito precisamente, a não satisfação. Essa é a própria ordem em que um amor ideal pode se expandir: a instituição da falta na relação com o objeto".[12] Em outro lugar Lacan chama o amor cortês de "uma escolástica do amor infeliz" (LACAN, 1959-60, p. 146). O amor cortês é um amor que deve permanecer não correspondido. O amor entre um menestrel e sua dama não pode jamais ser consumado por conta da diferença de classes sociais e em razão de a dama pertencer a outro. Além disso, o menestrel idealiza ao extremo o amor de sua dama. A idealização e a adoração da dama contribuem para sua inacessibilidade, que é organizada em lindos versos e etiquetas ritualizadas.[13] A dama é inacessível, pois ela é colocada em um pedestal.[14] De acordo com Lacan, o amor da jovem homossexual por sua amiga, assim como a poesia de menestréis corteses, diz respeito à "instituição da falta".

A jovem homossexual pretende deixar claro para seu pai que o amor transcende todo objeto que pode ser trocado em uma relação

---

[10] Sobre o amor cortês, comparar Bumke (1989), Lacan (1959-60) e Moyaert (2002, p. 21-52).

[11] Lacan constantemente se refere à "perversão" no contexto da jovem homossexual. Acreditamos que ele apenas adira ao linguajar da psiquiatria de seu tempo, que classificava a homossexualidade como um tipo de perversão.

[12] "[...] *c'est l'exaltation qui est au fond de la relation* [...] *C'est un amour qui, en soi, non seulement se passe de satisfactions, mais vise très précisément la non-satisfaction. C'est l'ordre même dans lequel un amour idéal peut s'épanouir – l'institution du manque dans la relation d'objet*" (LACAN, 1956-57, p. 109).

[13] O poeta cortês poderia, por exemplo, receber um beijo inocente de sua dama em circunstâncias estritamente definidas ou mesmo observar seu corpo nu (MOYAERT, 2002, p. 22-23).

[14] Isso de nenhuma maneira implica que o amor cortês seja um *Schwärmerei* puramente espiritual. Retornaremos a esse ponto e o discutiremos extensamente em nossa investigação acerca da distinção entre amor cortês e o amor da jovem homossexual.

amorosa. Como sabemos, o amor não pode ser reduzido a motivos utilitários, e nenhum objeto pode o expressar de maneira clara e adequada. Em outras palavras, todo objeto falha ao tentar expressar a verdadeira natureza do amor. A jovem homossexual não apenas enfatiza esse aspecto do amor, como também o sistematiza e o radicaliza: para mostrar a seu pai que o amor transcende todo objeto de troca concreto, ela se envolve em uma relação homossexual com a dama que adora.[15] A jovem se deixa consumir pela relação com sua amiga e negligencia todos os seus outros interesses. Ao mesmo tempo, ela renuncia a toda satisfação. Fica claro, desde o início, que a dama não é capaz de lhe dar o que deseja inconscientemente: uma criança para compensar o falo faltante.

De acordo com Freud, a adoração por sua amiga testemunha a "excessiva estima sexual" (*Sexualüberschätzung*), que é a fonte de toda autoridade (FREUD, 1905b, p. 150). Isso leva a uma situação em que o sujeito é reduzido a nada. O sujeito se torna completamente subordinado ao outro, cede incondicionalmente a todos os seus caprichos. A sujeição dolorosa e enfraquecida que algumas vezes caracteriza a paixão é universalmente conhecida: aqui eu me torno um joguete do Outro, estou completamente a sua mercê. O mesmo pode ser dito sobre o amor cortês: o menestrel quer realizar as vontades de sua dama, não em razão de essas vontades serem justas (mesmo que talvez o sejam), mas por serem vontades *dela*, e ele não quer perdê-la. Segundo Lacan, isso não é diferente na relação entre a jovem homossexual e sua amiga (LACAN, 1956-57, p. 110).

Toda a *mis-en-scène* da jovem homossexual apenas faz sentido no contexto da problemática edipiana que já conhecemos. A jovem não pode superar o apego edipiano por seu pai, que – em contraste com o pai de Dora – parece possuir, de maneira segura, o falo. Seu pai expressa preferência por sua mãe e, por essa razão, a jovem se sente compelida a esclarecer a natureza fundamental do amor a seu pai por meio de um relacionamento homossexual. Seu relacionamento com sua amiga deve, contudo, permanecer insatisfeito. Isso deve indicar

---

[15] Já que a fonte de tal adoração reside em um trauma edipiano, ela também tem um significado defensivo no caso da jovem homossexual. Serve para repelir o desejo inconsciente por uma criança-falo. Retornaremos a esse ponto.

a seu pai que o fato de a mãe ser capaz de oferecer alguma coisa e a jovem não sê-lo não é um bom motivo para justificar a preferência pela mãe. Podemos formular essa ideia de maneira diferente, em termos que já são familiares: a jovem homossexual continua a experimentar a falta como *frustração* – como a falta de um objeto que pode *reivindicar a posse de direito* –, e não como uma falta que caracteriza a estrutura do desejo e do ser humano como uma criatura linguística. Nessas circunstâncias, a relação da jovem com sua amiga é motivada pelo ressentimento com relação a seu pai.

Esse último argumento nos ajuda a explicar a distinção delineada por Lacan entre amor cortês e o amor da jovem homossexual por sua amiga. O amor cortês é uma "escolástica do amor infeliz", na qual a instituição da falta tem um papel essencial. Como no caso de Dora e da jovem homossexual, o caráter de insatisfação do desejo e do amor é essencial para a prática do amor cortês, tanto nas palavras como nas ações. O amor cortês é diferente da histeria e do caso da jovem homossexual, pois nele a insatisfação é radicalizada, mas não o é como um modo de defesa contra algo (histeria) ou com uma tentativa de receber algo a que se sente que se tem direito (caso da jovem homossexual). O amor cortês expressa a devoção à impossibilidade estrutural da satisfação do desejo e faz isso por meio da *idealização* da dama, que é colocada fora do alcance. A poesia não é a única maneira como o amor cortês cultiva essa impossibilidade e essa idealização; cultiva-as também por meio de práticas ritualizadas nas quais a relação com a dama ganha forma. O amor cortês não se dirige a alcançar um efeito fora dessa forma de arte como tal, isto é, não está a serviço de qualquer outro objetivo.[16] Aqui, a atividade não é estabelecida tendo em vista algo que está para além dela mesma, algo cuja falta seria experimentada como frustração.

Devemos refletir por um momento sobre essa última ideia. Amor cortês expressa o caráter estrutural da falta, que está na origem do desejo. Expõe a radicalidade da falta. Diferentemente da frustração, aqui,

---

[16] O fato de que o amante cortês renuncia à satisfação na relação com sua dama amada não significa que ele renuncie a toda forma de satisfação sexual (MOYAERT, 2002, *passim*). Também nesse aspecto, o amante cortês é diferente de Dora e da jovem homossexual.

o objeto perdido do desejo não parece ser algo a que, por princípio, teríamos direito. Segundo Lacan, a poesia cortês articula a verdade última do desejo, sem, subsequentemente, falsear seu reconhecimento. Ela faz isso por meio do "emprego sistemático e deliberado do significante como tal" (LACAN, 1959-60, p. 148), que ele chama, em outros momentos, de "bem dizer" (*bien dire*). Lacan escreve, em outro lugar, sobre a aceitação e a assunção da castração. Na frustração, negamos o caráter estrutural da falta instituída pela linguagem (e por seu significante último, isto é, o falo). Isso também significa que a assim chamada aceitação da castração coincide, por princípio, com a implementação completa da metáfora do Nome-do-Pai (LACAN, 1957-58, p. 367) ou a compreensão de que o desejo pode apenas ser satisfeito por significantes – portanto, nunca completamente (VAN HAUTE, 2002a).[17]

A aceitação da falta (o abandono da demanda pelo falo ou por seus substitutos) e a assunção da castração são, por vezes, apresentadas (implícita ou explicitamente) como um tipo de *condição* psicológica na qual as pessoas ou se encontrariam ou não se encontrariam. Mas, se esse fosse realmente o caso, poderíamos rapidamente abandonar a frustração. A frustração seria, assim, uma condição substancialmente diferente da castração, e poderíamos nos encontrar em uma ou outra, mas nunca nas duas ao mesmo tempo. As teses lacanianas sobre o amor cortês indicam que talvez as coisas não sejam tão simples assim. Em primeiro lugar, o amor cortês nos ensina que o abandono da possibilidade de satisfação do desejo não é algo que ocorre em uma corrente constante sobre a qual poetas corteses escreveriam versos açucarados. De nenhuma maneira, portanto, o amor cortês pode ser convertido em uma espécie de *Schwärmerei* não comprometido (MOYAERT, 2002, p. 24).[18] Muito pelo contrário, aquilo que parece ser impossível e é, de fato, proibido na dimensão corporal – como a expressão corporal do amor e o intercurso sexual –, ao mesmo tempo, expressa-se por meio de palavras na poesia.

---

[17] À luz da discussão anterior, fica claro que essa aceitação está intrinsecamente ligada à instalação do falo como significante da satisfação impossível (LACAN, 1957-58, p. 367). Um aprofundamento dessa problemática nos levaria a um longo desvio. Ver Van Haute (2002a) para ulteriores comentários.

[18] Para uma distinção profundamente relevante entre amor cortês e misticismo, ver Moyaert (2002, p. 25).

Algumas vezes, poemas corteses são extremamente crus (LACAN, 1959-60, p. 191). O poeta cortês sofre por conta da impossibilidade que continua a trazer à tona (MOYAERT, 2002, p. 23) e que atualiza repetidamente em rituais corteses. Assim, a castração se parece mais com uma *prática* linguística, ritualizada e contínua, por meio da qual, de maneira dolorosa e trabalhosa, confrontamo-nos com nós mesmos e com o caráter estrutural da falta[19] do que com uma *condição* que pode ser descrita em termos psicológicos. Talvez possamos compreender melhor essa questão se considerarmos o fato de que o desenvolvimento dessa prática, no final das contas, torna possível desviar a atenção do objeto faltante da satisfação. Tentativas nada realistas de obter aquilo que nos falta não mais consomem toda a nossa atenção; em vez disso, concentramo-nos na apresentação poética e na elaboração da falha estrutural dessas tentativas por meio de rituais. O amor cortês é, portanto, um esforço repetido e contínuo de abandonar a negação da falta.

Isso deixa claro que nem mesmo o poeta cortês escapa completamente da frustração. Ele jamais consegue se colocar por completo para além da frustração. A "arte do bem dizer" (*L'art de bien dire*), da qual o amor cortês é uma ilustração, não nos libera de uma vez por todas da frustração e do falso reconhecimento da falta. Esse falso reconhecimento tem de ser superado uma vez e de novo. Jamais poderemos alcançar um sucesso definitivo. Tal como afirmamos anteriormente a partir da teoria freudiana, talvez, nesse caso, possamos deixar de pensar em diferentes tipos para passarmos a pensar em termos de diferentes graus. A mesma problemática está em jogo na patologia e na cultura, e ninguém escapa da patologia, do mesmo modo que ninguém escapa da cultura e da literatura. De acordo com esse modelo, então, a sublimação não necessariamente nos liberta da formação de sintomas. Aqui, há apenas espaço para diferenças em termos de graus: *o ser humano está suspenso entre patologia e cultura*.

Em "O poeta e o fantasiar" (2015a), Freud escreve que a apresentação literária de nossas fantasias é guiada por "um ganho de prazer puramente formal, ou seja, estético" (FREUD, 2015a, p. 64). É esse prazer que nos permite lidar com as resistências nas quais fantasias

---

[19] Isso também implica que, em contraste com a adoração da dama pela jovem homossexual, a adoração da dama no amor cortês não possui uma função de defesa.

agressivas e eróticas frequentemente esbarram. Se não encontrarmos prazer na *maneira como* expressamos nossas fantasias, não haverá qualquer prazer. Esse prazer formal é, de acordo com Freud, o incentivo ou bônus por meio do qual o poeta nos coloca "na situação de, daqui em diante, gozarmos com nossas fantasias sem censura e vergonha" (FREUD, 2015a, p. 64). Fica claro que os argumentos lacanianos sobre o amor cortês não se opõem necessariamente às ideias freudianas sobre literatura. Para Lacan, entretanto, a ênfase não está na prazerosa relação com fantasias que de outro modo permaneceriam inacessíveis ou capazes de ser experimentadas apenas como repugnância. De fato, Lacan enfatiza o confronto com a *verdade do desejo como tal*, que se sustenta em uma falta irremovível. Lacan não exclui a possibilidade de que o leitor ou o poeta cortês sintam prazer na leitura ou na escrita de textos, mas esse simplesmente não é seu interesse primário.[20] O que interessa Lacan é o que o poeta cortês torna visível (sem imediatamente cair em um falso reconhecimento), isto é, a verdade última do desejo. O poeta faz isso por meio do "emprego sistemático e deliberado do significante como tal" (LACAN, 1959-60, p. 148).

Conclusão

Em seus seminários *La relation d'objet* e *Les formations de l'inconscient*, Lacan fornece uma explicação edipiana da histeria e do caso Dora de Freud. O esquema edipiano, tanto em Lacan como em Freud, estaria em uma relação antagônica com a perspectiva patoanalítica que defendemos neste livro. Na versão lacaniana do complexo de Édipo, lidar com a problemática edipiana tem o objetivo primário de aceitar a falta ou, se preferirmos, superar a frustração e aceitar a castração. Além disso, a vitória sobre o falso reconhecimento da falta está constantemente ligada à completa implementação da metáfora do Nome-do-Pai. Isso parece implicar – e essa é, definitivamente, uma possível leitura – que o falso reconhecimento da falta, que caracteriza

---

[20] Em alguns dos trabalhos tardios de Lacan, essa mudança ocorre ao lado da inserção e elaboração da distinção entre prazer (*plaisir*) e gozo (*jouissance*). Uma investigação sistemática dessa distinção nos levaria a desviar em demasia do tema e não produziria acréscimos relevantes. Para mais detalhes acerca da distinção entre prazer e gozo no trabalho de Lacan, ver, por exemplo, Moyaert (2010) e Braunstein (1992).

várias patologias, pode, ao menos em tese, ser completamente superado.[21] Na histeria, o falso reconhecimento da falta é acompanhado de uma recusa em aceitar o papel de objeto de troca na estrutura de parentesco. Portanto, não é surpreendente que Lacan compreenda a questão "O que é uma mulher?", que domina a problemática histérica, como um sintoma e não como uma questão universal para a qual nenhuma resposta adequada jamais poderá ser dada.

Neste capítulo mostramos que Lacan pode ser lido de uma maneira diferente. Para tanto, tomamos a interpretação lacaniana do amor cortês como ponto de orientação. Lacan compara o amor cortês àquele da jovem homossexual por sua dama. Ele apresenta o amor cortês como uma vitória sobre a ambiguidade do amor da jovem homossexual: a jovem enfatiza o caráter insaciável do desejo, mas, ao mesmo tempo, ela, inconscientemente, recusa-se a aceitar o fato de que lhe foi negado seu objeto último e continua a reivindicá-lo. Tal vitória não é, contudo, uma condição psicológica nem pode ser descrita como tal. Deve ser compreendida como uma tentativa contínua e repetida de revelar o caráter irremovível da falta. Dessa forma, patologia e cultura podem ser colocadas em uma relação de continuidade: seres humanos vivem em uma permanente tensão entre esses dois polos.

Em nossa investigação sobre a conexão que Freud estabelece entre histeria e os romances clássicos do século XIX, observamos que os filmes de hoje substituíram os romances da literatura como devaneios sociais sublimados. Sugerimos que o cinema se tornou uma gigantesca fábrica de devaneios, na qual os espectadores podem ceder

---

[21] Autores inspirados em Lacan, por vezes, têm dificuldade em compreender os obscuros limites entre normalidade e patologia (ver, por exemplo, Verhaeghe, 1997). A aversão a distinções em termos de graus está certamente ligada ao fato de que Lacan pensa em termos de estruturas – histéricas, psicóticas e assim por diante – de maneira a apresentar uma nova interpretação do clássico diagnóstico diferencial. Essa aversão e a abordagem estrutural da patologia que a acompanha produzem uma situação na qual uma distinção estrutural necessita ser introduzida entre a histeria "normal", que surge da submissão ao significante como tal, e uma forma patológica de histeria que é substancialmente (estruturalmente) diferente da primeira (VERHAEGHE, 1997, p. 150-151). Isso não apenas trai a inspiração patoanalítica de Freud – e de Lacan? –, mas também, em nossa opinião, ameaça transformar novamente a psicanálise em um discurso normativo.

a suas múltiplas identificações bissexuais com heróis e heroínas. Podemos, de maneira semelhante, perguntar-nos que atividade cultural em nossa sociedade substituiu (ou ao menos *tem o potencial de substituir*) o amor cortês medieval tal como Lacan o compreende.[22] Segundo Lacan, a prática psicanalítica é uma excelente candidata. Como o amor cortês,[23] essa prática visa a um *bien dire* que nos permite passar pelo luto referente à perda da satisfação última (LACAN, 1959-60, p. 337-375).

Nos trabalhos que investigamos, fica claro que Lacan não desenvolve sistematicamente essa intuição nem estabelece explicitamente uma ligação entre histeria e formas específicas de expressão cultural.[24] Nossa discussão sobre a jovem homossexual, todavia, permite-nos fazer isso. Dora e a jovem homossexual enfrentam a mesma problemática. Elas *fornecem respostas diferentes à mesma problemática*, pois o pai ocupa diferentes posições estruturais nos diversos casos. É a problemática (ou seja, a "instituição da falta na relação com o objeto"), e não as diferentes respostas fornecidas por Dora e pela jovem homossexual, que encontra sua analogia cultural no amor cortês.

Freud defende que uma disposição geral humana à histeria se expressa tanto em patologias como na literatura. Lacan substitui tal disposição constitutiva por uma problemática estrutural, que caracteriza essencialmente o desejo como um efeito do significante. Do mesmo modo que em Freud, nos trabalhos de Lacan a patologia aparece como uma caricatura de formas culturais específicas. O amor da jovem homossexual é uma caricatura do amor cortês, mas em ambos os casos o anseio surge da mesma fonte. Freud afirma que é improvável que a literatura nos libere de uma vez por todas de patologias e de sintomas histéricos; do mesmo modo, Lacan defende que é improvável que o amor cortês ou seu equivalente cultural nos permitam superar de uma vez por todas o falso reconhecimento que domina o amor da jovem homossexual. Freud e Lacan concordam em, ao menos, um ponto:

---

[22] Retornaremos a essa problemática mais detalhadamente em nossa conclusão.

[23] Isso também é verdade para a arte, de maneira geral. Ver também Van Haute (1996).

[24] A possibilidade de tal ligação está, contudo, sempre presente nos trabalhos de Lacan. Referimo-nos anteriormente à passagem de *A ética da psicanálise* na qual Lacan conecta os respectivos mecanismos da neurose obsessiva e da paranoia a três tipos de sublimação: arte, religião e ciência (LACAN, 1959-60, p. 129). A perspectiva patoanílitica não deve, então, ser estranha a Lacan.

seres humanos vivem suas vidas em uma tensão contínua, que não pode ser resolvida, entre patologia e cultura.

Isso não quer dizer que o questionamento lacaniano provoque uma mudança de direção com relação ao trabalho de Freud. Apesar de a histeria ser, tanto para Freud como para Lacan, a estrada real para a verdade da existência humana, Freud acredita que a superação dessa patologia na cultura se refere menos à compreensão de sua verdade do que a um modo de ceder ao prazer estético que a literatura nos oferece. Apesar de Lacan não negar esse tipo prazer, ele não o vê como a característica fundamental da literatura. Literatura é essencialmente um "bem dizer" (*bien dire*) que facilita a confrontação como a verdade da nossa existência como tal.

Até mesmo em seus textos tardios, Lacan jamais desenvolve uma perspectiva patoanalítica tal como a discutimos aqui. Isso não impede que esses textos, especialmente aqueles que enfocam a sexualidade feminina, possam ser utilizados em uma interpretação patoanalítica da histeria.[25] Nesses textos parece que Lacan é capaz de superar sua relação ambígua com o projeto patoanalítico. À luz de nossa argumentação, não surpreende que essa vitória esteja relacionada a seu abandono do complexo de Édipo como explicação última da patologia. Como observamos anteriormente, o complexo de Édipo inevitavelmente insere na teoria psicanalítica um elemento normativo que é antagônico ao projeto de uma patoanálise. No próximo capítulo mostraremos como o abandono lacaniano do complexo de Édipo em seus textos tardios deve ser compreendido e como essa mudança facilita uma reinterpretação patoanalítica de seu trabalho.

---

[25] *O avesso da psicanálise* (LACAN, 1969-70) e *Mais, ainda* (LACAN, 1972-73), especificamente, vêm à mente.

Capítulo 7
Além do Édipo?

Introdução

Freud tenta por diversas vezes convencer Dora de que está apaixonada por Herr K. Repetidamente Freud se esforça para encaixar os problemas de Dora em uma matriz heterossexual. Apesar de sua teoria da bissexualidade constitutiva, Freud frequentemente se deixa levar por preconceitos referentes à natureza do desejo humano e ao modo como esse desejo deveria se desenvolver. Mulheres são destinadas aos homens, nos casos em que isso não estiver claro, a terapia servirá para induzir essa ideia *in extremis*. A resposta de Dora ao esforço de Freud é morna e ela põe fim a sua terapia prematuramente. Assim, ela faz com que Freud confronte a inadequação do seu saber e as suas deficiências como psicanalista.

Nos anos posteriores à publicação de *Fragmento da análise de um caso de histeria*, Freud gradualmente desenvolve sua teoria do complexo de Édipo. No momento em que encontra a jovem homossexual (cuja problemática discutimos largamente), Freud já havia desenvolvido sua teoria de maneira rica e abrangente. Inicialmente, ele busca uma explicação para o comportamento estranho dessa jovem nas vicissitudes de sua relação com seus pais, especialmente com seu pai. Nesse momento, Freud acredita que toda patologia pode ser compreendida a partir do complexo de Édipo. Quando Freud expõe sua avaliação para a jovem paciente, em vez de negá-la, ela diz com uma apatia irônica: "que interessante!". A jovem não considera que as avaliações teóricas de Freud mereçam ser discutidas e, assim, faz com que ele confronte sua "impotência".

Em ambos os casos, Lacan acredita que Freud intervém como um *mestre*. Suas intervenções são motivadas por um conhecimento que ele silenciosamente acredita ser a expressão da verdade última do desejo inconsciente (LACAN, 1969-70, p. 118). Essas intervenções não apenas parecem ordenar as diversas associações dos analisantes de Freud, como também possuem claramente, em ambos os casos mencionados, um sentido normativo: Dora deve aceitar uma teoria heteronormativa do desejo, e a jovem homossexual deve admitir seu amor por seu pai (pois apenas dessa forma ela poderia se libertar da fascinação por sua amiga). Assim, as associações dos pacientes de Freud não podem mais realmente surpreendê-lo. Elas são reduzidas a ilustrações de uma teoria preconcebida. Não devemos nos admirar, então, com o fato de Dora e a jovem homossexual, cada uma a sua maneira, terem virado as costas para Freud.

Nos trabalhos tardios de Freud e naqueles da tradição freudiana, o complexo de Édipo se torna o *shibboleth* da psicanálise. De diferentes modos, ele é elevado ao complexo nuclear das neuroses e a base última da patologia. É compreendido como a estrada real para a verdade da existência humana e da psicopatologia. Mostramos como o complexo de Édipo inevitavelmente insere um elemento normativo na teoria psicanalítica. Não podemos simplesmente reconciliar esse elemento normativo com as ideias patoanalíticas dos trabalhos iniciais de Freud. Nos trabalhos de Lacan que discutimos aqui, a interpretação estruturalista do complexo de Édipo tem um papel fundamental. Esses trabalhos não se restringem, contudo, à apresentação dessa interpretação. Em sua investigação sobre a jovem homossexual, Lacan rompe os estreitos limites de uma abordagem edipiana e fornece um interessante impulso para o desenvolvimento de uma antropologia clínica.

Em seus textos tardios – particularmente em seus seminários *O avesso da psicanálise* (LACAN, 1969-70)[1] e *Mais, ainda* (LACAN, 1972-73) –, Lacan rompe com os clássicos moldes do Édipo freudiano. Nesses

---

[1] Para comentários sobre esse seminário, ver Safouan (2005) e Clemens e Grigg (2006).

trabalhos, ele submete a teoria do complexo de Édipo a uma forte crítica. Desse momento em diante, Lacan passa a afirmar que o complexo de Édipo é "inútil" para clínica (LACAN, 1969-70, p. 113). Outrossim, ele expressa surpresa com relação ao do fato de essa descoberta não ter sido feita antes (LACAN, 1969-70, p. 113). Segundo Lacan, a experiência clínica da histeria deveria ter mostrado à psicanálise que o complexo de Édipo freudiano não é capaz de dar conta da relação entre pacientes histéricos e a figura mítica do mestre (de quem histéricos esperam uma resposta para todas as suas perguntas). Pacientes histéricos repetidamente criam essa figura do mestre e buscam seu conselho... até que ele falha.[2] Dora e a jovem homossexual dispensam as intervenções de Freud e dessa maneira expõem a inadequação de seu saber. O paciente histérico, diz Lacan, encarna a verdade do mestre que o próprio paciente cria, isto é, ele mostra que o mestre é estruturalmente deficiente e inadequado.[3] Já que o paciente histérico não está ciente disso, ele não consegue deixar de trazer à tona essa verdade, uma vez e de novo.

Para compreender melhor essa tese, temos de dar um passo para trás. Em *O avesso da psicanálise*, Lacan chama o complexo de Édipo de "sonho de Freud" (LACAN, 1969-70, p. 135, 159). Ele quer dizer que a formulação freudiana desse complexo deve ser interpretada como qualquer outro sonho. Mais especificamente, isso significa que a articulação teórica desse complexo revela, de maneira disfarçada, algo sobre o desejo inconsciente do próprio Freud,[4] desejo que obscurece a possibilidade de compreender a verdade do mito edipiano. Segundo

---

[2] "O que se trata de dissimular? É que, desde que ele entra no campo do discurso do mestre em que estamos tentando nos orientar, o pai, desde a origem, é castrado. Assim é aquele de quem Freud nos dá a forma idealizada, e que está completamente mascarado. No entanto, a experiência da histérica, se não seus dizeres, ao menos as configurações que ela lhe oferecia deveriam aqui tê-lo guiado melhor do que o complexo de Édipo, e levá-lo a considerar que isso sugere que tudo deve ser requestionado no nível da própria análise, do quanto de saber é preciso para que esse saber possa ser questionado no lugar da verdade" (LACAN, 1969-70, p. 101). Voltaremos a essa passagem em um estágio posterior.

[3] Ou, em uma terminologia mais lacaniana, que ele é "castrado". Retornaremos a essa questão adiante.

[4] Isso é o equivalente ao conteúdo latente de um sonho. A interpretação explícita de Freud do mito edipiano corresponde ao conteúdo manifesto do sonho.

Lacan, essa verdade é a castração estrutural e inevitável do mestre, e é um efeito da linguagem.[5] Tal verdade se perde na interpretação freudiana do mito (LACAN, 1969-70, p. 130). O mito freudiano sobre um pai primevo que possui todas as mulheres e é assassinado por seus filhos invejosos deve também ser interpretado de maneira a permitir que seu conteúdo latente venha à tona. Tal como na leitura freudiana de Sófocles, o tema do parricídio, nesse mito freudiano, também esconde o caráter insuperável da castração. Se Freud não tivesse se deixado cegar por casos de pacientes cujas questões neuróticas gravitavam em torno do parricídio, talvez ele tivesse percebido que o que está em jogo no mito é a verdade e a impossibilidade de uma absorção plena dessa verdade pelo saber (LACAN, 1969-70, p. 134-135). De acordo com Lacan, o Édipo personifica a figura do mestre e sua castração. Investigaremos, incialmente, a crítica de Lacan ao complexo de Édipo freudiano, que, subsequentemente, irá nos permitir reler mais uma vez o caso Dora.

Freud lê Sófocles[6]

A primeira referência feita por Freud à problemática edipiana ocorre em uma carta a Fliess (FREUD, 1985). Ele escreve que descobriu que nutre uma paixão pela mãe e sentimentos de rivalidade com relação a seu pai. Ele ainda acrescenta que esse tema faz parte da infância de todas as pessoas, o que explica o fato de o mito de Édipo continuar a causar um forte efeito em nós. Em certo momento de nossa juventude, todos nós fomos pequenos Édipos. Mesmo se tivermos recalcado esses anseios infantis, eles continuam ativos em nosso inconsciente. Por isso continuamos sob o feitiço do destino de Édipo Rei, apesar de nossas objeções intelectuais à ideia de que o destino determinaria nossa existência (FREUD, 1985, p. 272).

---

[5] "A castração é a operação real introduzida pela incidência do significante, seja ele qual for, na relação do sexo (*rapport sexuel*). E é óbvio que ela determina o pai como esse real impossível que dissemos" (LACAN, 1969-70, p. 129). Retornaremos a essa passagem em um estágio posterior.

[6] Baseamos essa seção, em sua maior parte, em um artigo bastante interessante de Demoulin, "L'œdipe, rêve de Freud" (DEMOULIN, 2002).

Freud retorna ao tema edipiano no capítulo sobre sonhos típicos de *A interpretação dos sonhos* (FREUD, 1900, p. 248 e ss.). Ele dedica diversas páginas a sonhos sobre a morte de pessoas amadas, menciona irmãos e também pais, especificamente, um dos pais, aquele do sexo oposto ao do sonhador (FREUD, 1900, p. 256). Freud conecta, ainda, esses sonhos a desejos edipianos infantis recalcados após a puberdade, mas que continuam ativos no inconsciente.

Freud se refere ao mito edipiano e à tragédia de Sófocles *Œdipus Rex* para sustentar seu argumento. Ele escreve que "uma lenda [...] da Antiguidade clássica que chegou até nós: uma lenda cujo poder profundo e universal de comover só pode ser compreendido se a hipótese que propus com respeito à psicologia infantil tiver validade igualmente universal" (FREUD, 1900, p. 261). Freud rejeita a ideia de que o trágico efeito da lenda resida no contraste entre, de um lado, a vontade todo-poderosa dos deuses e, do outro, a incapacidade da humanidade em escapar do mal que a ameaça (FREUD, 1900, p. 262). Ele escreve: "O Rei Édipo, que assassinou Laio, seu pai, e se casou com Jocasta, sua mãe, simplesmente nos mostra a realização de nossos próprios desejos infantis" (FREUD, 1900, p. 262). Freud encontra suporte para seus argumentos também no trabalho de Sófocles. Jocasta fala para Édipo sobre um sonho sonhado por muitas pessoas: "Muito homem desde outrora em sonhos tem deitado com aquela que o gerou. Menos se aborrece quem com tais presságios sua alma não perturba" (linha 982, *apud* FREUD, 1900, p. 264). Freud diz que esse sonho não é mais do que um complemento daquele sobre a morte do pai. A fábula de Édipo não é, portanto, nada além de nossa reação, por meio de fantasias, a esses sonhos típicos (FREUD, 1900, p. 264). Já que esses sonhos são inaceitáveis para adultos, essa fábula deve também incorporar o medo e a autopunição (FREUD, 1900, p. 264). Édipo arranca os seus próprios olhos ao perceber o que fez.

Observemos que nessa discussão, Freud deixa de delinear uma distinção entre o mito de Édipo, em suas diferentes versões, e a tragédia de Sófocles (LACAN, 1969-70, p. 131). Ele também não questiona o contexto político e cultural no qual essa lenda foi criada. Freud acredita que a referência aos dois desejos infantis mencionados é suficiente para a compreensão da tragédia. Ele se limita, desse modo, ao nível manifesto do mito edipiano e de seu significado (LACAN, 1969-70, p.

130). Nesse nível, ele certamente defende um bom argumento: Freud acredita que os dois crimes cometidos por Édipo estejam no cerne da lenda e quer compreender as razões de seu duradouro impacto. Lacan nota, contudo, que tal limitação do significado da lenda a despe de todos os seus efeitos trágicos (LACAN, 1969-70, p. 131, 134).

Podemos, de fato, encontrar no texto de Sófocles, como Freud com razão afirma, a referência explícita ao desejo de dormir com a mãe, mas não extrairemos facilmente do texto um desejo de matar o pai. Em primeiro lugar, Freud introduz tal desejo em um capítulo sobre sonhos típicos que contêm referências à morte de pessoas amadas, mas no qual nenhum dos sonhos se refere ao parricídio. Há, portanto, uma lacuna inexplicável em sua argumentação. Esse tema também não aparece de maneira tão evidente (diferentemente do que Freud defende) na tragédia de Sófocles. É verdade que o assassinato de Laio dá a Édipo acesso a sua mãe, mas Édipo mata o seu pai sem perceber. Ainda, ele é apenas pai no sentido biológico, Laio somente fornece a semente na concepção de Édipo (LACAN, 1969-70, p. 148).

A origem psicanalítica da narrativa: *Totem e tabu*[7]

O complexo de Édipo freudiano não pode ser separado do mito sobre a origem da sociedade que Freud formula em *Totem e tabu* (FREUD, 1913a). "Mito original" não é, de fato, uma descrição adequada da narrativa que Freud elabora naquele trabalho. Freud acredita que a narrativa descreve a *origem real* da sociedade e da história. Frequentemente, argumenta-se que a teoria do complexo de Édipo é uma continuação desse "mito original", já que tal mito pode ser compreendido como uma justificação histórica desse complexo. Lacan afirma ser estranho que ninguém tenha se preocupado com o fato de que o conteúdo de *Totem e tabu* é muito diferente das referências típicas de Freud à tragédia de Sófocles (LACAN, 1969-70, p. 131). O papel e o significado do pai (de seu assassinato) são certamente centrais tanto no complexo de Édipo clássico como no mito original de *Totem e tabu*. Mas tal papel não é o mesmo nos dois casos. No complexo de Édipo clássico, a lei do pai proíbe a relação

---

[7] Para uma discussão detalhada acerca da evolução investigada nesse parágrafo, ver Grigg (2008).

sexual com a mãe: Édipo deve primeiro matar seu pai para depois dormir com a sua mãe (LACAN, 1969-70, p. 139). Aqui o parricídio fornece acesso ao prazer incestuoso.[8] A questão é completamente diferente em *Totem e tabu*.[9] Nesse trabalho, o ponto de partida do mito sobre a origem da humanidade não é tanto a lei como o prazer ilimitado (prazer do pai, dessa vez). Freud estava absolutamente convencido dessa verdade. O pai original, escreve Freud, possuía todas as mulheres e impedia que os filhos tivessem acesso a elas. Essa é a razão pela qual ele é assassinado. Os filhos esperavam que o parricídio assegurasse sua participação no prazer ilimitado do pai, mas esse ato não alcança o efeito intencionado. Após o assassinato, os filhos permanecem se sentindo vinculados à lei do pai; nesse sentido, Freud escreve que seu comportamento é dominado pela culpa. Eles são obedientes *de uma maneira diferente*, não tanto para evitar uma "guerra de todos contra todos" pela posse das mulheres, mas pelo fato de sentirem culpa pelo assassinato. Os filhos não apenas temiam e odiavam seu pai, eles também o amavam. Dessa forma, o poder do "pai morto" pode ser maior do que o do pai vivo (FREUD, 1913a, p. 149). Esse assassinato não resulta, portanto, em acesso a um prazer incestuoso e ilimitado, mas, em vez disso, na submissão à lei do pai.

O sonho de Freud

Dissemos que Lacan acredita que o complexo de Édipo freudiano deva ser lido como um sonho de Freud. Suas ideias sobre o assunto devem ser interpretadas como aquelas presentes em qualquer sonho. Devemos, em primeiro lugar, perguntar-nos: de onde surge o tema freudiano do parricídio? Nesse contexto, Lacan se refere ao prefácio de *A interpretação dos sonhos* (LACAN, 1969-70, p. 141), no qual Freud escreve o seguinte sobre o significado do livro para ele: "Era, eu descobri, uma parte da minha autoanálise, minha reação à morte do meu pai – quer dizer, o evento mais importante, a perda mais pungente, na

---

[8] Além disso, nesse caso, Lacan acredita que a questão se refere menos ao desejo *pela* mãe do que a um desejo *da* mãe. A partir dessa perspectiva, a lei do pai limita o prazer ilimitado da mãe. Essa lei coloca uma tampa no desejo da mãe. A lei do pai evita que a criança pequena seja reduzida ao objeto último do desejo da mãe. Isso também define o sentido da lei do pai.

[9] Para uma discussão detalhada dessa evolução, ver Grigg (2008).

vida de um homem" (FREUD, 1900, p. xxvi). Lembramos que Freud interpreta o sonho da morte do pai com base na tese da existência de um desejo infantil de assassinar o pai, que forneceria à criança acesso à mãe.[10] Assim, o sonho de assassinato do pai é uma reação a sua morte: "Freud", Lacan escreve, "desejava, então, ser culpado da morte de seu pai" (LACAN, 1969-70, p. 122).

Para compreender essa ideia, devemos novamente dirigir nossa atenção para a interpretação lacaniana de *Totem e tabu*. O assassinato do pai é central também nesse caso. Freud compreende esse assassinato como um evento histórico. "O que se trata de dissimular?", Lacan pergunta e responde: "É que, desde que ele entra no campo do discurso do mestre em que estamos tentando nos orientar, o pai, desde a origem, é castrado" (LACAN, 1969-70, p. 101).[11] O tema do parricídio não é nada mais do que uma defesa contra a castração. Como deveríamos compreender essa ideia?

Nesse contexto, Lacan se refere ao sonho do paciente que Freud investiga no capítulo sobre "sonhos absurdos" de *A interpretação dos sonhos*. Esse sonho acontece da seguinte maneira: "*O pai estava vivo de novo e conversava com ele em seu estilo usual, mas* (isso é que foi notável) *ele havia realmente morrido, só que não o sabia*" (FREUD, 1900, p. 430, grifo de Freud). Esse sonho se torna inteligível, escreve Freud, se adicionarmos "*em consequência do desejo do sonhador*" depois de "mas ele havia realmente morrido". O mesmo é verdade para "não o sabia" se for suplementado com "*que o sonhador tinha esse desejo*" (FREUD, 1900, p. 430). Lacan afirma que o tema freudiano do assassinato do pai, esse sonho e o mito original de *Totem e tabu*, todos esses elementos indicam uma tentativa de obscurecer a castração do pai; em outras palavras, sua real limitação e mortalidade. Enquanto formos capazes de acreditar (inconscientemente) que a morte do pai é a consequência do assassinato, nós também seremos capazes de acreditar que sua morte é a consequência *exclusiva* desse assassinato. Ou, na terminologia de *Totem*

---

[10] O fato de que as referências ao complexo de Édipo e às explanações edipianas são apenas incluídas em edições tardias de *A interpretação dos sonhos* não é desprovido de importância para nossa discussão.

[11] Ver nota 2. Para uma discussão detalhada acerca da teoria lacaniana dos quatro discursos, ver Fink (1998) e Verhaeghe (1997) entre outros, *passim*.

e tabu, enquanto acreditarmos que o parricídio coletivo extermina o prazer do pai, seremos também capazes de deixar de reconhecer o caráter estrutural da castração – a impossibilidade de um prazer ilimitado fora da lei (LACAN, 1969-70, p. 141-143).

A castração como a verdade do complexo de Édipo

De acordo com Lacan, a ênfase freudiana no caráter histórico da origem do mito em *Totem e tabu* e, de maneira mais geral, sua ênfase no assassinato do pai devem ser compreendidas como um falso reconhecimento do caráter estrutural da castração. *Totem e tabu* implica um falso reconhecimento da castração como a verdade última do desejo do sujeito. Como em qualquer outro sonho, todavia, o mito original de Freud não apenas obscurece, Lacan observa que esse mito simultaneamente ilumina uma importante verdade do desejo (muito embora faça isso de maneira distorcida). Ao postular a semelhança entre o pai morto e o prazer ilimitado ou gozo (*jouissance*) (LACAN, 1969-70, p. 143-144), essa narrativa aponta para uma impossibilidade. Alguém que está morto não pode, no final das contas, ter prazer. Lacan equipara, portanto, o pai morto com o "real", de acordo com a fórmula "o real é o impossível" (LACAN, 1969-70, p. 143). Ele quer dizer que o pai morto se refere a uma dimensão que está estruturalmente fora do reino humano de toda significação possível. Lacan diz que é o pai morto da horda primeva que aparece nos sonhos dos neuróticos (mais especificamente, naqueles dos pacientes histéricos). É o pai que tem uma resposta para todas as questões, em particular, que poderia responder satisfatoriamente a pergunta "O que quer uma mulher?".[12]

---

[12] "A ideia de colocar o pai onipotente no principio do desejo é suficientemente refutada pelo fato de que foi do desejo da histérica que Freud extraiu seus significantes-mestres. Não se deve esquecer, com efeito, que Freud partiu daí, e que ele confessou o que permanece como centro de sua questão... É a pergunta – "o que quer uma mulher?" (LACAN, 1969-70, p. 129). Da nossa leitura de Freud se torna claro que a conexão que Lacan faz aqui entre o complexo de Édipo, *Totem e tabu* e a histeria pode ser desafiada, a partir da perspectiva histérica. A introdução do complexo de Édipo se refere ao crescente enfoque na neurose obsessiva que aconteceu de 1910 (aproximadamente) em diante (VAN HAUTE; GEYSKENS, 2010).

Encontramos esse tema já no seminário *La relation d'objet*, discutido em capítulos anteriores.[13] Nesse seminário inicial, Lacan se refere à conhecida crítica segundo a qual Freud teria dado pouca ou nenhuma atenção ao prazer corporal sentido por mulheres, especialmente por jovens garotas. Freud acredita que jovens moças não têm conhecimento da existência da vagina.[14] Em *La relation d'objet*, Lacan argumenta que Freud não tenta diminuir a importância nem negar a existência do prazer feminino; em vez disso, Lacan afirma que a intenção de Freud é mostrar que esse prazer apenas se torna significativo dentro da ordem simbólica. É na ordem simbólica, Lacan explica, que o falo atua como significante da falta (LACAN, 1956-57, p. 141).

Na investigação de Lacan, o falo emerge como significante que indica o desejo do Outro na medida em que esse desejo está submetido à ordem dos significantes; em outras palavras, na medida em que, em última análise, escapa a toda determinação concreta. Vários objetos (qualquer objeto, em princípio) pode aparecer no espaço marcado por esse significante e, assim, obter um significado fálico. Isso implica que esses objetos momentaneamente aparecem ao sujeito como algo que possivelmente promoverá a satisfação do desejo. Tal satisfação última é, no entanto, impossível. O falo é o significante de uma falta irremovível no simbólico: o objeto capaz de satisfazer o desejo é, na realidade, irrecuperável.[15]

Para a mulher, a natureza falocêntrica do simbólico implica que no simbólico seu desejo pode apenas tomar forma nos termos de um significante masculino. Lacan frequentemente afirma que o simbólico não possui um significante para indicar o desejo feminino *per se* e "em si" (isto é, um significante separado da referência ao desejo masculino estruturado falicamente).[16] Qualquer que seja o papel alocado para a mulher no desejo do Outro, esse papel pode apenas ser interpretado a

---

[13] Para o que se segue, ver Lacan (1956-57, p. 141 e ss.).

[14] Para uma crítica à pressuposição filosófica na qual essa teoria está baseada, ver Van Haute (2005).

[15] Retornaremos detalhadamente a esse problema, assim como àquilo que acompanha o prazer fálico, no próximo capítulo.

[16] Para uma interessante discussão e crítica dessa teoria, ver Schneider (2006, p. 299-340).

partir da perspectiva do falo como um significante da falta.¹⁷ A questão "O que é uma mulher (fora e independente desse universo fálico)?" é a consequência lógica dessa ideia. O sujeito histérico encarna essa questão e, do mesmo modo, busca de um pai capaz de respondê-la.

A realidade simbolicamente estruturada é, por definição, o mundo da falta indicada pelo significante fálico (Lacan, 1969-70, p. 149). Isso significa que dentro dessa ordem não há uma resposta possível à questão "O que é uma mulher (fora e independente do universo fálico)?".¹⁸ Consequentemente, um pai capaz de satisfazer o desejo e responder a pergunta do sujeito histérico também não pode ser encontrado nessa realidade. Ele é uma impossibilidade. Esse pai é um pai morto, um pai que não é mais definido pela falta, um pai que não pode falhar.

Castração, diz Lacan, é um efeito da linguagem: "linguagem [...] não pode ser outra coisa senão uma demanda, uma demanda que falha" (Lacan, 1969-70, p. 144). Como mostramos nas investigações precedentes, toda demanda produz um lembrete, pois é articulada na linguagem.¹⁹ Nesse sentido, toda demanda "falha". Mais especificamente, o desejo apenas existe por conta da graça de nossa inscrição na linguagem, isto é, em uma cadeia de significantes

---

[17] Para a questão precedente ver, Mitchel e Rose (1982), Miller (2000), Morel (2000; 2002), Soller (2000; 2002) e Monique David-Ménard (2010), entre outros. À luz das investigações realizadas nos capítulos anteriores, parece que a ideia de que no simbólico não há um significante para a mulher e de que o papel da mulher no desejo do Outro pode apenas ser elucidado nos termos do falo como o significante da falta é uma versão filosófica da tese de Lévi-Strauss segundo a qual mulheres são objetos de troca entre linhas de parentesco *masculinas*. Esse ponto de vista não é, contudo, a palavra final de Lacan sobre o assunto. Retornaremos a essa questão no próximo capítulo.

[18] Em seu seminário *Mais, ainda* (Lacan 1972-73), que será discutido no próximo capítulo, Lacan justapõe o gozo fálico limitado, governado pela lei simbólica, e outro gozo "feminino", que escapa do e transcende o simbólico. Ainda nesse trabalho, Lacan desconecta completamente essas formas de gozo da realidade biológica. Esse desenvolvimento de sua teoria não apenas implica uma correção crucial das ideias falocêntricas que encontramos no próprio Lacan (as quais discutimos aqui), mas também abre novas possibilidades para uma interpretação patoanalítica de seu trabalho. Retornaremos a essa questão.

[19] Esse é o lugar em que Lacan situa o objeto *a* – o "objeto-causa" do desejo (Lacan, 1969-70, p. 144). Uma discussão detalhada nos levaria para muito longe do nosso caminho. Retornaremos a esse ponto no próximo capítulo.

que renovam repetidamente a falta que está em sua origem. Lacan também conclui que a castração é a verdadeira função simbólica, que pode apenas ser compreendida a partir da perspectiva de uma cadeia de significantes (LACAN, 1969-70, p. 144).[20] Dessa maneira, Lacan separa completamente o problema da castração da referência ao assassinato do pai e, assim, do complexo de Édipo freudiano. A referência ao pai (mesmo que ele esteja "morto") permanece, mas a releitura lacaniana do mito de Édipo mostra que ele quer reavaliar os fundamentos também dessa questão.

Édipo como encarnação do mestre

Já sabemos que, segundo Freud, a lenda edipiana deriva seu significado do fato de que mostra a realização de dois inextricáveis desejos infantis. Para Lacan, entretanto, isso não é essencial.[21] Ele diz que Édipo ganha acesso à cama de Jocasta menos em razão do assassinato de seu pai (ato que, além de tudo, realiza sem ter ciência) do que pelo fato de ter decifrado o enigma da esfinge ("O que primeiro anda em quatro patas, depois em duas e, finalmente, em três?"). Em outras palavras, Édipo se torna rei pois vence o teste de verdade da esfinge, que, anteriormente, tomou a vida de muitos cidadãos[22]: Édipo é, antes de tudo, aquele que decifra o enigma para o bem da comunidade. Metade humana, metade animal, a esfinge é também uma criatura enigmática. Édipo decifra o enigma ("humanos" é a resposta) e, dessa maneira, liberta Tebas das garras do mal (LACAN, 1969-70, p. 140; DEMOULIN 2002, p. 403).

Lacan afirma que Édipo assume, assim, a posição de mestre. Ele é aquele que sabe e, com seu saber, é capaz de unir a sociedade e protegê-la contra o perigo. Para Édipo, verdade e saber são uma única e a mesma coisa, não há separação ou distância entre a cadeia

---

[20] Essa é a razão pela qual em *O avesso da psicanálise* Lacan introduz a teoria dos discursos, que substitui o mito de Édipo (DEMOULIN, 2002, p. 410).

[21] Nesse ponto poderíamos também notar a influência de Lévi-Strauss e outros sobre a interpretação lacaniana desse mito. Mas isso nos faria desviar muito de nossa linha de argumentação. Para compreender melhor essas influências, ver Grigg (2008) e Demoulin (2002).

[22] "O importante é que Édipo foi admitido junto a Jocasta porque tinha triunfado em uma prova de verdade" (LACAN, 1969-70, p. 117).

de significantes e a verdade que expressa. Isso quer dizer que o mestre nega ou reprime a separação, que inevitavelmente resulta da inscrição na ordem do significante.[23] Segundo Lacan, a continuação da lenda prova, sem sombra de dúvida, que essa é a importância de Édipo. Quando Tebas é tomada pela praga, as pessoas se dirigem novamente a Édipo para que encontre uma solução. O oráculo de Delfos diz que o assassino de Laio, que é o pai de Édipo e o rei anterior, está em Tebas e que a única maneira de vencer a praga é desmascarar o assassino.

Nesse ponto, diz Lacan, Édipo confronta novamente o problema da verdade, que está ao menos em parte relacionado à problemática da castração (LACAN, 1969-70, p. 140). Pouco a pouco Édipo desvela a verdade sobre o que fez e sobre as circunstâncias de sua ascensão ao trono. Ao se dar conta de que é responsável pela morte de seu predecessor, Édipo executa contra si a sentença que pronunciou para o assassino: arranca seus próprios olhos. Lacan interpreta esse ato como simbólico da castração (LACAN, 1969-70, p. 140-141). Dessa maneira, Édipo ilustra que a verdade do mestre é sua castração. Já que significantes são determinados diferencialmente e apenas significam com referência a outros significantes, a possível coincidência entre saber e verdade é excluída. Todo pedaço de saber deixa um lembrete. Ninguém pode jamais expressar a verdade, estruturalmente esta é um semidizer (*mi-dire*) (LACAN, 1969-70, p. 126).

A reavaliação de Lacan do mito de Édipo derruba a perspectiva freudiana. Esse mito não se refere ao acesso à mãe como o objeto último do desejo por meio do assassinato do pai, refere-se sim à figura do mestre e sua castração estrutural. Consequentemente, essa tragédia não gravita em torno do desejo pela mãe, mas de um desejo de saber e da impossibilidade de esse saber coincidir com a verdade (LACAN, 1969-70, p. 135). A figura do mestre (castrado) substitui a figura do pai (assassinado).

Dora e a busca por um mestre

Retornaremos, agora, a Dora. Já observamos que, segundo Lacan, Freud se posiciona como um mestre em suas intervenções e interpretações.

---

[23] Para uma discussão mais técnica sobre o discurso do mestre e de sua relação com os outros três discursos que Lacan distingue em seu seminário *O avesso da psicanálise*, ver Verhaeghe (2001), Fink (1998), entre outros.

Ele é aquele que sabe, e sua única tarefa consiste em convencer Dora de seu saber. Muitos anos depois, o próprio Freud reconhece que seus preconceitos referentes à sexualidade (mais especificamente, suas ideias sobre o que uma relação sexual madura deveria ser) tornaram impossível a compreensão dos laços homossexuais de Dora com Frau K. Mas talvez não tenha sido somente isso que Freud deixou de ver. Mais importante do que a escolha do objeto homossexual é a dinâmica que controla o desejo da paciente histérica. Aprendemos nos capítulos anteriores que, em essência, o desejo histérico busca continuar insatisfeito. O desejo histérico é um desejo de um desejo insatisfeito. Freud, no entanto, busca por um objeto *específico* que responderia ao desejo (inconsciente) de Dora, por isso ele deixa algo passar despercebido. O desejo histérico não busca por satisfação em um objeto específico. Não é surpreendente, portanto, o fato de que Dora não se impressiona com as habilidades analíticas de Freud, ela abandona sua terapia depois de apenas alguns meses. Qual seria, contudo, a dinâmica que fundamentalmente determina a histeria, que Lacan identifica e Freud não?

Como em seus comentários anteriores, em *O avesso da psicanálise* Lacan acentua a importância que Dora atribui à "impotência" sexual do pai (Lacan, 1969-70, p. 108).[24] Não se pode argumentar que alguém falha desta maneira, Lacan continua, sem simultaneamente mensurá-lo a partir de sua função simbólica. Não apenas o pai de Dora é aquilo que é na realidade (um velho homem doente), mas ele é também um pai da maneira que um soldado pode ser um "ex-combatente". O pai carrega o título de "ex-genitor" (*ancien géniteur*) e continua a carregar a referência à possibilidade de procriação. Mesmo após se tornar "impotente", ele mantém essa posição simbólica com relação a mulheres. Essa é a origem da idealização do pai, que caracteriza e

---

[24] Nossos comentários subsequentes se referem à seguinte passagem: "Significa proferir implicitamente que o pai não é apenas o que ele é, que é um titulo como *ex-combatente – ex-genitor*. Ele é pai, como o ex-combatente, até o fim de sua vida. Significa implicar na palavra *pai* algo que está sempre, de fato, em potência de criação. E é em relação a isso, nesse campo simbólico, que temos de observar que o pai, na medida em que desempenha esse papel-pivô, maiúsculo, esse papel-mestre no discurso da histérica, é isso precisamente que chega a sustentar, sob esse ângulo da potência de criação, sua posição em relação à mulher, mesmo estando fora de forma. É isso que especifica a função de onde provém a relação com o pai da histérica, e é precisamente isso que designamos como pai idealizado" (Lacan, 1969-70, p. 95).

facilita o discurso histérico. A idealização é necessária para elevar o pai ao nível de mestre. Assim, a mulher histérica busca o mestre no pai.[25] Um desejo de saber inspira esse mestre, que ela acredita ser, por princípio, capaz de responder as questões que enfrenta.

A maneira e a abrangência em que podemos redesenhar essa busca pelo mestre no caso Dora de Freud não são tão claras. Em *O avesso da psicanálise*, Lacan não lê esse texto de maneira sistemática; ele, na verdade, utiliza-o para ilustrar suas teses. Lacan apenas se refere ao caso em razão de sua própria teoria sobre a histeria. A respeito da relação com o mestre, Lacan se refere a um dos dois sonhos centrais para interpretação freudiana de Dora (LACAN, 1969-70, p. 110). Anteriormente discutimos o sonho sobre o incêndio na casa.[26] No segundo sonho, é dito a Dora que seu pai morreu e sua mãe lhe escreve, dizendo que pode, agora, retornar ao lar. Após uma longa viagem Dora retorna, mas descobre que seus familiares estão no cemitério (FREUD, 1905a, p. 94 e ss). Depois que Freud explica sua interpretação desse sonho a Dora, ela se lembra de outro fragmento do sonho: "ela foi calmamente para seu quarto e pôs-se a ler um livro grande que estava sobre sua escrivaninha" (FREUD, 1905a, p. 100). Lacan crê que isso ilustre o fato de que apenas o pai morto produz o saber sobre a sexualidade desejado pela mulher histérica (Dora, nesse caso). Freud fornece uma explanação de certa forma mais trivial. O sonho realiza a fantasia de vingança dirigida a seu pai. O que Dora acrescenta combina com essa interpretação: "o pai estava morto [...] Ela podia ler calmamente o que bem lhe aprouvesse. Não significaria isso que uma de suas razões para a vingança era também a revolta contra a coerção exercida pelos pais? Se seu pai estivesse morto, ela poderia ler ou amar como quisesse" (FREUD, 1905a, p. 100). Esse anseio está bem distante da frenética busca pelo mestre.

Como em outras circunstâncias em que discute Dora, no *Avesso da psicanálise* Lacan se concentra na cena do lago (LACAN, 1969-70, p. 109-110). Ele afirma: "é bem verdade que nesse momento o *gozo* do outro se oferece a ela, e ela não o quer, porque o que quer é o saber

---

[25] Mais tarde ela faz o mesmo com outras figuras – o padre, o rabino, o médico... o psicanalista.

[26] Sobre esse assunto, ver o nosso segundo capítulo, que discute Dora.

como meio de gozo, mas para fazê-lo servir à verdade, verdade do mestre que ela encarna, enquanto Dora" (LACAN, 1969-70, p. 97).[27]

Por que a mulher histérica ansiaria por saber? Estamos cientes de que o problema da histeria é dominado pela questão "O que é uma mulher/ O que quer uma mulher?" (LACAN, 1969-70, p. 150). Podemos reformular essa questão em termos da (im)possibilidade de uma relação sexual. Uma relação pressupõe dois parceiros diferentes e, sobretudo, complementares, que seriam capazes de se engajar em relações simétricas. Segundo Lacan, entretanto, a relação entre os dois sexos não pode ser descrita dessa maneira. Ele afirma que, em última análise, não há mais do que um ponto de referência (o significante fálico) na relação em que *ambos* os sexos determinam suas posições recíprocas. Essa linha de raciocínio resulta no adágio lacaniano que diz que *não há relação sexual* (LACAN, 1969-70, p. 1934).[28]

O que atrai Dora em Herr K., diz Lacan, é o fato de que seu órgão é funcional, em oposição ao do pai.[29] Mas esse órgão apenas tem significado na medida em que uma outra pode roubá-lo. Lacan se refere novamente ao sonho de Dora do incêndio na casa, no qual sua mãe quer salvar a caixa de joias. Lembremos que Herr K. também presenteou Dora com uma caixa de joias. Lacan afirma que o fato de Herr K. ter dado a Dora uma caixa de joias, e não as joias a serem guardadas na caixa, é crucial para a interpretação desse sonho (LACAN, 1969-70, p. 109-110). Freud, em sua interpretação desse mesmo sonho, liga a caixa de joias à genitália feminina (FREUD, 1905a, p. 91). Consequentemente, em sua relação com Herr K., Dora não está interessada em seu órgão (ou em sua "joia") – isto é, na satisfação sexual –, mas sim na questão da feminilidade. Quem sou eu como mulher, para além da economia fálica na qual Herr K. quer me confinar?[30]

---

[27] Não está muito clara a razão pela qual Lacan se refere ao "prazer do Outro" e não ao "prazer fálico", já que é precisamente este último que Herr K. "oferece" a Dora.

[28] Para comentários ulteriores sobre esse problema e sua orientação na história da psicanálise, ver Van Haute (2002a). Essa questão é central para o seminário *Mais, ainda* (LACAN, 1972-73), que estará no cerne das investigações no próximo capítulo.

[29] "O que atrai Dora é a ideia de que ele (Herr K.) tem o órgão... não para que Dora faça dele sua felicidade, se posso dizer assim – *mas para que uma outra a prive dele*" (LACAN, 1969-70, p. 96).

[30] Esse fator determinante da patologia de Dora emerge também, segundo Lacan, da contemplação teórica (*contemplation théorique*) (LACAN, 1969-70, p. 110) de Frau

O sujeito histérico busca o saber a serviço da verdade. Essa verdade, contudo, é a de que o mestre é defeituoso e essencialmente caracterizado pela falta.[31] A estratégia lacaniana de tematização de pacientes histéricos se torna, agora, clara. Eles apontam para um mestre (o pai, o padre, o rabino e também o psicanalista) de quem esperam resposta a suas questões (LACAN, 1969-70, p. 150). Como resultado, o sujeito histérico se apresenta como um enigma para esse mestre.[32] Por meio de tudo que diz e faz, o sujeito histérico sugere que responder a suas questões (resolver o enigma que encarna) ajudaria o mestre a completar seu saber e (re)estabelecer sua maestria. Ela inspira todo psicanalista, pois é muito "interessante" e se torna um paciente muito "excitante".[33] Ela desperta o desejo de saber. Não importa a resposta que o mestre produza; qualquer que seja, ela é, por definição, deficiente. Toda resposta reduz o sujeito a um puro objeto do desejo de saber do Outro. Toda resposta reduz o sujeito a uma ilustração de uma teoria que é estruturalmente incapaz de responder a pergunta da histérica – *"O que é uma mulher?"*.

A relação paradoxal do sujeito histérico *vis-à-vis* ao saber (do mestre) espelha uma relação similarmente paradoxal *vis-à-vis* à satisfação sexual. O mestre não é mais caracterizado por uma falta e ele não pode mais falhar. Isso só é possível se o mestre não mais deseja. Assim, a paciente histérica toma muito cuidado na "escolha" de seus mestres. Eles são objetos que estão "fora de alcance" (o padre ou rabino, o psicanalista ou o professor), assim, o sujeito histérico é capaz de fingir por certo tempo que eles estão "acima" e "além" do desejo. Nessas circunstâncias, contudo, o sujeito se apresenta como um objeto

---

K. e do seu "adorável corpo alvo" (FREUD, 1905a, p. 61), que floresceu durante uma visita a Dresden, na qual Dora, por duas horas, "Diante da Madona Sistina, deixou-se levar, tomada por silenciosa admiração. Diante da pergunta sobre o que tanto lhe agradara no quadro, não soube dar nenhuma resposta clara. Finalmente, disse: "A Madona" (FREUD, 1905a, p. 96).

[31] "E essa verdade, para dizê-la de uma vez, é que o mestre é castrado" (LACAN, 1969-70, p. 97).

[32] O paciente histérico manifesta sintomas, cujos significados não compreende. Todos esses sintomas podem ser conectados à questão da feminilidade.

[33] "Ela quer que o outro seja um mestre, que saiba muitas e muitas coisas, mas, mesmo assim, que não saiba demais, para que não acredite que ela seja o prêmio máximo de todo o seu saber. Em outras palavras, quer um mestre sobre o qual ela reine" (LACAN, 1969-70, p. 129).

misterioso e excitante que continua a carregar o potencial de completar o mestre. Seduz o mestre, que morde a isca e emerge como um sujeito desejante. A rejeição é, então, inevitável. O paciente histérico resiste precisamente a essa transformação em um objeto falicizado que não tem outro significado senão facilitar o gozo do outro. Resta ao mestre desmascarado realizar uma especulação sem fim sobre como ele teria se equivocado terrivelmente ou, como Freud... escrever um estudo de caso.

Conclusão

Apesar de já ser evidente nos trabalhos de Lacan da década de 1950 que sua leitura de Dora, em grande medida, desvia da leitura freudiana, esses trabalhos são escritos de maneira relativamente alinhada à interpretação (edipiana) tradicional do caso. Em *O avesso da psicanálise*, Lacan dá mais um passo.[34] Ele desmascara o complexo de Édipo, que passa a ser compreendido como um "sonho de Freud", que tem de ser interpretado. Ele simultaneamente reinterpreta a histeria como uma encarnação da "verdade do mestre", isto é, de que o mestre se caracteriza por uma deficiência e, portanto, é castrado. A histeria é a encenação contínua dessa verdade.

Essa mudança transforma o significado da referência ao trabalho de Freud sobre Dora. Em *La relation d'objet*, Lacan desenvolve sua própria teoria sobre histeria, que está em certa medida alinhada a *Fragmento da análise de um caso de histeria*. De outro lado, em *O avesso da psicanálise*, Lacan utiliza o trabalho de Freud para ilustrar uma teoria que, em grande parte, desenvolve de maneira separada desse trabalho. A tese segundo a qual o problema da histeria apenas pode ser compreendido com relação (à exposição do) ao mestre está, de fato, distante das ideias freudianas sobre as disposições "orgânicas" histéricas, nas quais a relação entre o sexual e o excremental tem um papel crucial. Freud não compreende a histeria em termos de uma busca por um mestre. Ao mesmo tempo, contudo, a teoria de Lacan ilumina um aspecto do percurso da análise de Dora: Freud se com-

---

[34] Está claro que a evolução do lugar e do significado do complexo de Édipo, dos seminários iniciais de Lacan até *O avesso da psicanálise*, pode e deve ser estudada em mais detalhes do que expomos aqui.

porta com relação a ela como um mestre, que ela vinha procurando e cujas deficiências ela, de maneira dolorosa, torna claras.

Além do recalque "orgânico", o problema da bissexualidade é central para a teoria original de Freud sobre a histeria. Em uma primeira olhada, esse problema parece ter sido deixado de lado por Lacan, que o teria substituído pela pergunta "O que é uma mulher?". Já que a bissexualidade é uma condição compartilhada por todos os seres humanos, em seus trabalhos iniciais, sem muito esforço, Freud, em sua *teoria*, é capaz de dar conta do fato de que a histeria não é exclusivamente um problema feminino. No caso de Lacan, a questão é inicialmente um pouco mais complicada. Apesar de reconhecer que o problema histérico afeta tanto homens como mulheres, o argumento de que mulheres (nesse caso, certamente a referência é a mulheres no sentido biológico) são, primariamente, objetos de troca nas estruturas de parentesco parece redefinir a histeria como um privilégio feminino. Dessa forma, a questão "O que é uma mulher?" continua a obter uma resposta unívoca, que a paciente histérica considera difícil de aceitar. O complexo de Édipo, contudo, não possui mais um papel central na teoria sobre histeria que Lacan apresenta em *O avesso da psicanálise*. Como resultado, a referência à interpretação estrutural de Lévi-Strauss do complexo (que Lacan utiliza para defender que mulheres devem ser compreendidas como objetos de troca) também desaparece. Daí em diante Lacan conecta a histeria à impossibilidade da relação sexual, que não é por natureza exclusiva a qualquer dos sexos (LACAN, 1969-70, p. 150, 112). Contra os argumentos defendidos em *La relation d'objet*, a histeria está ligada a um problema que, por princípio, não pode ser solucionado e para o qual não há uma resposta possível e adequada. Em *O avesso da psicanálise*, Lacan continua a tematizar essa impossibilidade exclusivamente em termos do caráter falocêntrico da ordem simbólica. No simbólico, a diferença sexual apenas se torna significativa a partir da referência ao falo como o significante da falta. Isso implica que há apenas um único ponto de referência no simbólico nos termos do qual ambos os sexos se determinam vis-à-vis o outro. A consequência disso é a impossibilidade da relação sexual.

A questão para a qual Dora – e todo sujeito (histérico) por extensão – busca em vão uma resposta se refere a quem ela é ou quem poderá se tornar para além da economia fálica na qual Herr K. quer a confinar. No seminário *Mais, ainda* (LACAN, 1972-73), Lacan posiciona o gozo fálico, limitado e que está sujeito às leis do simbólico, em oposição a outro gozo "feminino", que escapa do ou transcende o simbólico. Nesse trabalho, Lacan desconecta completamente essas formas de gozo da realidade biológica. Tais desenvolvimentos de sua teoria não apenas implicam uma correção crucial nas teses falocêntricas lacanianas (tal como discutidas aqui), como também abrem novas possibilidades para uma interpretação patoanalítica de seu trabalho. Isso porque a relação com esse outro gozo "feminino" não apenas determina um modo de compreender a histeria, como também se expressa em formas culturais específicas (mais especificamente, aquelas referentes ao misticismo e ao amor cortês).

Capítulo 8
Retorno a Freud?
A patoanálise lacaniana da histeria

Introdução

Em *Três ensaios sobre a teoria da sexualidade*, Freud mostra que a sexualidade humana é, em essência, desordenada. Nenhum tipo de normalização genital é alcançado no final de um desenvolvimento bem-sucedido, isto é, de um desenvolvimento no qual um "amor genital maduro" (simétrico e plenamente complementar) torna-se possível entre os dois sexos. Tal "amor genital" traria, ao menos na teoria, uma integração total de correntes sensuais e ternas que caracterizariam a vida sexual dos parceiros (preferencialmente heterossexuais) envolvidos.[1] Contra essa imagem idealizada, Freud escreve sobre a existência de diversas zonas erógenas que não participam do desenvolvimento natural, suas relações mútuas são determinadas pela inscrição

---

[1] Fairbairn expõe esse *insight* da seguinte maneira: "no caso de um adulto emocionalmente maduro, a libido busca o objeto por meio de diversos canais, dentre os quais os canais genitais possuem um papel essencial, mas de nenhum modo exclusivo [...] A mudança gradual que ocorre na natureza da relação-objeto é acompanhada por uma mudança gradual no objetivo libidinal, por meio da qual um objetivo oral, sugador, incorporador e tomador é substituído por um objetivo maduro, não incorporador, doador e compatível com o desenvolvimento da sexualidade genital" (FAIRBAIRN, 1941, p. 75-78).

de uma disposição inata em uma história privada, na qual as relações com outros são centrais.[2] A sexualidade humana não tem, portanto, um objetivo último inscrito na lógica de seu desenvolvimento. É, ao contrário, o resultado contingente de uma história fundamentalmente diferente do desdobramento determinado biologicamente (e, portanto, normativo) de um projeto.[3]

Lacan considera esses *insights* freudianos no contexto de seu adágio "não há relação sexual possível". O desejo humano é, em essência, sujeito à lei do significante, do qual o desejo é um efeito. O desejo está enraizado em uma falta irremovível instituída pela linguagem. Como vimos, Lacan chama de falo o significante último dessa falta. O falo é também o significante da diferença sexual. A diferença sexual ancora concretamente a falta na corporeidade do sujeito. Anteriormente, argumentamos que o caráter exclusivamente falocêntrico da ordem simbólica implica, segundo Lacan, que há apenas um único ponto de referência no simbólico nos termos do qual os sexos são capazes de determinar sua relação recíproca.[4] Isso significa que a sexualidade não se refere a uma relação simétrica entre parceiros complementares: é o que Lacan quer dizer ao escrever que a relação sexual é impossível.

Em seus textos tardios – particularmente no seminário *Mais, ainda* (LACAN, 1972-73) –, Lacan desenvolve tal questionamento acerca da impossibilidade da relação sexual.[5] Aqui, ele elabora mais explicitamente a noção de "gozo do Outro", distinto do "gozo fálico". Este último é característico da relação simbolicamente mediada em que o falo funciona como o significante da falta. O "gozo do Outro" escapa às leis do simbólico, nas quais ele não pode ser inscrito. Já que esse gozo escapa à lei do falo, Lacan se refere a ele como "feminino". Devemos, assim, perceber que Lacan não usa esse termo para aludir

---

[2] Sobre esse assunto, ver os capítulos 1 e 2, assim como Shepherdson (2004, p. 134).

[3] Sobre esse assunto, ver Van Haute e Geyskens (2002).

[4] Ao mesmo tempo, essa é a reformulação lacaniana do ponto de vista freudiano segundo o qual a libido é, na verdade, masculina (FREUD, 1905, p. 95).

[5] Na seção seguinte nos limitaremos ao seminário *Mais, ainda* (LACAN, 1972-73). Lacan, no entanto, lida com essa problemática extensamente em outros seminários. Por exemplo, o seminário *Ou pire...* (LACAN, 1971-72) vem à mente.

à mulher como realidade biológica, mas a um gozo que está "além" do simbólico (e, portanto, do falo). Ele articula a relação entre essas duas formas de gozo em suas "fórmulas da sexuação" (LACAN, 1972-73, p. 73-82 e *passim*), que indicam formalmente as diversas posições que seres falantes podem assumir com relação à diferença sexual – ou, mais precisamente, com relação à "lei fálica" (LACAN, 1972-73, p. 53-54; ANDRÉ, 1986, p. 208).

As "formulas da sexuação" e a alusão a um "gozo Outro (feminino)" são as respostas lacanianas à problemática do complexo de Édipo feminino tal como formulada por Freud. Essas fórmulas concluem, então, a crítica ao complexo de Édipo que iniciamos no capítulo anterior. Em seus trabalhos tardios, Freud insiste em tentar compreender tanto a sexualidade feminina como a masculina à luz do complexo de Édipo e da castração. Além da forma masculina desse complexo haveria também uma forma feminina, que seria responsável pelo desenvolvimento da identidade feminina. A jovem passaria pelo *mesmo* complexo de uma maneira diferente, adquirindo sua identidade feminina (na relação com o homem) no processo. Em alguns momentos isso causa especulações estranhas e problemáticas, como o argumento freudiano de que o prazer feminino deve ser compreendido em termos de um prazer clitoriano, que progressivamente será substituído pelo prazer vaginal (FREUD, 1933b). Um "gozo feminino" para além do simbólico e as "fórmulas da sexuação" de Lacan mostram que a investigação da mulher e da identidade feminina dentro dos estreitos limites do complexo de Édipo é estéril.[6] Ou, de outra maneira, a mulher não pode ser plenamente compreendida nos termos do complexo de Édipo e da castração.

Essa ideia tem grande importância para nossa investigação. A referência a um "gozo do Outro" e, como veremos, à incapacidade de o sujeito histérico se posicionar na relação com esse gozo toma o lugar da recusa do sujeito histérico ao papel de objeto de troca, papel esse que Lacan conecta à histeria em seus textos da década de 1950. Tal referência completa uma tentativa de edipianização da psicanálise,

---

[6] Isso também significa que Lacan rompe com a ideia de que o gozo feminino apenas se torna significativo na ordem simbólica (fálica). Sobre essa questão, ver o capítulo anterior.

em geral, e da histeria, em particular. Tais teses lacanianas tardias, simultaneamente, determinam a vitória contra tendências normalizantes que inevitavelmente acompanham a referência ao complexo de Édipo. Assim, uma patoanálise lacaniana da histeria parece estar ao nosso alcance.

Tal patoanálise lacaniana da histeria é, em muitos aspectos, um "retorno a Freud".[7] As "fórmulas da sexuação" se referem às diversas posições (masculina e feminina) que o sujeito linguístico assume com relação ao falo. De acordo com Lacan, elas se referem à problemática que *cada sujeito* confronta na medida em que é um ser de linguagem (BRAUNSTEIN, 1992, p. 228). Em tese, o sexo biológico não possui um papel aqui (LACAN, 1972-73, p. 70). Devemos, portanto, considerar que, em seus textos tardios, Lacan talvez tenha retornado *mutatis mutandis* à questão da bissexualidade, que possui importância-chave nos textos iniciais freudianos sobre histeria (ANDRÉ, 1986, p. 207).

Começaremos com uma discussão sobre as "fórmulas da sexuação" e sobre a relação entre gozo fálico e feminino. Esclareceremos, então, a maneira como essas fórmulas auxiliam na formulação da patoanálise lacaniana da histeria. Nesse ponto, retornaremos ao amor cortês, que é compreendido como uma forma cultural de expressão da questão estrutural da qual a histeria é um exagero caricato. Assim, também retornaremos a Freud: a histeria encontra sua parceira cultural na (em formas específicas da) literatura. Como criaturas linguísticas,[8] seres humanos são tomados por tensões irresolvíveis entre cultura e patologia.

As fórmulas da sexuação

Introdução

Lacan escreve as fórmulas da sexuação da seguinte maneira (LACAN, 1972-73, p. 73):

---

[7] Um "retorno a Freud" é certamente o adágio mais fundamental da psicanálise lacaniana.

[8] E, portanto, não apenas seres libidinais no sentido freudiano da palavra.

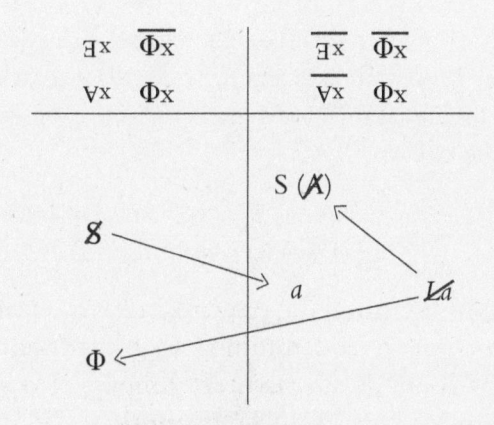

$$\exists x\ \overline{\Phi x} \qquad\qquad \overline{\exists x}\ \overline{\Phi x}$$
$$\forall x\ \Phi x \qquad\qquad \overline{\forall x}\ \Phi x$$

$$S(\cancel{A})$$

$$\cancel{S} \qquad a \qquad \cancel{La}$$

$$\Phi$$

Esse diagrama mostra duas possíveis posições que o sujeito pode assumir em resposta à diferença sexual e à lei do falo. O lado esquerdo se refere à relação "masculina" com a lei (*la façon mâle*), e o lado direito, à relação "feminina" (*la façon femelle*) com a lei (LACAN, 1972-73, p. 53-54, p. 74). "Masculina" e "feminina" estão entre aspas, pois essas fórmulas não se referem à "masculinidade" ou "feminilidade" no sentido biológico dessas palavras. Aquele que é "masculino" em sentido biológico, escreve Lacan, pode aparecer do lado direito do diagrama e vice-versa. Lacan acrescenta que o lado no qual uma pessoa se encontra é uma questão de "escolha".[9] A menção a uma "escolha" (inconsciente) indica, diz Lacan, que estamos lidando com uma problemática que todo sujeito enfrenta na medida em que está sujeito a uma lei simbólica e a significantes da linguagem.[10] Primariamente, então, as fórmulas não se referem à relação entre dois tipos diferentes de sujeito, mas a elementos que determinam uma *tensão estrutural* que caracteriza a subjetividade como tal.[11] Essa é a razão pela qual falamos

---

[9] "A gente se alinha aí (no lado do homem), em suma, *por escolha* – as mulheres estão livres para se colocarem ali se isso lhes agrada" (LACAN, 1972-73, p. 70, grifo nosso). Sobre o "lado da mulher", Lacan escreve: "Há homens que lá estão tanto quanto as mulheres" (LACAN, 1972-73, p. 76).

[10] Sobre as fórmulas da sexuação, Lacan escreve: "Tais são as únicas definições possíveis da parte dita homem ou mulher para o que quer que se encontre na posição de habitar a linguagem" (LACAN, 1972-73, p. 80).

[11] Compare, por exemplo: "esse Outro ganha vida toda vez [...] que há uma pulsão que se impõe para além dos limites fixados pelo princípio do prazer. Nesse sentido, o Sexo não é o único que é Outro, e podemos até dizer que todo mundo é Outro,

anteriormente sobre um retorno e uma reformulação das teses iniciais de Freud sobre bissexualidade. As fórmulas da sexuação expressam um campo de tensão no qual todo sujeito falante (homem ou mulher) inevitavelmente opera.

Do lado do homem...

Essa tensão estrutural diz respeito à relação entre todo sujeito linguístico e um "gozo feminino". Como vimos nos capítulos anteriores, por conta de sua natureza linguística o sujeito é, em essência, sujeito à castração. Isso é expresso no lado esquerdo do diagrama por meio da fórmula $\forall x \Phi x$: é verdade para todos os seres linguísticos que eles são caracterizados pela função fálica, isto é, que são caracterizados por uma falta da qual o falo é o significante (LACAN, 1972-73, p. 78). Há apenas uma exceção a essa lei. Tal exceção não apenas confirma, como também sustenta a lei universal. Lacan expressa essa exceção por meio da fórmula $\exists x \overline{\Phi x}$: há um "x" que a lei da castração não inclui. Com esse movimento, Lacan abre espaço para o pai primevo de *Totem e tabu* de Freud, que possui todas as mulheres e não está sujeito a qualquer restrição (LACAN, 1972-73, p. 79). É precisamente *em oposição a* essa exceção que seres linguísticos se estabelecem como membros de um único grupo em que a lei do falo e da castração se aplica igualmente para todos os membros. O fato de sermos todos castrados (isto é, de que a castração é a condição de nossa existência como seres falantes) torna-se claro à luz de uma exceção que escapa a essa condição.[12] Como vimos anteriormente, é essa exceção que o sujeito histérico continuamente reanima.

Na medida em que sujeitos falantes se situam do "lado do homem", eles apenas são capazes de um gozo fálico limitado. Isso significa que o sujeito, na medida em que o desejo segue a lei do

---

na medida que lhe cabe de gozo foracluído do gozo fálico, 'Outro como todo mundo', dizia Lacan em 1980" (SOLER, 2006, p. 188).

[12] Desse modo, pode-se dizer, por exemplo, que todas as pessoas têm direitos inalienáveis, com exceção das crianças e dos doentes mentais (ŽIŽEK, 2002, p. 58). Não há regras universais sem exceções.

significante, inevitavelmente reduz o Outro a um objeto parcial (ou à zona erógena correspondente) – ou, na linguagem de Lacan, ao objeto *a* (LACAN, 1972-73, p. 86). Dissemos anteriormente que a definição diferencial do significante implica, de acordo com Lacan, que todos os atos de atribuição de significado deixem um lembrete e que este é a causa do desejo. Lacan chama tal "lembrete" de objeto *a* (parcial). Uma fenomenologia da paixão observa essa questão a partir de um foco bem determinado. Segundo Lacan, não é o Outro como tal que atrai nossa atenção e desperta nosso desejo apaixonado, mas um aspecto (parcial) dele ou dela (o timbre da voz, um olhar ou um sorriso enigmático). Esses objetos despertam nosso desejo e parecem prometer sua satisfação. Eles sugerem uma abolição da falta significada pelo falo (nesse sentido, eles têm um sentido fálico). Simultaneamente, no entanto, eles inevitavelmente reinstalam a falta: uma tentativa de capturar o olhar do Outro, por exemplo, resulta apenas no olho do Outro. O olhar permanece para sempre evasivo.

Esses objetos parciais e as zonas erógenas a eles associadas causam o desejo. Essas zonas e seus objetos também determinam a natureza e a estrutura da sexualidade humana. No domínio da sexualidade humana, a satisfação é sempre limitada, não apenas porque é de curta duração, mas também porque apenas gozamos de uma parte do corpo do Outro, em vez do *Outro ele mesmo*.[13] A sexualidade humana é determinada pelo significante (portanto, pelo falo) e, nesse domínio, o sujeito nunca alcança o Outro como uma pessoa ou um corpo em sua totalidade. Ele alcança, no máximo, uma parte do corpo.[14]

Lacan conclui que o gozo fálico implica que o objeto foi "perdido".[15] Na ordem do significante, o parceiro sexual nunca é mais do que um objeto parcial. O Outro, por definição, permanece

---

[13] "O gozo, enquanto sexual, é fálico, quer dizer, ele não se relaciona ao Outro como tal" (LACAN, 1972-73, p. 9). Em outro lugar, Lacan escreve: "Gozar (*jouir*) tem essa propriedade fundamental de ser em suma o corpo de um que goza de uma parte do corpo do Outro" (LACAN, 1972-73, p. 23).

[14] "[...] só se pode gozar de uma parte do corpo do Outro" (LACAN, 1972-73, p. 23).

[15] "A essência do objeto é a o fracasso (*ratage*)..." (LACAN, 1972-73, p. 58).

fora de alcance. A partir dessa perspectiva, o gozo fálico é sempre uma falha. É o que Lacan quer dizer ao escrever que o gozo fálico é insuficiente para uma relação sexual (LACAN, 1972-73, p. 61).[16] Para tornar a relação sexual possível, necessitamos de outra forma de gozo (LACAN, 1972-73, p. 58).

Isso esclarece por que uma flecha nos leva de $\mathcal{S}$ (o sujeito barrado como um efeito da ordem simbólica à qual ele está sujeito), do lado do homem, para *a* (o desejo masculino inevitavelmente reduz o Outro a um objeto parcial) nas fórmulas da sexuação.[17] Lacan fala em um "gozo do órgão" (*La jouissance de l'organe*) (LACAN, 1972-73, p. 7). Ele quer dizer que o gozo fálico sempre e inevitavelmente tem uma qualidade masturbatória: servimo-nos de uma parte do corpo do Outro para nos satisfazermos. Por essa razão, Lacan por vezes chama o gozo fálico de "gozo do idiota" (LACAN, 1972-73, p. 81, 94).

O gozo fálico está, portanto, preso entre duas características opostas. De um lado, o desejo é causado por algo que está fora da cadeia de significantes: o objeto *a* (e as zonas erógenas às quais está amarrado). Na relação com o objeto *a* e com essas zonas erógenas apenas um gozo masturbatório (logo, idiota) é possível. Esse gozo pode, é claro, ser muito intenso (visitantes de *darkrooms* ou amantes apaixonados vêm à mente aqui) justamente em razão do fato de que todas as outras coisas são completamente abandonadas em favor desse gozo "idiota". Ao mesmo tempo, todavia, tem uma qualidade inumana; apenas temos prazer com uma pequena parte excitante do corpo do Outro. De outro lado, o gozo fálico é estruturado pela ordem simbólica, o que pressupõe uma limitação nesse foco "idiota". O significante sujeita a sexualidade a requisitos "humanos". Quanto mais o desejo sexual se deixa levar por um foco "idiota" em algo que está fora dessa ordem, menos humano ele se torna;

---

[16] Nesse contexto, Lacan também joga com o duplo sentido de *falloir* (necessitar, dever) e *faillir* (falhar), que ficam idênticos na terceira pessoa do singular do presente: *il faut*. Assim, Lacan escreve, por exemplo: "o gozo devido é de se traduzir pelo gozo que não se deve (*qu'il ne faut pas*)" (LACAN, 1972-73, p. 58-59).

[17] Essa é também a estrutura do fantasma, Lacan escreve (LACAN, 1972-73, p. 63). Limites de espaço não nos permitem desenvolver de maneira mais ampla essa problemática.

contudo, quanto mais ele se permite reduzir pela ordem simbólica, menos guarda de gozo sexual.[18]

Do lado da mulher...

A ordem do significante é essencialmente finita e excluiria a possibilidade de uma relação sexual. Mas essa não é ainda a conclusão última de Lacan acerca da problemática do gozo. Além do gozo fálico, Lacan escreve sobre um gozo de outra ordem, que chama de "feminino" por razões que já conhecemos. Esse "Outro gozo" está "além do falo"[19] e, por esse motivo, "além da falta" significada pelo falo. Essa última questão é especialmente importante: Lacan busca indicar uma forma de gozo que não pode ser compreendida em termos apenas da falta (ou em termos de uma satisfação provisória). Dessa maneira, a falta deixa de ser a palavra final na problemática do desejo e do gozo.[20] Sobre o "gozo do Outro", Lacan considera experiências místicas, especialmente, como as de Santa Tereza de Ávila e São João da Cruz (LACAN, 1972-73, p. 70-71). Ele fornece, contudo, poucas indicações concretas acerca do que seria esse "gozo do Outro". Nesse ponto em *Mais, ainda*, Lacan se refere, de um lado, ao amor cortês (que discutiremos detalhadamente adiante) e, de outro, à escultura de Santa Tereza de Ávila de Bernini que está na Igreja Santa Maria della Vittoria, em Roma (LACAN, 1972-73, p. 70).[21] Essa escultura mostra o êxtase de Tereza, cujo coração está sendo perfurado por uma flecha, que está nas mãos de um anjo adolescente com um amoroso sorriso no rosto.[22] A escultura mostra um momento de transverberação: "uma flecha ardente perfurou meu coração, acompanhada de um deleite

---

[18] Agradecemos a Fons van Coillie, cujas ideias inspiraram esse parágrafo.

[19] "Um gozo para além do falo" (LACAN, 1972-73, p. 74). Ver também Colette Soler: "Um gozo que não cai sob a barra do significante, que nada sabe do falo, e portanto não causado por um objeto *a*, é um gozo foracluído do simbólico, 'fora do inconsciente' (SOLER, 2006, p. 40).

[20] Isso tem um significado decisivo em debates sobre o pensamento lacaniano e naqueles que o acusam de defender uma "teologia negativa" moderna.

[21] Para comentários mais extensos sobre as passagens em questão em *Mais, ainda*, ver Hirvonen (2010).

[22] Sobre Santa Tereza de Ávila e misticismo, ver Moyaert (1998, p. 173-303).

que me fez nunca querer parar. Quando ele puxou a flecha de mim, foi como se meus intestinos estivessem sendo puxados junto com ela".[23] Uma cama de nuvens sustenta Tereza, e suas roupas envolvem todo o seu corpo, com exceção de seu rosto, pé e mão esquerda. Seus olhos estão semiabertos, mas suas íris não estão visíveis. Ela não olha para o anjo. Está absorvida em si mesma, sua boca semiaberta sugere um gozo que expressa luxúria e prazer, um gozo que movimenta todo o seu corpo. Essa experiência extática de unidade com Deus traz o sujeito ao limite do que ele pode suportar sem desaparecer. É inútil, sugere Lacan, considerar essa e outras experiências místicas nos termos do modelo de gozo fálico, conectado a zonas erógenas específicas e submetido às leis do simbólico.

Não conseguiremos compreender o êxtase místico e o gozo que o acompanha de maneira adequada nos termos da temática da falta que resulta do significante, uma falta que continuamente encontra satisfação provisória no nível das zonas erógenas. Por conseguinte, essa outra forma de gozo se refere a um não saber. Isso pois aquilo que podemos saber sobre ele é apenas articulável na linguagem e, nesse sentido, não se refere à verdadeira natureza do "gozo feminino".[24] Segundo Lacan, a mensagem dos místicos se apoia na confirmação de que eles experimentam esse gozo sem compreendê-lo.[25] Eles confirmam sua existência, mas são incapazes de descrevê-lo com precisão. Portanto, nos termos da ordem simbólica é um gozo que *ex-iste* (LACAN, 1972-73, p. 71). Finalmente, a impossibilidade de expressar esse "Outro gozo" (feminino) na linguagem confirma a ideia de que a ordem simbólica é essencialmente falocêntrica e que não existe um significante para a mulher.[26]

---

[23] Transverberação é um privilégio que Deus reserva para místicos que se dedicam a Ele de corpo e alma. Pode tomar a forma de uma visão mística ou de um ferimento no coração por uma flecha de amor. Assim, a alma experimenta a forma mais elevada de amor divino.

[24] Sobre esse assunto, ver Fink (2004).

[25] "É claro que o testemunho essencial dos místicos é justamente o de dizer que eles o experimentaram, mas não sabem nada dele" (LACAN, 1972-73, p. 76). Ver Moyaert (1998) sobre misticismo e amor místico.

[26] "Não há mulher senão excluída pela natureza das coisas, que é a natureza das palavras" (LACAN, 1972-73, p. 73). No diagrama que mostra as fórmulas da sexuação isso é representado pelo significante S($\cancel{A}$). Retornaremos a essa questão.

O "gozo do Outro" está situado para além da ordem simbólica e nada se pode saber dele. Para Lacan, isso implica que ele tem inevitavelmente um caráter hipotético. "Gozo feminino" pertence ao domínio da fé (ANDRÉ, 1986, p. 211): de um lado, nenhum gozo existe senão o gozo fálico, já que, como seres linguísticos, somos inevitavelmente sujeitos à castração, mas, de outro lado, esse gozo fálico, em razão de seu caráter limitado e parcial, refere-se a um gozo que está para além da ordem simbólica.[27] Por vezes Lacan se refere ao "gozo feminino" como o "gozo do corpo" (*La jouissance du corps*) (LACAN, 1972-73, p. 15), comparado com o qual o gozo sexual (fálico) forma um impasse.[28] "O gozo do corpo" se refere ao corpo real, "para além de distinções do significante", ao qual seres de linguagem nunca têm acesso. No gozo fálico, por definição, perde-se o corpo do Outro, inevitavelmente se reduz o Outro a um objeto parcial ou uma zona erógena.

Não devemos concluir, contudo, que o "gozo do corpo" torna possível a relação sexual.[29] Aqueles que estão do lado da mulher, no final das contas, não escapam à castração.[30] Continuam sujeitos

---

[27] Em alguns momentos, Lacan expressa isso de uma maneira inventiva. Ele escreve, por exemplo, "se houvesse um outro gozo que não o fálico, não teria de ser aquele [...] é falso que haja outro, o que não impede que o resto da frase seja verdadeiro, isto é, que não teria de ser aquele". Nessa instância, Lacan utiliza a "implicação material". Na lógica, a implicação se refere a sentenças condicionais com a forma "se... então...". De acordo com a implicação material, o antecedente (se...) não pode ser verdadeiro se o consequente (então...) for falso. Isso implica que a partir de um antecedente falso (por exemplo: "se houvesse um outro gozo que não o fálico") uma consequência verdadeira ("não teria de ser aquele" – isto é, o gozo fálico... daí se segue que outra forma de gozo existe") pode, de fato, seguir (LACAN, 1972-73, p. 59-60).

[28] "[...] que, no gozo dos corpos, o gozo sexual tenha esse privilégio de ser especificado por um impasse" (LACAN, 1972-74, p. 8-9). Aqui, o argumento de Lacan implica que o gozo sexual – fálico – desconecta-nos do "gozo do Outro" ou do "gozo feminino" precisamente porque é essencialmente dependente do significante.

[29] "Do lado de A mulher, é de outra coisa que não o objeto *a* que se trata no que vem em suplência (*suppléer*) a essa relação sexual que não há" (LACAN, 1972-73, p. 63).

[30] Esse argumento é colocado em oposição ao cenário estabelecido pela lógica clássica aristotélica. Essa questão não deve tomar muito espaço aqui. Na lógica clássica, a negação de uma afirmação universal (por exemplo, a afirmação de que todos os seres linguísticos estão sujeitos à castração) iguala-se à confirmação de afirmação particular (se não todos os seres linguísticos estão sujeitos à castração, há ao menos

à lei do significante. Lacan expressa isso com a fórmula: $\exists x \overline{\Phi x}$, que indica que aqueles que estão do lado da mulher também estão sujeitos à castração ("não há nenhum x para o qual a função fálica não seja válida"). Mas a mulher – ou *quem quer que se posicione do lado da mulher* – não *está toda* (*pas toute*) definida ou caracterizada pela castração. Ela é, Lacan escreve, "não-toda" submetida à castração (*pas toute*), o que é algo completamente diferente de "não estar nela de todo" (*pas du tout*).³¹ Isso é apresentado na fórmula $\forall x \Phi x$, que deve ser lida da seguinte maneira: "não é o caso que a mulher seja toda sujeita à castração/na função fálica". Do lado da mulher a falha da relação sexual (a inevitabilidade da castração) caminha de mãos dadas com a possibilidade de (e, portanto, abertura a) outra forma de gozo, um "além do falo".³²

Muito embora ninguém escape à castração "do lado da mulher", desse lado também falta a referência a uma exceção que confirme a regra e em relação à qual um sexo "não-fálico" poderia ser formado (de maneira a se engajar em uma relação complementar e simétrica com um "o lado do homem"). Não existe "mulher" que possa servir como um objeto global ou não parcial de uma libido unificada e completamente integrada (em oposição à pluralidade de pulsões parciais). Lacan escreve que *A* Mulher não existe (LACAN, 1972-73, p. 72, 80-81 e *passim*). O símbolo S($\cancel{A}$) na coluna da direita das "fórmulas da sexuação" se refere justamente à ausência de uma exceção "no lado da mulher". Consequentemente, a referência ao gozo do Outro, distinto do gozo fálico, não é, no final das contas, um modo astuto de estabelecer a possibilidade de uma relação complementar.

---

um ser linguístico que não está sujeito à castração). Por essa razão, as fórmulas da sexuação parecem romper com as leis da lógica clássica. De fato, de $\forall x \overline{\Phi x}$ não segue $\exists x \overline{\Phi x}$, mas $\overline{\exists x \Phi x}$. Para mais detalhes sobre essa problemática, assim como sobre a discussão sobre passagens relevantes de *Mais, ainda*, ver Badiou (1992).

³¹ "Não é porque ela é não-toda na função fálica que ela deixe de estar nela de todo... ela está à toda (*à plein*). Mas há algo a mais" (LACAN, 1972-73, p. 74).

³² Esse trecho expressa nossa interpretação da seguinte passagem: "Se ele se inscreve nela (todo ser falante pode se inscrever na 'parte da mulher'), não permitira nenhuma universalidade, será não-todo, no que tem a opção de se colocar na Φx ou bem de não estar nela (*de n'en pas être*)" (LACAN, 1972-73, p. 80).

De acordo com Lacan, o "gozo feminino" não é complementar, mas *suplementar* ao gozo fálico (LACAN, 1972-73, p. 72-73).

Podemos também considerar a relação entre "o lado do homem" e o "lado da mulher" da seguinte maneira. Do lado do homem, o sujeito falante aparece por meio de sua distinção com relação a uma exceção, que não é marcada pela falta. Isso quer dizer que o desejo não apenas se dirige a um objeto que o transcende e deve ainda o satisfazer, como também que o desejo é sempre medido em termos daquele que alcançou (ou chega mais perto de fazer isso) sua satisfação imaginada. O "gozo feminino" não se refere a uma possível vitória sobre a falta e também não pode ser medido por meio da referência a um desejo que poderia ter superado essa falta. Não há nada, no final das contas, que se possa comparar com ele. Pelo contrário, o "gozo feminino" nos leva para "além da ordem do significante" e do circuito repetitivo do gozo fálico (sempre limitado e limitante). Desse modo, o gozo feminino se refere à enigmática possibilidade de um gozo que se sustenta somente em si e é completamente imanente. Em outras palavras, Lacan tenta imaginar uma forma de gozo que não pode ser compreendida em termos da falta falicizada. Assim, a "posição" desse gozo não é mais localizável nas zonas erógenas; o corpo (real), como uma substância que frui, não é jamais tomado por completo ou totalmente englobado pela ordem do significante.

A histeria e as fórmulas da sexuação

Lacan não explora explicitamente a histeria em *Mais, ainda*. Uma discussão extensa sobre essa problemática nesse seminário talvez seja supérflua, já que ele se refere justamente à questão que, segundo Lacan, fundamentalmente ocupa o sujeito histérico: "O que quer uma mulher?",[33] De maneira sucinta, o sujeito histérico apresenta a problemática do gozo ("feminino") "para além do falo". Mais especificamente, uma leitura desse seminário nos permite esclarecer e articular melhor as teses lacanianas sobre histeria de *O avesso da psicanálise*.

No capítulo anterior indicamos como e por que motivo o paciente histérico continuamente expõe a inadequação e a finitude da

---

[33] "O que eu abordo esse ano é o que Freud deixou expressamente de lado, *Was will das Weib…*" (LACAN, 1972-73, p. 80, grifo de Lacan).

ordem simbólica (e, portanto, a impossibilidade da relação sexual). Repetidas vezes o sujeito estabelece um mestre de quem deseja uma resposta à pergunta sobre o que significa ser uma mulher... com a finalidade de indicar, subsequentemente, que esta resposta é também faltante (LACAN, 1969-70, p. 15). O sujeito histérico se oferece (a análise freudiana de Dora vem à mente nesse ponto) como um enigma ao mestre, incitando um desejo de saber.[34] Em outras palavras, o sujeito histérico se transmuta em um objeto que pode completar o mestre. Toda resposta que o mestre fornece, contudo, apenas serve para iluminar a sua inadequação. Assim, a resposta é apenas o ponto de partida para a busca de um novo mestre. É dessa maneira que o sujeito histérico encarna a verdade do mestre... ou seja, a de que ele é castrado. Podemos expressar a mesma ideia de uma maneira diferente: o sujeito histérico se identifica com uma mulher que complementaria o homem, mas apenas para expor e condenar a impossibilidade de tal relação complementar (BRAUNSTEIN, 1992, p. 211-212).

Nos termos das fórmulas da sexuação, isso significa que o sujeito histérico se posiciona completamente "do lado do homem".[35] Por essa razão Lacan menciona a "homossexualidade" da histeria (LACAN, 1972-73, p. 79).[36] O que o sujeito histérico demanda de cada mestre é, no final das contas, um saber sobre a relação sexual. Cada parte do saber é articulada em significantes. Consequentemente, o sujeito histérico coloca a questão da feminilidade exclusivamente na ordem do simbólico. Podemos também ilustrar essa ideia nos termos do diagrama introduzido no começo deste capítulo. O sujeito histérico contesta o vetor que segue de $\bcancel{La}$ (ou $\bcancel{A}$)[37] mulher para Φ. Ela se rebela contra a ausência de um significante que designe a mulher no reino do simbólico. Por essa razão se alinha ao enigma "O que quer uma mulher?" indicado pelo significante $S(\bcancel{A})$ no domínio da mulher e da feminilidade. Ela espera, no entanto, uma resposta a essa questão

---

[34] O paciente histérico se oferece com sintomas sem compreender seu significado, mas esses sintomas podem ser essencialmente conectados à questão da feminilidade.

[35] "histeria, isto é, bancar o homem (*faire l'homme*)" (LACAN, 1972-73, p. 85).

[36] Em francês *homme* também significa homem.

[37] Optamos por manter o La, em francês (em vez de A), para evitar confusões com o objeto *a* ou o "A" maiúsculo utilizado no esquema L. (N.T.)

de um pai idealizado que escapa à castração.[38] Em outras palavras, o sujeito histérico quer inscrever "a mulher" do lado do homem, quer *no extremo* estabelecer a relação sexual (BRAUNSTEIN, 1992, p. 211).

Contudo, dessa maneira, o sujeito histérico se fecha ao gozo do Outro, que está para além do simbólico e do falo. Ainda que resista veementemente à sua redução a um objeto, simultaneamente, o sujeito histérico não quer saber do gozo que se pode apenas experimentar. Não quer saber do gozo que está para além da ordem simbólica, que é apenas suplementar ao gozo fálico. A relação sexual, cuja impossibilidade constantemente traz à tona, é a verdadeira religião do sujeito histérico.

Amor cortês e o gozo do outro

A questão da impossibilidade da relação sexual e do "gozo feminino" não surge somente na histeria. A histeria é apenas um possível destino dessa problemática, que pode também se expressar em atividades culturais.[39] Referimo-nos anteriormente a místicos e à experiência mística, Lacan escreve ainda sobre o *amor cortês* (que discutimos previamente em um contexto semelhante). O que isso significaria?

Lacan investiga o amor cortês em diversos momentos em *Mais, ainda* (LACAN, 1972-73, p. 68-69, 74, 79, 86). Ele parece se referir à questão com o escopo de ilustrar tanto o gozo fálico como o gozo do Outro.[40] Sobre o amor cortês, Lacan escreve, por exemplo: "É uma maneira inteiramente refinada de suprir (*suppléer à*) a ausência de relação sexual, fingindo que somos nós que lhe pomos obstáculo" (LACAN, 1972-73, p. 69). Lacan parece, desse modo, colocar o amor cortês dentro da problemática do gozo fálico, cuja limitação estrutural o amor cortês aparentemente ajuda a negar. Todavia, simultaneamente, Lacan conecta o amor cortês ao gozo do Outro (LACAN,

---

[38] Aqui, podemos novamente pensar em Dora, cujos desejos se caracterizavam pela pergunta sobre o que significa ser uma mulher e que esperava uma resposta clara a essa questão do mestre... isto é, de Freud.

[39] Ver também Lacan (1959-60, p. 154).

[40] Contudo, em outro lugar, como veremos, Lacan conecta o amor cortês e a poesia cortês ao gozo do Outro (LACAN, 1972-73, p. 77). Sobre esse assunto, ver Fink (2004, p. 161-163), André (1986, p. 218-219).

1972-73, p. 77). Essa segunda conexão pode surpreender por outra razão ainda. Não é verdade que dissemos várias vezes que o gozo do Outro está "para além (da lei) do significante"?[41] Como, então, uma "forma poética" poderia nos levar para "além" da lei? Como poderíamos conciliar esses diferentes pontos de vista?[42]

Já investigamos a problemática do amor cortês em sua conexão com a reinterpretação lacaniana do estudo freudiano sobre a jovem homossexual. Nessa discussão inicial, chamamos o amor cortês de uma "escolástica do amor infeliz". Descrevemos como, no amor cortês, a impossibilidade estrutural da satisfação do desejo é trazida à tona por meio da *idealização* da dama, assim como por rituais bastante específicos. Em *A ética da psicanálise* (LACAN, 1959-60), Lacan escreve que a Dama é elevada ao patamar da *Coisa* (*La Chose*).[43] Nesse seminário, a noção lacaniana da *Coisa* está associada ao Outro na medida em que escapa aos poderes do imaginário.[44] Essa noção é uma versão inicial daquilo a que Lacan se refere por meio do símbolo $S(\cancel{A})$ nas fórmulas da sexuação.[45] Trata-se, nesse caso, do Outro que poderia tornar possível uma relação sexual, mas não existe ou *ex-ist*, como vimos anteriormente. Por essa razão, o Outro é despido de qualquer determinação intrínseca (LACAN, 1959-60, p. 129). Apenas dessa maneira a Dama pode, na poesia cortês, ser elevada ao status de completamente inacessível, absolutamente Outro real. No amor cortês essa idealização e os rituais que a acompanham orquestram a inacessibilidade do objeto amado. Isso é o que Lacan parece querer dizer ao escrever que, no amor cortês, fingimos ser responsáveis pela falha da relação sexual.

Em sua relação com a Dama, o amante cortês não mais busca satisfazer um desejo que tem sua origem na falta. Muito pelo contrário,

---

[41] Sobre esse assunto, ver Fink (2004, p. 161-163), André (1986, p. 218-219), e Žižek (2002, p. 59-60).

[42] Na seção seguinte tentaremos conciliar as diferentes observações de Lacan sobre o amor cortês em *Mais, ainda*, mas de nenhum modo afirmaremos que essa é a única leitura possível.

[43] Por coincidência, essa mesma referência é feita também em *Mais, ainda*. Sobre esse assunto, ver Lacan (1972-73, p. 99). Para comentários sobre as passagens sobre o amor cortês que aparecem em *A ética da psicanálise*, ver De Kesel (2010, 175-183).

[44] Para uma discussão mais detalhada dessa noção, ver Van Haute (1996, p. 126-128).

[45] Seguimos aqui a interpretação de André (1986, p. 218-219).

o poeta cortês cultiva o caráter intransponível e a impossibilidade de satisfação de seu desejo. Por essa razão, diz Lacan, cria espaço para outro tipo de gozo. Um gozo que não está mais ligado à falta e a um objeto *a*. O amor cortês, então, é mais uma estratégia a serviço de outro gozo do que ao um falso reconhecimento da natureza radical da falta. Lacan escreve, por exemplo, que "fazer amor" – em comparação ao coito, que facilita apenas um gozo fálico (portanto, "idiota") – está relacionado à poesia (LACAN, 1972-73, p. 72). Em outro lugar ele diz que "falar de amor é, em si mesmo, um gozo" (LACAN, 1972-73, p. 83).[46]

O que isso poderia significar se, como dissemos acima, o "gozo feminino" é essencialmente indizível? Lacan não explica essa questão com detalhes, mas talvez ele queira dizer que o amor cortês, em última análise, refere-se menos aos significados articulados e mais ao *ato de dizer em si* (LACAN, 1972-73, p. 64).[47] Podemos imaginar, por exemplo, a possibilidade de lermos um poema e apreciarmos mais o jogo de palavras e sons do que o seu significado. Talvez isso seja também o que Lacan quer dizer ao se referir, em um contexto análogo, à "satisfação da fala".[48] Nesse contexto, o gozo não está mais associado a um repetitivo preenchimento de um vazio. De acordo com Lacan, a referência à falta e ao objeto *a* perde seu sentido ou é colocada entre parênteses. A frustração ligada a seu objeto inatingível não é central para o amor cortês. Em vez disso, a inatingibilidade do objeto sustenta uma atividade simbólica que é experimentada como prazerosa por si mesma. Consequentemente, o amor cortês (tal como o misticismo) é uma forma de sublimação que gera seu próprio tipo de gozo.[49] Para o amante cortês, esse gozo não exclui

---

[46] No mesmo parágrafo, Lacan acrescenta: "Falar de amor, com efeito, não se faz outra coisa no discurso analítico" (LACAN, 1972-73, p. 83).

[47] Lacan não esclarece como, por extensão, isso seria válido para as práticas ritualizadas que constituem um aspecto essencial do amor cortês.

[48] Sobre esse assunto, ver Fink (2004, p. 162). Talvez possamos também conectar esse ponto de vista com a tese freudiana segundo a qual é um *prazer subsidiário puramente formal ou estético* que permite a articulação de fantasmas (histéricos) na arte.

[49] Seria muito interessante confrontar as ideias lacanianas sobre o amor cortês em *Mais, ainda* (e também na *Ética da psicanálise*) com a discussão deleuziana sobre o mesmo fenômeno em *Milles plateaux* (DELEUZE, 1987, p. 193-195). Sobre o amor cortês, Deleuze escreve, por exemplo: "Se o desejo não tem o prazer por norma, não é em nome de uma falta que seria impossível remediar, mas, ao contrário,

relações sexuais com outra mulher. Apesar de praticar o amor cortês, William de Aquitânia (Duque de Poitiers, 1071-1126) – um dos primeiros poetas corteses – foi um conhecido mulherengo por toda sua vida.[50] Isso ilustra mais uma vez que o "gozo do Outro" e o gozo fálico não são mutuamente excludentes. De fato, mesmo no "gozo do Outro" uma relação com a castração e, portanto, com "o lado do homem" permanece intacta. As "fórmulas da sexuação" não determinam dois tipos de sujeito, mas expressam o campo de tensão em que cada sujeito se move.

Conclusão

Nossa exposição mostra que, de uma maneira exagerada e caricata, a histeria expressa uma problemática que se refere a todos os sujeitos e com a qual todos os sujeitos devem encontrar um modo de lidar. As fórmulas da sexuação revelam as características estruturais dessa problemática. Em seus trabalhos tardios, Lacan não mais associa a histeria à recusa ao papel de objeto de troca (que caracterizaria a mulher estruturalmente). A referência a esse papel é parte integrante de uma explicação edipiana da histeria e, do mesmo modo, sustenta seu caráter normativo.[51] Em seus trabalhos tardios, Lacan abandona completamente tal explicação edipiana. Nas fórmulas da sexuação apresentadas por Lacan em *Mais, ainda*, as questões referentes à "mulher" não são mais definidas nos termos de um papel estrutural específico no sistema simbólico. "Mulher" ou "feminilidade" são determinadas por uma forma específica de gozo, situado "além do falo". Lacan vence, assim, uma tendência à normalização: nenhuma regra teórica pode ser articulada de maneira a determinar de modo conclusivo a natureza de uma "boa relação" com esse gozo.

---

em razão de sua positividade, quer dizer, do plano de consistência que ele traça no decorrer do seu processo" (Deleuze, 1987, p. 157). Essa definição de amor cortês parece estar próxima da lacaniana. Essa ideia é interessante na medida em que relativiza, em alguma extensão, a crítica frequente segundo a qual Lacan teria tornado a psicanálise uma religião da negatividade. Para uma comparação inicial, ver Schuster (2010, p. 206-209).

[50] Ver De Kesel (2009, p. 177) para referências ulteriores.

[51] Sobre isso, ver os capítulos 5 e 6.

Não podemos, todavia, deixar de lamentar o fato de que Lacan nos dá poucos detalhes concretos em *Mais, ainda* acerca de como poderíamos imaginar formas culturais que expressariam o "gozo do Outro". Se esse gozo é crucial para uma compreensão da subjetividade, então, esperaríamos que sua realização em uma experiência concreta pudesse, ao menos, ser indicada. Em *Mais, ainda*, Lacan se refere exclusivamente a experiências místicas e ao amor cortês, experiências que primariamente pertencem a outra cultura e a outro momento histórico. E mesmo assim Lacan deixa suas opções abertas, permitindo equívocos acerca, por exemplo, da compreensão da relação entre linguagem (que instala a falta) e a fala no amor cortês (que aparentemente se refere a um gozo "além do falo"). Que formas culturais contemporâneas expressariam o que Lacan chama de "gozo do Outro"? Poderíamos pensar talvez na (em certas formas da) música (que não pode ser adequadamente compreendida nos termos da problemática da falta) e também em determinadas formas literárias como *Finnegan's Wake*, de Joyce – a quem Lacan dedica todo um seminário perto do fim de sua vida (LACAN, 1975-76).[52]

Lacan não tematiza o amor cortês em *Mais, ainda* a partir de uma tensão irremovível entre frustração e castração (tal como faz no contexto de sua investigação do estudo freudiano "Sobre a psicogênese de um caso de homossexualidade feminina"[53]). O gozo do Outro aponta para além da ordem simbólica, da falta e da castração. Aqui, a problemática do amor cortês está ligada a tensões mais complexas, cuja estrutura pode ser observada nas "fórmulas da sexuação". Contudo, tal como nos trabalhos iniciais de Lacan, o amor cortês é apresentado aqui como uma contraparte cultural da histeria. É a forma de arte que se refere a um gozo impossível. Em outras palavras, é a forma de arte mais apropriada para expressar a impossibilidade da relação sexual.

---

[52] Aqui não fazemos ulteriores elaborações, já que a discussão acerca da interpretação lacaniana do trabalho de Joyce nos levaria para muito longe desse campo. Teríamos, por exemplo, de discutir profundamente a teoria de Lacan sobre o nó borromeano. Além disso, segundo Lacan, Joyce transcende a ausência do Nome-do-Pai e, por extensão, a psicose na arte. Ainda é necessário investigar como exatamente isso se relaciona com nossa problemática.

[53] Ver capítulo 6.

O estudo da reinterpretação linguística da psicanálise feita por Lacan nos fez desviar da investigação da teoria "orgânica" freudiana da histeria (que discutimos na primeira parte deste livro). É interessante que – *mutatis mutandis* – agora retornaremos a esse tema que, como vimos, tem um papel crucial na teoria freudiana. As fórmulas da sexuação de Lacan restabelecem um espaço para a problemática da bissexualidade, questão central para a leitura freudiana de Dora. Dessa maneira, a antropologia clínica da histeria lacaniana é uma impressionante ilustração do *retorno a Freud* que Lacan almejava estabelecer. Esse "retorno" não é uma repetição submissa aos *insights* do mestre, mas uma revisão crítica de seus *insights* centrais nos termos de uma teoria original do significante.

Conclusão
O projeto de uma antropologia psicanalítica em Freud e Lacan

Freud e a histeria

A abordagem filosófica clássica ao trabalho freudiano deixa de mostrar o que há nele de verdadeiramente original. A importância filosófica da psicanálise freudiana não reside no fato de que coloca o inconsciente em uma posição central ou de que observa a existência humana a partir da perspectiva da sexualidade. A originalidade de Freud não está nem mesmo em sua proposta de investigar a sexualidade primariamente em suas variações patológicas. A verdadeira novidade do estudo patoanalítico freudiano sobre a sexualidade está no fato de que as várias patologias sexuais são pensadas como meros exageros de tendências compartilhadas por todos os seres humanos. Nesse aspecto, a histeria guia o caminho de Freud. O estudo de sintomas histéricos obriga Freud a repensar a estrutura da sexualidade humana e, mais especificamente, a afirmar a existência de uma ligação intrínseca entre a sexualidade humana e aquilo que era compreendido como "perverso" na sexologia do tempo de Freud (KRAFFT-EBING, 1886). Segundo Freud, sintomas histéricos de conversão são realizações mascaradas de pulsões libidinais perversas, mas que são, ao mesmo tempo, compartilhadas por todos os seres humanos. Essas pulsões perversas são as verdadeiras forças a partir das quais a sexualidade humana se constrói.

Seria, no entanto, um equívoco acreditar que essa perspectiva patoanalítica (o projeto de uma antropologia clínica) domina por completo o trabalho de Freud e que inexiste qualquer tipo de tensão. O abandono da teoria da sedução na histeria (e na patologia de maneira geral) é um momento crucial para a elaboração do ponto de vista patoanalítico. De acordo com aquela teoria, o trauma sexual é o *único* fator decisivo e *específico* na etiologia das neuroses. Por conseguinte, de acordo com a teoria da sedução, haveria uma diferença substancial entre normalidade e patologia. Se a patologia é concebida como consequência de um trauma sexual (evitável), então ela poderia (ao menos na teoria) ser diferenciada da saúde psicológica. Nem todos são vítimas de abuso sexual e, por essa razão, o desenvolvimento "normal" sem distúrbios seria uma possibilidade. Em 1897, Freud abandona essa teoria. Ao contrário do que afirma a interpretação dominante, essa mudança não está ligada à descoberta do complexo de Édipo. Freud já expressara o que havia descoberto acerca do significado de relações edipianas na infância em suas cartas a Fliess (1894-1903), mas ele não conclui que esse modelo de relação com um dos pais forneça a chave universal para a compreensão da psicopatologia. Freud não reduz, portanto, as histórias de seus pacientes a fantasmas edipianos mascarados. Muito pelo contrário, nossa leitura de *Fragmento da análise de um caso de histeria* mostra que Freud leva as narrativas traumáticas de seus pacientes a sério mesmo após abandonar a sua teoria da sedução. Freud não mais compreende esses traumas como a causa exclusiva da histeria. Ele agora conecta a histeria a uma *disposição orgânica geral* que pode se realizar como resultado desses traumas. Isso significa que a causa específica da histeria permanece sexual em sua natureza, mas que, além disso, agora ela é pensada como algo de que não podemos escapar. A histeria se refere a uma disposição orgânica ligada a dois fatores igualmente importantes e inescapáveis: bissexualidade e vitória sobre a contaminação do sexual pelo excremental. A patoanálise nasce. Essa é a perspectiva dominante no trabalho de Freud entre o abandono de sua teoria da sedução e seus primeiros estudos sobre neurose obsessiva (isso acontece aproximadamente em 1910).

Histeria e literatura

A patologia não é a única expressão possível da disposição orgânica à histeria. Em diversos momentos de seu trabalho Freud conecta histeria e literatura. A literatura (escrever romances, em especial) é a expressão cultural da mesma disposição que está na base da histeria. Tolstói, Van Eeden e Flaubert elaboraram excelentes diagnósticos, que enfatizam a atmosfera histérica. Assim, Freud descobre rapidamente que para compreender a histeria ele também teria de se tornar um escritor. A tese de que pacientes histéricos devem ser lidos como romances não tem a ver com falta de seriedade científica da psicanálise, mas com a natureza do tema. O processo psicológico que identificamos com o autor da obra literária também nos diz algo sobre a trajetória da histeria (FREUD, 1895a, p. 575).

Evidentemente isso não quer dizer que não existam diferenças entre literatura e patologia. Freud escreve que há um caminho que vai dos devaneios e fantasias histéricas e pode chegar até a patologia (o modo de adequação histérico, por exemplo), assim como a práticas como escrever romances. Freud enxerga esses devaneios como gratificações substitutivas de fantasias masturbatórias da puberdade. Esses devaneios não são apenas precursores de sintomas histéricos. Devaneios histéricos produzem, no final das contas, um solo fértil para a elaboração de romances, novelas e histórias. Costumeiramente, contudo, devaneios e fantasias nos deixam envergonhados; não gostamos nem mesmo de reconhecer que eles existem. Segundo Freud, o escritor é capaz de aliciar nosso prazer, cativando-nos com "o *cultivo do prazer puramente formal (isto é, estético)* que nos oferece na apresentação de suas fantasias". Em outras palavras, o escritor se conecta com o prazer da articulação em si mesmo e, desse modo, não apenas supera sua vergonha e sua autocensura como também cria uma situação na qual leitores também podem se deixar levar por devaneios sem que se sintam envergonhados.

As conexões formuladas entre literatura e histeria não levam à conclusão de que um campo pode ser sumariamente convertido no outro. Apresentar a literatura como uma *alternativa* à patologia seria também uma conclusão equivocada. A literatura não nos protege da patologia. Ambas, literatura e patologia, têm origem em uma insuperável disposição compartilhada por todos os seres humanos. Lidamos com essa disposição de maneiras diferentes na patologia e ao criarmos ou apreciarmos obras literárias. Mas – insistimos – isso não torna esta última um caminho alternativo à patologia. É mais apropriado afirmarmos que a existência humana sempre e inevitavelmente ocorre em uma relação tensa e dinâmica entre esses polos, um tipo relação em que um polo, por vezes, domina, mas que o outro pode, em determinadas circunstâncias, tomar o seu lugar.

A armadilha edipiana

Em nossa interpretação dos textos freudianos afirmamos que a introdução do complexo de Édipo ocorreu aproximadamente em 1910. Freud descobre o complexo de Édipo em seus estudos sobre neurose obsessiva, e não sobre histeria. Freud dedica especial atenção à neurose obsessiva, inicialmente, no caso do Homem dos Ratos (FREUD, 1909b). Ele, cada vez mais, concentra-se na neurose obsessiva e passa a negligenciar o projeto patoanalítico. Rapidamente Freud retira o complexo de Édipo do contexto em que o descobriu. Em vez de interpretar a problemática edipiana como um elemento essencial de uma disposição à neurose obsessiva, que ocorre, em diferentes medidas, em todas as pessoas, ele compreende essa problemática como um elemento estrutural da subjetividade como tal. O complexo de Édipo (o jogo intricado de desejos e identificações no qual as relações com ambos os pais são estabelecidas e desenvolvidas) organizaria o acesso à cultura de todos os seres humanos e teria um papel decisivo na assunção de uma identidade sexual. Dessa forma, o complexo de Édipo se torna a chave universal para a compreensão das diferentes formas de psicopatologia.

Freud fornece uma interpretação desenvolvimentista ao complexo de Édipo. As vicissitudes do complexo de Édipo mostrariam como um sujeito se *tornaria* um histérico ou um neurótico obsessivo ou não seria capaz de assumir sua identidade sexual. As diversas patologias são compreendidas como distúrbios do desenvolvimento que poderiam e deveriam ser tratados por meio da terapia psicanalítica. Esses distúrbios seriam causados por fatores *externos*, isto é, fatores que não possuiriam um papel constitutivo no desenvolvimento. Ao menos na teoria, isso implica que o estudo do complexo de Édipo, segundo Freud, seria capaz de fornecer *insights* acerca de um desenvolvimento psicossocial *normal* e seus resultados heterossexuais *ideais*. Um dos paradoxos-chave do pensamento freudiano é o fato de que por meio da inserção do complexo de Édipo, Freud parece, em última análise, sustentar a ideia de que a sexualidade deveria fundamentalmente ser compreendida a partir de uma pulsão heterossexual (VAN HAUTE, 2002b).

Estaríamos enganados, contudo, se acreditássemos que, a partir de 1910, Freud se torna um psicólogo desenvolvimentista e normativo. Nos textos desse período, Freud continua a lidar com tensões referentes à problemática da patoanálise, em geral, e da bissexualidade, de modo específico. Para tratar desse assunto, referimo-nos ao texto freudiano "Sobre a psicogênese de um caso de homossexualidade feminina". Esse texto é especialmente importante para uma investigação sobre a patoanálise. Em primeiro lugar, não se trata de um caso em sentido estrito, pois Freud escreve que a jovem homossexual não está enferma. A paciente vivencia sua natureza homossexual como um dado não problemático (e não como um conflito). Inicialmente, isso não impede que Freud se esforce para entender o que teria levado a jovem a se *tornar* homossexual e que busque, para isso, uma *explicação edipiana*. Posteriormente, contudo, Freud deixa de lado essa explanação (que seria insuficiente) e retorna à problemática da bissexualidade. A jovem não se tornou homossexual. Ela sempre foi homossexual. O motivo edipiano (desilusão causada por seu pai) na puberdade apenas produz um acréscimo de propensões heterossexuais manifestas. Estas últimas, todavia, durante o processo da jovem, acabam por fortalecer suas tendências homossexuais.

Não é fácil conciliar essas duas perspectivas. De acordo com a primeira, a homossexualidade estaria ligada de modo indissociável a uma fixação edipiana pelo pai, que, em circunstâncias normais, deveria ter sido superada durante o processo de desenvolvimento psíquico. A homossexualidade seria consequência de um bloqueio no desenvolvimento edipiano. É difícil defender que, aqui, a homossexualidade não seria um sinal de patologia. A segunda perspectiva apenas faz sentido se estabelecermos como pressuposto que a homossexualidade está enraizada em uma disposição bissexual *geral* da qual ninguém pode escapar.

A referência ao complexo de Édipo insere um elemento normativo estranho à patoanálise. Se diferentes formas de patologia são apenas exageros de uma tendência compartilhada por todos os seres humanos, não há mais razão para qualificarmos essas tendências (ou algumas delas) como intrinsecamente patológicas. Se, de outro lado, o complexo de Édipo é compreendido como um estágio do desenvolvimento no qual tendências perversas, assim como homossexuais, estão integradas e necessitam ser superadas de uma vez por todas, apenas *até certo ponto no desenvolvimento* elas podem ser chamadas de "normais" ou comuns a todos os seres humanos. Portanto, no trabalho de Freud, há uma tensão entre o complexo de Édipo e disposições bissexuais compartilhadas por todos nós.

Desenvolvimento *versus* estrutura

Seria, contudo, a impossibilidade de conciliação do complexo de Édipo com uma perspectiva patoanalítica algo realmente tão evidente? Não seria a explicação desenvolvimentista desse complexo o que, de fato, produz as referidas dificuldades? Em primeiro lugar, há certamente um antagonismo entre patoanálise e abordagens desenvolvimentistas da psicopatologia. A patoanálise desfaz a ideia de que a patologia seja, essencialmente, resultado de circunstâncias contingentes que podem interferir ou impossibilitar o desenvolvimento "normal".[1] Parece, então, que o complexo de Édipo não deve ser apressadamente abandonado. Deveríamos nos perguntar se existem outras interpretações possíveis, que suavizariam nossas preocupações. Com esse fim, dirigimo-nos a Lacan, mais especificamente, a sua leitura dos textos de Freud sobre Dora e sobre a jovem homossexual. Lacan, de fato, endossa o projeto de uma antropologia clínica. Por exemplo, ele pensa a histeria como um exagero de uma característica estrutural do desejo. O paciente histérico sistematiza a separação irremovível entre demanda (*demande*) e desejo (*désir*): todo objeto oferecido para satisfazer o desejo recria a falta, da qual surge o desejo. Influenciado por Lévi-Strauss, Lacan fornece uma interpretação estruturalista ao complexo de Édipo freudiano. Lacan compreende o complexo de Édipo como uma interpretação histórica e contingente da ordem exogâmica inscrita na própria estrutura do parentesco. Isso confirma a nossa suspeita de que uma interpretação estruturalista do complexo de Édipo não contradiz o projeto patoanalítico.

---

[1] Circunstâncias contingentes podem, evidentemente, ter um determinado papel na formação da patologia. O que está em jogo aqui é o fato de que a patologia não pode ser essencialmente compreendida a partir de circunstâncias contingentes.

Lacan conecta a problemática da separação entre demanda e desejo à questão central da histeria: "o que é uma mulher?". O sujeito histérico vive constantemente com medo de ser reduzido a um joguete na demanda do Outro e, uma vez e de novo, tenta criar um desejo insatisfeito para si. Para o sujeito histérico, toda satisfação lembra a possiblidade de se perder na dinâmica da pura demanda, na qual não há espaço para o seu desejo. O sujeito histérico quer ser a causa do desejo do Outro, mas não o objeto de seu gozo. É dessa mesma maneira que experimenta a ordem da exogamia, à qual está sujeito por razões estruturais: não sou mais do que um objeto de troca? De acordo com Lacan, a histeria é um protesto permanente contra essa possibilidade. A mulher histérica recusa o papel que lhe foi prescrito pelo sistema de parentesco.

Dessa forma, no entanto, um elemento normativo é reintroduzido, que nos permite distinguir a histeria "normal" da sua contraparte "patológica". Em seus textos da década de 1950, ao afirmar que a estrutura do desejo é essencialmente "histérica", Lacan pressupõe que todo objeto de satisfação do desejo reintroduz a falta que origina o desejo. A falta que causa o desejo (que é introduzida pelo significante) não pode ser removida. Ele acredita, em contraste, que a forma patológica da histeria se sustenta na incapacidade da mulher em assumir o seu papel de objeto de troca. Essa incapacidade está ligada à distinção fundamental entre demanda e desejo, mas pode ser dela diferenciada estruturalmente. Assim, a interpretação estrutural do complexo de Édipo também está em rota de colisão com o projeto patoanalítico.

O humano como um ser situado no entre

Observamos que, no pensamento freudiano, a perspectiva patoanalítica não se efetiva sem tensões. Talvez possamos caracterizar melhor seu trabalho se o compreendermos a partir da persistência de um implícito debate entre uma perspectiva patoanalítica e uma perspectiva desenvolvimentista (edipiana) da patologia. A abordagem patoanalítica domina logo após o abandono da teoria da sedução, e a abordagem desenvolvimentista é preponderante em seus trabalhos tardios. Nos trabalhos de Lacan, duas diferentes tendências também estão em confronto. A inserção de uma patoanálise da histeria em seus trabalhos da década de 1950 não impede que Lacan subrepticiamente introduza, novamente, um elemento normativo em sua teoria da histeria por meio de uma reinterpretação estruturalista do complexo de Édipo. A questão é, contudo, ainda mais complexa. De maneira análoga a Freud, Lacan conecta *Fragmento da análise de um caso de histeria* ao estudo sobre a jovem homossexual. Muito embora tenha em conta que este último caso não se refere especificamente à histeria, a problemática da jovem homossexual fornece um suporte essencial à tese da "instituição da falta nas relações de objeto". O falo faltante e o anseio inconsciente por uma criança que compensaria essa falta são centrais em ambos os casos. Todavia, ao passo que o pai de Dora é impotente, o pai da jovem homossexual tem um filho com sua rival (sua mãe). A escolha de objeto da jovem homossexual é uma resposta a essa frustração. Desse modo, ela quer mostrar a seu pai que é possível amar alguém pelo que não tem. Ela também quer deixar claro que o fato de ser inferior a sua mãe em muitos aspectos não é motivo suficiente para que seu pai lhe vire as costas.

Tem importância especial aqui a conexão elaborada por Lacan entre a atitude da jovem homossexual e a problemática do amor cortês. É dessa forma, no final das contas, que ele liga patologia e cultura: ambas são expressões de uma mesma problemática compartilhada por todos os seres humanos. Essa problemática é a inevitável separação entre demanda e desejo ou (o que resulta no mesmo) a impossibilidade estrutural de satisfação do desejo (que possui um papel central tanto no caso Dora como no caso da jovem homossexual). Essa impossibilidade de satisfação é também a razão da referência ao amor cortês. Lacan chama o amor cortês de uma "escolástica do amor infeliz". O amor cortês cultiva a impossibilidade de satisfação de muitas maneiras; contudo, jamais utiliza como referência um objetivo externo a essa forma de arte. Aqui, a atividade encontra um objetivo em si mesma. A apresentação poética e a articulação ritualística da *castração* estrutural do ser falante agora exigem toda a atenção. O amor cortês se expressa por meio de tentativas sem fim de escapar do falso reconhecimento da falta. Nesse sentido, o trovador não é como Dora ou como a jovem homossexual. Estas permanecem presas à problemática da frustração: elas continuam a querer adquirir aquilo que falta, algo a que sentem que têm *direito*.

Enfatizamos o fato de que a assunção da castração (aceitação da falta) não é compreendida como uma condição na qual as pessoas se encontrariam ou não. Na lírica cortês podemos observar essa aceitação como uma prática ritualizada, na qual se tenta, com dificuldade, lidar com a falta estrutural introduzida pelo significante. Jamais meramente se adquire aceitação. A assunção da castração não substitui simplesmente a frustração. Fundamentalmente, a existência humana ocorre em uma relação insuperável e tensa entre o falso reconhecimento da falta (frustração) e a aceitação de seu caráter estrutural. Dessa forma, Lacan tematiza os seres humanos como criaturas do entre, que estão situadas na tensão entre patologia e cultura.

O sujeito histérico, seu mestre e o gozo feminino

Em seus trabalhos tardios, Lacan, cada vez mais, caminha em direção a uma interpretação patoanalítica da histeria. Ele segue um percurso que é a imagem invertida no espelho daquele seguido por Freud. Enquanto este último, cada vez mais, deixa de lado a perspectiva patoanalítica em favor do complexo de Édipo, Lacan progressivamente se movimenta de uma abordagem edipiana da histeria em direção a uma interpretação patoanalítica. O que chama a atenção é o fato de que, em paralelo a essa evolução nos trabalhos de Lacan, a referência ao caso Dora silenciosamente desaparece ou (talvez de modo mais preciso) é enfraquecida. A partir de determinado ponto, Lacan continua a se referir a esse caso, mas apenas para ilustrar *insights* que surgem em outros contextos. Portanto, pouca coisa permanece da "leitura cuidadosa" de "Dora" que Lacan propõe no início da década de 1950.

Em seu seminário *O avesso da psicanálise*, Lacan sistematicamente critica o complexo de Édipo freudiano (o *sonho* de Freud) e o substitui pela chamada teoria dos quatro discursos. Central para essa crítica é o argumento de que o complexo de Édipo freudiano deve ser interpretado de maneira análoga a um sonho. Como o conteúdo manifesto de um sonho, a leitura freudiana da tragédia de Sófocles e sua teoria sobre um pai primevo assassinado por seus filhos são expressões mascaradas de uma verdade que Freud prefere não enfrentar. Segundo Lacan, a ênfase freudiana no assassinato do pai esconde o caráter real e inevitável da castração, que é um efeito da linguagem da qual o falo é o significante. O neurótico (mais especificamente, o histérico) sonha com seu pai, o pai da horda primeva. Esse pai não apenas poderia responder às questões sobre o que significa ser uma mulher e sobre a possibilidade da relação sexual, como também, para ele, um gozo ilimitado seria possível.

A natureza fálica da ordem simbólica implica que não existe um significante para a mulher. Isso quer dizer que a relação entre os sexos não é simétrica e complementar. No final das contas, há apenas um único ponto de referência no reino do simbólico (o falo) nos termos do qual ambos os sexos se determinam na relação com o Outro. É isso que Lacan quer mostrar ao escrever que a relação sexual é impossível. De acordo com Lacan, o significante faltante que denotaria a mulher (do qual surge a impossibilidade) é a problemática central. A histeria é apenas um exagero patológico dessa problemática. Ao mesmo tempo, Lacan desconecta histeria e feminilidade biológica (as quais haviam sido anteriormente amarradas pelo próprio Lacan, por meio de sua recepção da antropologia de Lévi-Strauss). No final das contas, a problemática da impossibilidade da relação sexual não é privilégio feminino, afeta ambos os sexos.

O sujeito histérico quer uma resposta para a questão "O que é uma mulher?". Ele quer saber como a relação sexual pode ser possível e busca a resposta de um mestre ao qual se oferece como um enigma que completaria o seu saber. Assim, torna-se a encarnação da verdade do mestre. Ocorre que nem mesmo o mestre escapa à castração. Está sujeito à castração, pois é uma criatura linguística. Ele é fundamentalmente limitado. Uma vez e de novo, o sujeito histérico chama a atenção para essa verdade. Não importa o que faça, o mestre é constantemente chamado novamente a confrontar sua própria finitude.

Com base nessa perspectiva, a tragédia de Édipo se mostra a partir de uma luz inteiramente nova. Sua força não reside no fato de que é uma tradução literária de desejos (sexuais) infantis que não podem ser erradicados. Em vez disso, o mito de Édipo expressa um desejo de saber e a impossibilidade de esse saber corresponder à verdade. Édipo é, segundo Lacan, uma encarnação do mestre e de sua castração. No momento em que a verdade sobre sua existência se torna clara (no instante em que saber e verdade estão a ponto de chegar a uma correspondência), Édipo arranca seus olhos. Dessa maneira, o mito de Édipo simboliza a castração estrutural do mestre: o mestre (castrado) substitui o pai (assassinado). Se o pai ainda possui um papel importante, é apenas no momento e em razão do fato de que toma o lugar do mestre.

As fórmulas da sexuação de Lacan inserem outro elemento crucial para essa crítica ao complexo de Édipo. A referência a um gozo "feminino" que está para além do simbólico e para além da "ordem do falo" indica claramente que a sexualidade feminina (na verdade, a sexualidade humana como tal) não pode ser compreendida nos termos de uma ordem exclusivamente fálica (simbólica). Outrossim, esse "gozo feminino" não é complementar ao gozo fálico e também não é um privilégio exclusivo de quaisquer dos sexos (em sentido anatômico). De fato, todo ser falante confronta a problemática de um gozo para além do simbólico. A existência humana se realiza, portanto, como uma relação tensa e irresolvível entre "o lado do homem", no qual a referência à castração é central, e o "o lado da mulher", que se articula nos termos de um gozo feminino (não fálico). Nesse contexto, Lacan reintroduz a literatura cortês, que é uma forma cultural privilegiada de expressão dessa tensa relação. Para Lacan, a histeria é um exagero caricatural da problemática *bissexual* fundamentalmente irresolvível. Ao passo que Freud abandona o projeto de uma antropologia clínica em favor do complexo de Édipo, Lacan recupera a patoanálise com a bissexualidade.

Além da histeria...

Ilustramos o projeto para uma antropologia clínica com base na análise dos textos de Freud e Lacan sobre histeria. O estudo freudiano de "Dora" guiou nossa discussão. Adicionalmente, insistimos no fato de que os trabalhos de Freud e Lacan contêm iniciativas claras de expansão do projeto de uma antropologia clínica para *além* da histeria. A hipótese geral da patoanálise é a de que, de acordo com o princípio do cristal, *toda* psicopatologia[2] é um exagero caricatural de uma problemática comum a todos os seres humanos.

---

[2] Como mostramos brevemente, essa tese deve ser qualificada. Para Freud, ela se refere particularmente – pelas razões que discutimos – a três neuroses-chave: histeria, neurose obsessiva e paranoia.

Dessas infinitas variações de síndromes conhecidas pela psiquiatria do tempo de Freud, ele toma três neuroses como "campos separados" do cristal: histeria, neurose obsessiva e paranoia. Podemos compreender a razão pela qual Freud prefere essas neuroses específicas.³ Acreditamos que Freud isole essas três neuroses pois elas se referem às três formas do que Hegel chama de *espírito absoluto*: arte, religião e filosofia. Os elementos constitutivos da vida emocional normal que são ampliados nas neuroses alcançam suas formas mais elevadas na criatividade humana. A partir dessa perspectiva, o fato de Freud investigar essas patologias em particular não surpreende: Freud suspeita que elas poderão iluminar de uma maneira muito específica esses domínios, tradicionalmente considerados como cerne da cultura.

A partir de 1909, a neurose obsessiva toma o lugar da histeria nas investigações freudianas sobre patologia e suas relações com a normalidade e com a cultura. De um lado, em alguns dos textos freudianos sobre neurose obsessiva, há uma forte tendência à rejeição de qualquer referência a uma *disposição compulsiva*. Por exemplo, em seu estudo sobre o Homem dos Ratos, Freud escreve o seguinte: "Porque é preciso lembrarmos que, em *toda* neurose [histeria, neurose obsessiva e paranoia], deparamo-nos com as mesmas pulsões recalcadas por trás dos sintomas" (FREUD, 1909b, p. 75, grifo nosso). Portanto, a distinção entre histeria, neurose obsessiva e paranoia se referiria apenas às diferenças entre os modos como *os mesmos* desejos são negados. Não há espaço aqui para uma disposição compulsiva que se expressaria proeminentemente em sintomas da neurose obsessiva e determinaria o caráter específico dessa patologia. De outro lado, esse argumento se contrapõe a passagens nas quais Freud confirma em termos precisos a existência de uma disposição à neurose obsessiva. Em seu estudo sobre o Homem dos Ratos, Freud já tende a reconhecer a proeminência de uma disposição libidinal específica na neurose obsessiva: um amor excessivamente forçado e desesperado que tem de recalcar um ódio inconsciente. Sobre esse assunto, Freud escreve: "é graticante descobrir com que facilidade podemos, agora, acompanhar

---

³ Especialmente, já que a primeira delas há muito tempo havia desaparecido dos manuais de psiquiatria (MICALE, 1995).

os enigmáticos processos de uma neurose obsessiva fazendo-os relacionarem-se com esse fator" (FREUD, 1909b, p. 240-241). Aparentemente desconsiderando suas próprias observações sobre a necessidade de cautela, Freud parece ter a intenção de conectar a neurose obsessiva com uma problemática libidinal especifica (VAN HAUTE; GEYSKENS, 2010).

Freud desenvolve essa ideia em "A predisposição à neurose obsessiva" (FREUD, 1913b), que ele publica alguns anos após o seu estudo sobre o Homem dos Ratos. Naquele texto, ele descreve uma disposição libidinal na qual são centrais a fixação anal-erótica, componentes libidinais sádicos e relação ambivalente com uma autoridade (paterna). Segundo Freud, essa problemática libidinal, da qual a neurose obsessiva é um exagero caricatural, também se expressa na religião. Assim, a conexão (potencial) entre religião e patologia está ligada a uma relação ambivalente com o pai (FREUD, p. 1913b). A relação com uma figura paterna terrena é o modelo para a relação com o Pai do Céu. Consequentemente, a existência humana deve ser considerada nos termos de uma relação irresolvível e tensa entre patologia (neurose obsessiva) e cultura (religião), na qual uma problemática libidinal específica se expressa.[4] Já sabemos, no entanto, que Freud trai essa intuição quase imediatamente: a superação da relação ambivalente com o pai no complexo de Édipo se torna o ponto de acesso universal à cultura e, do mesmo modo, atua de modo decisivo na assunção inequívoca de uma identidade sexual.

Encontramos a mesma tensão no cerne da teoria freudiana das psicoses. Em seu estudo sobre Schreber, publicado em 1911, Freud conecta a psicose à problemática do amor (homossexual) e, mais fundamentalmente, ao narcisismo (FREUD, 1911, *passim*). Essa referência ao narcisismo aponta para a possibilidade de uma ligação intrínseca entre psicose e filosofia. Os sistemas delirantes psicóticos que fingem oferecer *insights* sobre a totalidade da realidade, segundo Freud, não são mais que reconfigurações caricaturais de algo que também

---

[4] Evidentemente esse argumento coloca uma série de questões que não poderemos responder aqui. Por exemplo, poderíamos perguntar se a referência ao pai é igualmente crucial em todas as religiões e se Freud aborda a religião de um modo excessivamente fixado (no modelo da) na neurose obsessiva. Esperamos responder essas questões em outro lugar.

está presente em construções filosóficas. Por meio do caminho das verdades universais irrefutáveis, o filósofo (ou ao menos a imagem de filósofo que Freud cria) quer, de uma vez por todas, penetrar na totalidade de tudo que há. Hegel vem à mente aqui. Diz-se, de fato, que Hegel teve um surto psicótico após terminar *Phänomenologie des Geistes* (HEGEL, 1807), no qual ele descreve a trajetória percorrida pela consciência para alcançar o Saber Absoluto.

Freud, no entanto, hesita ao se referir ao narcisismo. Ele imediatamente desconecta o narcisismo da patologia na qual o descobre e parece tender a reduzi-lo a um estágio preliminar do desenvolvimento sexual normal, que culmina com a superação do complexo de Édipo (FREUD, 1911). Também aqui Freud abandona rapidamente o modelo patoanalítico em favor de uma perspectiva desenvolvimentista. Isso leva a um reengajamento a um modelo médico e moral da patologia e, ainda, ameaça a compreensibilidade de intuições do próprio Freud referentes à ligação intrínseca entre as três diferentes neuroses e as três proeminentes formas culturais.

Freud *versus* Lacan: a posição da ciência

Já deve estar claro que a analogia do cristal marca nossa leitura clínico-antropológica do trabalho de Freud. Devemos não apenas examinar de que maneira seu trabalho é resultado dessa analogia, como também investigar de que modo e em que momentos específicos Freud abandona sua "respeitosa modéstia" e segue a direção de uma psicologia normalizadora e pacificadora. Trabalhamos e ilustramos essa leitura tendo em consideração os textos freudianos sobre histeria, já que é nesse domínio que Freud formula pela primeira vez o projeto de uma patoanálise. Isso também deixa clara a necessidade da realização de uma tarefa semelhante com relação a outras neuroses. O exato escopo filosófico do projeto freudiano pode assim ser determinado.[5]

---

[5] Adicionalmente, uma variedade de outros problemas podem ser considerados: como exatamente deveríamos abordar a analogia entre patologia e cultura? Que implicações essa abordagem teria para o estatuto da sublimação no trabalho de Freud? Qual é o estatuto das categorias patológicas que Freud utiliza em seu ponto de partida? E assim por diante...

Uma questão está clara: para Freud, arte, religião e filosofia possuem uma base antropológica sólida. Essas formas culturais refletem aspectos essenciais da existência humana da mesma maneira que as várias neuroses. Isso quer dizer que arte, especulação filosófica e religião encontram suas raízes na natureza humana. Talvez, de modo ainda mais preciso, possamos dizer que a existência humana estrutural e inevitavelmente se realiza na tensão entre essas formas culturais e suas caricaturas patológicas. Isso de nenhum modo implica que tenhamos de acreditar que a especulação filosófica irá, em um certo momento, alcançar o seu objetivo ou que as verdades religiosas e mistérios espirituais deverão ser confirmados. Isso apenas significa que aqueles que classificam a especulação filosófica e a religião como ilusórias terão de reconhecer que elas são ilusões inevitáveis (transcendentais, se preferir). A partir dessa perspectiva, a especulação filosófica e a religião não podem simplesmente ser reduzidas a julgamentos intelectuais equivocados que devem ser corrigidos.[6]

As tendências dirigidas à normalização e à psicologização (que identificamos em muitos pontos do trabalho freudiano) reviram o pensamento de Freud. Em "O declínio do complexo de Édipo" (FREUD, 1924), por exemplo, Freud descreve como o *infant* pode e deve se desprender de suas fixações e fantasias infantis de maneira a alcançar uma vida adulta não neurótica. A vitória sobre o complexo de Édipo parece ser o ponto de acesso a uma atitude madura (ou seja, "objetiva" e "científica") com relação à realidade. Segundo Freud, essa condição para a saúde psicológica possui um equivalente cultural: o ateísmo positivista. Este último domina por completo "O futuro de uma ilusão" (FREUD, 1927),[7] por exemplo. A partir dessa perspectiva "realista" e científica, a arte se torna um "analgésico suave", a religião se transforma em uma ilusão ou, simplesmente, em um julgamento intelectual equivocado e a filosofia aparece como uma fuga da incerteza existencial ou uma disciplina a ser avaliada com base em parâmetros científicos. Em alguns dos momentos em que abandona seu projeto antropológico-clínico, Freud se torna um defensor de uma vida adulta livre de neuroses e de um esclarecimento livre da cultura.

---

[6] Críticas científicas à religião e à experiência religiosa vêm à mente aqui.

[7] À luz de nossa explanação, é possível dizer isso ao menos sobre esse trabalho de Freud.

Evidentemente, temos de especificar esta última afirmação: a ciência moderna é também, no final das contas, uma realização cultural. Em "O futuro de uma ilusão", Freud defende uma perspectiva filosófica baseada na ideia de progresso (que herdou de Auguste Comte) segundo a qual a ciência seria resultado de um desenvolvimento teleológico que progride da metafísica ao estágio científico positivista. Assim, a vitória sobre o complexo de Édipo e o acesso ao estágio final do desenvolvimento cultural humano são dois lados da mesma moeda. Uma abordagem científica que completa o processo de evolução cultural não pode mais ser diferenciada da caricatura patológica da qual deriva. Consequentemente, Freud não considera mais a existência humana em termos de um entre, no qual a vida é vivida em uma irremovível tensão entre cultura e patologia.

Seria, contudo, realmente tão evidente a constatação de que a ciência escaparia à patologia? Seria possível essa vitória sobre a patologia? O estatuto do pensamento científico deve ser ele mesmo examinado a partir de uma perspectiva patoanalítica. Por exemplo, é notável que Lacan acrescente uma importante nuance ao ponto de vista freudiano na passagem sobre patoanálise que comentamos anteriormente: "Destarte citei-lhes uma fórmula muito curta que aproxima os mecanismos respectivos da histeria, da neurose obsessiva e da paranoia de três termos de sublimação – a arte, a religião e a ciência" (LACAN, 1959-1960, p. 154). Muito embora Lacan pareça conectar a paranoia à ciência e não à filosofia, em sua opinião, existe aqui uma profunda conexão. Segundo Lacan, a paranoia é um exagero caricatural de um anseio por transparência plena que caracteriza tanto a filosofia (Lacan está sem dúvida pensando em Hegel) quanto a ciência. Dessa forma, a ciência perde sua posição única: *o ser humano é essencial e irrevogavelmente um animal doente.*

Referências

ADRIAENS, P. Het *nut van waanzin. Essays over darwinisme en psychiatrie*. Leuven: Acco, 2008.

ANDRE, S. *Que veut une femme ?* Paris: Navarin, 1986.

ANZIEU, D. *L'auto-analyse de Freud et la découverte de la psychanalyse*. Paris: PUF, 1988.

BADIOU, A. Sujet et infini. In: *Conditions*. Paris: Seuil, 1992. p. 287-305.

BERNHEIM, C.; KAHANE, C. *In Dora's Case: Freud – Hysteria – Feminism*. New York: Columbia University Press, 1990.

BORCH-JACOBSEN, M. *The Freudian Subject*. Stanford, CA: Stanford University Press, 1991.

BORCH-JACOBSEN, M.; SHAMDASANI, S.*The Freudian Files: an Inquiry into the History of Psychoanalysis*. Cambridge: Cambridge University Press, 2012.

BLASS, R. Did Dora Have an Oedipus Complex? A Re-examination of the Theoretical Context of Freud's' "Fragment of an Analysis". *Psychoanalytic Study of the Child*, n. 47, p. 159-187, 1992.

BLASS, R.; SIMON, B. The Development and Vicissitudes of Freud's Ideas on the Oedipuscomplex. In: NEU, J. *The Cambridge Companion to Freud*. Cambridge: Cambridge University Press, 1991. p. 161-174.

BOLLAS, C. *Hysteria*. London; New York: Routledge, 2000.

BRAUNSTEIN, N. *La Jouissance: un concept lacanien*. Paris: Éditions érès, 1992. (Point Hors Ligne).

BUMKE, J. *Hoofse cultuur 1 & 2. Literatuur en samenleving in de volle middeleeuwen*. Utrecht: Het Spectrum, 1989. (Aula-Boeken).

CHAR, R. *Œuvres complètes*. Paris: Gallimard, 1983. (Bibliothèque de la Pléiade).

CIXOUS, H. *Portrait de Dora*. Paris: Editions des Femmes, 1976.

CLEMENS, J.; GRIGG, R. *Jacques Lacan and the Other Side of Psychoanalysis*. Durham; London: Duke University Press, 2006.

DAVID-MÉNARD, M. *L'hystérique entre Freud et Lacan: corps et langage en psychanalyse*. Paris: Editions Universitaires, 1983.

DAVID-MÉNARD, M. *Les constructions de l'universel: psychanalyse, philosphie*. Paris: PUF, 2010.

DE BLOCK, A. *De vogel van Leonardo. Freuds opvattingen over de relatie tussen seksualiteit, cultuur en psychische gezondheid*. Leuven: Acco, 2004.

DE BLOCK, A.; ADRIAENS, P. Alle gekheid in een hokje. Over de wortels van het psychiatrisch essentialisme. *Tijdschrift voor Filosofie*, n. 72, p. 7-39, 2010.

DE KESEL, M. *Eros and Ethics: Reading Jacques Lacan's Seminar VII*. New York: SUNY Press, 2009.

DE KESEL, M. Eros and Ethics. Reading Jacques Lacan's Seminar VII. New York: SUNY press, 2010.

DELEUZE, G. *Nietzsche and Philosophy*. Trans. Hugh Tomlinson. New York: Columbia University Press, [1962] 1983.

DELEUZE, G.; GUATTARI, F. *A Thoussand Platteaus: Capitalism and Schizophrenia*. Minneapolis; London: University of Minneapolis Press, 1987.

DEMOULIN, C. L'Œdipe rêve de Freud. *Psychoanalytische Perspectieven*, n. 20, p. 397-414, 2002.

DERRIDA, J. *De la grammatologie*. Paris: Les Editions de Minuit, 1967.

DIDEROT, D. *De loslippige sieraden*. Amsterdam: Athenaeum – Polak & Van Gennep, 2008.

ELLIS, H. *Études de psychologie sexuelle*. Paris: Cercle du Livre Précieux, [1933] 1966.

EVANS, D. From Kantian Ethics to Mystical Experience. In: NOBUS, D. (Ed.). *Key Concepts of Lacanian Psychoanalysis*. New York: Rebus Press, 1998. p. 1-28.

FAIRBAIRN, W. R. D. A Revised Psychopathology of the Psychoses and the Psychoneuroses. In: BUCKLEY, P. (Ed.). *Essential Papers on Object Relations*. New York; London: New York University Press, 1941. p. 71-101.

FINK, B. Knowledge and Jouissance. In: BARNARD, S.; FINK, B. (Ed.). *Reading Seminar XX. Lacan's Major Work on Love, Knowledge, and Feminine Sexuality*. New York: SUNY Press, 2002. p. 21-47.

FINK, B. The Master Signifier and the Four Discourses. In: NOBUS, D. (Ed.). *Key Concepts of Lacanian Psychoanalysis*. New York: Rebus Press, 1998. p. 29-47.

FINK, B. *Lacan to the Letter*. Minneapolis; London: University of Minnesota Press, 2004.

FLAUBERT, G. *Lettres à Louise Colet*. Paris: Editions Magnard, 2003.

FREUD, S. *Gesammelte Werke*. Frankfurt am Main: S. Fischer Verlag, 1960-1987. 18 v. and Nachtragsband.

FREUD, S. *The Standard Edition of the Complete Works of Sigmund Freud* (SE). Translated by James Strachey, in collaboration with Anna Freud. London: The Hogarth Press; The Institute of Psychoanalysis, 1953-1974. 24 v.

FREUD, S. Observation of a Severe Case of Hemi-anaesthesia in a Hysterical Male. 1886. p. 23-34. (SE, I).

FREUD, S. Sketches for the "Preliminary Communication" of 1893. 1892. p. 147-156. (SE, I).

FREUD, S.; BREUER, J. *Studies on Hysteria*. 1895a. (SE, II).

FREUD, S. On the Grounds for Detaching a Particular Syndrome for Neurasthenia under the Description "Anxiety Neurosis". 1895b. p. 90-120. (SE, III).

FREUD, S. Project for a Scientific Psychology. 1895c. p. 283-389. (SE, I).

FREUD, S. Heredity and the Aethiology of the Neurosis. 1896a. p. 141-158. (SE, III).

FREUD, S. Further Remarks on the Neuroses of Defence. 1896b. p. 159-188. (SE, III).

FREUD, S. *The Interpretation of Dreams*. 1900. (SE, IV; V).

FREUD, S. *Fragment of an Analysis of a Case of Hysteria*. 1905a. p. 7-124. (SE, VII).

FREUD, S. *Three Essays on the Theory of Sexuality*. 1905b. p. 125-243. (SE, VII).

FREUD, S. *Jokes and Their Relation to the Unconscious*. 1905c. (SE, VIII).

FREUD, S. My Views on the Part Played by Sexuality in the Aetiology of the Neuroses. 1906. p. 271-282. (SE, VII).

FREUD, S. Obsessive Actions and Religious Practices. 1907. p. 115-128. (SE, IX).

FREUD, S. Hysterical Phantasies and their Relation to Bisexuality. 1908a. p. 155-166. (SE, IX).

FREUD, S. O poeta e o fantasiar. In: *Arte, literatura e os artistas*. Belo Horizonte: Autêntica, [1908] 2015a. p. 53-66. (Obras Incompletas de Sigmund Freud).

FREUD, S. Some General Remarks on Hysterical Attacks. 1909a. p. 227-243. (SE, IX).

FREUD, S. Notes upon a Case of Obsessional Neurosis. 1909b. p. 153-250. (SE, X).

FREUD, S. Analysis of a Phobia in a Five-year-old Boy. 1909c. p. 3-151. (SE, X).

FREUD, S. Uma lembrança de infância de Leonardo Da Vinci. In: *Arte, literatura e os artistas*. Belo Horizonte: Autêntica, [1910] 2015b. p. 69-165. (Obras Incompletas de Sigmund Freud).

FREUD, S. A Special Type of Choice of Object by Man (Contributions to the Psychology of Love I). 1910b. p. 163-176. (SE, XI).

FREUD, S. Psycho-analytic Notes on a Autobiographical Account of a Case of Paranoia (Dementia Paranoides). 1911. p. 3-84. (SE, XII).

FREUD, S. *Totem and Taboo*. 1913a. p. 1-163. (SE, XIII).

FREUD, S. The Disposition to Obsessional Neurosis. 1913b. p. 311-326. (SE, XII).

FREUD, S. A Case of Paranoia Running counter to the Psycho-analytic Theory of the Disease. 1915. p. 261-272. (SE, XIV).

FREUD, S. From the History of an Infantile Neurosis. 1918. p. 3-124. (SE, XVII).

FREUD, S. Preface to Reik's *Ritual: Psycho-analytic Studies*. 1919. p. 257-265. (SE, XVII).

FREUD, S. Sobre a psicogênese de um caso de homossexualidade feminina. In: *Neurose, psicose, perversão*. Belo Horizonte: Autêntica, [1920] 2016a. p. 157-192. (Obras Incompletas de Sigmund Freud).

FREUD, S. The Infantile Genital Organisation: An Interpolation into the Theory of Sexuality. 1923. p. 141-156. (SE, XIX).

FREUD, S. O declínio do complexo de Édipo. In: *Neurose, psicose, perversão*. Belo Horizonte: Autêntica, [1924] 2016b. p. 259-269. (Obras Incompletas de Sigmund Freud).

FREUD, S. An Autobiographical Study. 1925. p. 7-76. (SE, XX).

FREUD, S. The Future of an Illusion. 1927. p. 3-58. (SE, XXI).

FREUD, S. *Civilisation and its Discontents*. 1930. p. 59-148. (SE, XXI).

FREUD, S. Female Sexuality. 1931. p. 223-245. (SE, XXI).

FREUD, S. New Introductory Lectures on Psycho-analaysis (The dissection of the psychical personality). 1933a. p. 57-80 (SE, XII).

FREUD, S. New Introductory Lectures on Psycho-analaysis (Feminity). 1933b. p. 112-135. (SE, XII).

FREUD, S. Analysis Terminable and Interminable. 1937. p. 209-253. (SE, XXIII).

FREUD, S. *Compêndio de psicanálise e outros escritos inacabados*. Belo Horizonte: Autêntica, [1938] 2014.

FREUD, S. *The Complete Letters of Sigmund Freud to Wilhelm Fliess 1887-1904*. Ed. and trans. by J. M. Masson. Cambridge; London: The Belknap Press of Harvard University Press, 1985.

GREEN, A. *On Private Madness*. London: Rebus Press, 1972.

GEYSKENS, T. Over de rol van de puberteit als biologische rots in Freuds metapsychologie. *Tijdschrift voor Psychoanalyse*, v. 9, n. 1, p. 17-26, 2003.

GEYSKENS, T. Gilles Deleuze over Sacher-Masoch. Literatuur als symptomatologie. *Tijdschrift voor Filosofie*, n. 68, p. 779-801, 2006.

GEYSKENS, T. Tussen fallische façade en discrete euforie. In: VANDEN BERGHE, P. (Ed.). *De gedoemde mens? Psychoanalyse, tragedie en tragiek*. Leuven: Garant, 2007.

GEYSKENS, T. Schilderkunst als hysterie. Gilles Deleuze over Francis Bacon. *Tijdschrift voor Filosofie*, n. 70, p. 297-316, 2008.

GRIGG, R. Lacan and Badiou: Logic of the Pas-Tout. In: *Lacan, Language and Philosophy*. New York: SUNY Press, 2008. p. 81-94.

HACKING, I. *Re-writing the Soul. Multiple Personality and the sciences of memory*. Princeton, New Jersey: Princeton University Press, 1995.

HEGEL, G. W. *Phänomenologie des Geistes*. Hamburg: Felix Meiner Verlag, [1807] 1952.

HIRVONEN, A. Between signifier and Jouissance. In: Vleminck, J.; Dorfman, E. (Eds.). *Sexuality and Psychoanalysis. Philosophical Criticisms*. Leuven: Louvain University Press, 2010, p. 199-214.

IZENBERG, G. Seduced and Abandonned: The Rise and Fall of Freud's Seduction Theory. In: NEU, J. (Ed.). *The Cambridge Companion to Freud*. Cambridge: Cambridge University Press, 1991. p. 25-43.

JONES, E. *The Life and Work of Sigmund Freud*. London: Basic Books, [1953] 1981.

KOLNAI, A. *On Disgust.* Ed. and introd. by Barry Smith and Carolyn Korsmeyer. New York: Open Court, 2004.

KRAFFT-EBING, R. *Psychopathia sexualis.* München: Matthes & Seitz Verlag, [1892] 1997.

KRIS, E. Einleitung zur Erstausgabe. In: FREUD, S. *Briefe an Wilhelm Fliess.* Frankfurt: Fischer, [1952] 1986. p. 519-561.

LACAN, J. *Le mythe individuel du névrosé: poesie et vérité dans la névrose.* Paris: Seuil, [1952] 2007.

LACAN, J. *The Seminar of Jacques Lacan: Freud's Papers on Technique.* Book I. Ed. by Jacques-Alain Miller and John Forrester. New York; London: Norton & co., 1953-54.

LACAN, J. *Ecrits.* Transl. by B. Fink in collaboration with Héloïse Fink and Russell Grigg). New York: Norton & co., [1966] 2006.

LACAN, J. *The Ego in Freud's Theory and in the Technique of Psychoanalysis, 1954-1955.* Book II. Ed. by Jacques-Alain Miller and Sylvana Tomaselli. New York; London: Norton & co., [1954-55] 1991.

LACAN, J. *The Seminar of Jacques Lacan: The Psychoses.* Book III. Ed. by Jacques-Allain Miller and Russell Grigg. New York; London: Norton & co., [1955-56] 1993.

LACAN, J. *La relation d'objet: Le seminaire de Jacques Lacan.* Livre IV. Texte établi par Jacques-Allain Miller. Paris: Seuil, 1994.

LACAN, J. *Les formations de l'inconscient. Le seminaire de Jacques Lacan.* Livre V. Texte établi par Jacques-Allain Miller. Paris: Seuil, [1957-58] 1998.

LACAN, J. *The Seminar of Jacques Lacan: The Ethics of Psychoanalysis.* Book VII. Transl. by Dennis Porter. London; New York: Norton & co., [1959-60] 1992.

LACAN, J. *The Seminar of Jacques Lacan: The Other Side of Psychoanalysis.* Book XVII. Ed. by Russell Grigg. New York; London: Norton & co., [1969-70] 2007.

LACAN, J. ...*Ou pire. Le séminaire de Jacques Lacan.* Texte établi par Jacques-Alain Miller. Paris: Seuil, [1971-72] 2008.

LACAN, J. *On Feminine Sexuality, The Limits of Love and Knowledge: The Seminar of Jacques Lacan.* Book XX. Ed. by Jacques-Allain Miller and B. Fink. New York; London: Norton & co., [1972-73] 1999.

LACAN, J. *Le synthome. Le séminaire de Jacques Lacan.* Texte établi par Jacques-Alain Miller. Paris: Seuil, [1975-76] 2005.

LAPLANCHE, J. *La sublimation.* Paris: PUF, 1980. (Problématiques III).

LAPLANCHE, J.; PONTALIS J.-B. *The Language of Psychoanalysis*. Trans. by Donald Nicholson-Smith. London: Karnac Books, [1967] 1973.

LE GAUFEY, G. *Le pastout de Lacan: consistance logique, conséquances cliniques*. Paris: EPEL, 2006.

LÉVI-STRAUSS, C. *The Elementary Structures of Kinship*. Boston: Beacon Press, [1949] 1969.

LÉVI-STRAUSS, C. *Structural Anthropology*. New York: Basic Books, [1958] 1963. v. II.

LEWIN, K. Dora Revisited. *Psychoanalytic Review*, n. 60, p. 519-532, 1973.

MASSON, J. (Ed.) *The Complete Letters of Sigmund Freud to Wilhelm Fliess (1887-1904)*. Cambridge, MA: Harvard University Press, 1985.

MASSON, J. *The Assault on Truth: Freud's Suppression of the Seduction Theory*. New York: Harper Collins, 1992.

MERLEAU-PONTY, M. *The Phenomenology of Perception*. London; New York: Routledge, [1949] 2002.

MICALE, M. On the "Diappearance" of Hysteria. A Study In the Clinical Deconstruction of a Diagnosis. *Isis*, n. 84, p. 496-526, 1993.

MICALE, M. *Approaching Hysteria*. Princeton; New Jersey: Princeton University Press, 1995.

MICALE, M. *Hysterical Men: the Hidden History of Male Nervous Illness*. London; Cambridge, MA: Harvard University Press, 2008.

MILLER, J.-A. On Semblances in the Relation between the Sexes. In: SALECL, R. (Ed.). *Sexuation*. Durham; London: Duke University Press, 2000. p. 13-27.

MITCHELL, J.; ROSE, J. *Feminine Sexuality. Jacques Lacan and the Ecole freudienne*. New York: Norton & co., 1982.

MOREL, G. Psychoanalytical Anatomy. In: SALECL, R. (Ed.). *Sexuation*. Durham; London: Duke University Press, 2000. p. 28-38.

MOREL, G. Feminine Conditions of Jouissance. In: BARNARD, S.; FINK, B. (Ed.). *Reading Seminar XX. Lacan's Major Work on Love, Knowledge, and Feminine Sexuality*. New York: SUNY Press, 2002. p. 77-92.

MOYAERT, P. *De mateloosheid van het Christendom. Over Naastenliefde, betekenisincarnatie en mystieke liefde*. Amsterdam: SUN, 1998.

MOYAERT, P. *Begeren en vereren. Idealisering en Sublimering*. Amsterdam: SUN, 2002.

MOYAERT, P. What is Frightening about Sexual Pleasure? Introducing Lacan's "Jouissance" into Freudian Psychoanalysis via Plato and Aristotle. In: DE VLEMINCK, J.; DORFMAN, E. (Ed.). *Sexuality and Psychoanalysis*. Leuven: Louvain University Press, 2010. (te verschijnen).

QUENEAU, R. *Zazie dans le métro*. Paris: Gallimard, 1959.

ROUSSEAU, J. J. Les confessions. Paris: Gallimard, 1973.

SAFOUAN, M. et al. *Lacaniana. Les séminaires de Jacques Lacan, tôme 2 (1963-1979)*. Paris: Fayard, 2005.

SCHAEFFER, J. Bisexualité et différence des sexes dans la cure. *Topique*, n. 78, p. 21-32, 2002.

SCHNEIDER, M. *Le paradigme féminin*. Paris: Flammarion, 2006.

SCHOTTE, J. *Szondi avec Freud: sur la voie d'une psychiatrie pulsionelle*. Bruxelles: Editions De Boeck, 1990.

SCHUSTER, A. *The Problem with Pleasure. Philosophy and Psychoanalysis*. Thesis. KULeuven, Hoger Instituut voor Wijsbegeerte, Leuven, 2010.

SHEPHERDSON, C. Lacan and Philosophy. In: *The Cambridge Companion to Lacan*. Cambridge: Cambridge University Press, 2004. p. 116-152.

SCHMITZ-EMANS, M. Der Roman und seine Konzeption in der deutschen Romantik. *Revue Internationale de Philosophie*, n. 63, p. 99-122, 2009.

SHOWALTER, E. *Hystories: Hysterical Epidemics and Modern Media*. New York: Columbia University Press, 1997.

SOLER, C. The Curse on Sex. In: SALECL, R. (Ed.). *Sexuation*. Durham; London: Duke University Press, 2000. p. 39-53.

SOLER, C. Hysteria in Scientific Discourse. In: BARNARD, S.; FINK, B (Ed.). *Reading Seminar XX. Lacan's Major Work on Love, Knowledge, and Feminine Sexuality*. New York: SUNY Press, 2002a. p. 47-56.

SOLER, C. What does the Unconscious know about Women? In: BARNARD, S.; FINK, B (Ed.). *Reading Seminar XX. Lacan's Major Work on Love, Knowledge, and Feminine Sexuality*. New York: SUNY Press, 2002b. p. 99-108.

SOLER, C.. What Lacan Said about Women. A Psychoanalytic Study (trans. John Holland). New York: Other Press, 2006.

STONE, J. et al. The "Disappearance" of Hysteria: Historical Mystery or Illusion? *Journal of the Royal Society for Medecine*, n. 101, p. 12-18, 2008.

SZONDI, L. *Schicksalsanalytische Therapie*. Bern: Huber, 1963.

TARDITS, A. Lévi-Strauss et Lacan 1956, une rencontre qui éloigne. *Figures de la Psychanalyse (Logos-Anankè)*, n. 17, p. 27-42, 2009.

VANDERMEERSCH, P. L'hétérosexualité est-elle une défense contre l'homosexualité? *Mededelingen van de Belgische School voor Psychoanalyse*, n. 46, p. 71-78, 2008.

VAN HAUTE, P. Dood en sublimatie in Lacans interpretatie van Antigone. In: KOK, N.; NUIJTEN, K. (Red.). *In dialoog met Lacan*. Amsterdam: Boom, 1996. p. 121-140.

VAN HAUTE, P. *Against Adaptation. Jacques Lacan's Subversion of the Subject*. New York: Other Press, 2002a.

VAN HAUTE, P. The Introduction of the Oedipus Complex and the Re-invention of Instinct. *Radical Philosophy*, n. 115, p. 7-15, 2002b.

VAN HAUTE, P. Infantile Sexuality, Primary Object-love and the Anthropological Significance of the Oedipus Complex: Re-reading Freud's "Female Sexuality". *International Journal for Psychoanalysis*, v. 86, n. 6, p. 1161-1678, 2005.

VAN HAUTE, P.; GEYSKENS, T. Woede, wellust en weifelzucht. Een freudiaanse symptomatologie van de dwangneurose. *Tijdschrift voor Psychoanalyse*, n. 1, p. 27-38, 2010.

VAN HAUTE, P.; GEYSKENS, T. *Confusion of Tongues. The Primacy of Sexuality in Freud, Ferenczi and Laplanche*. New York: Other Press, 2002.

VERGOTE, A. *De sublimatie*. Nijmegen: SUN, 2002.

VERHAEGHE, P. *Does The Woman Exist?: From Freud's Hysteric to Lacan's Feminine*. New York: Other Press, 1997.

VERHAEGHE, P. From Impossibility to Inability. Lacan's Theory of the Four Discourses. In: *Beyond Gender. From Subject to Drive*. New York: Other Press, 2001.

VORUZ, V. A Lacanian Reading of Dora. In: VORUZ, V.; WOLF, B. (Ed.). *The Later Lacan: An Introduction*. New York: SUNY Press, 2007. p. 159-179. (Series in Pyschoanalysis and Culture).

ZAFIROPOULOS, M. *Lacan et Lévi-Strauss ou le retour à Freud (1951-1957)*. Paris: PUF, 2003.

ŽIŽEK, S. The Real of Sexual Difference. In: BARNARD, S.; FINK, B. (Ed.). *Reading Seminar XX. Lacan's Major Work on Love, Knowledge, and Feminine Sexuality*. New York: SUNY Press, 2002. p. 57-76.

Este livro foi composto com tipografia Bembo e impresso
em papel Off White 70 g/m² na Gráfica Kunst.